"成人"是"成事"的先决条件。在"成人"的教学中，人是居于首位的，一切从人出发，心中有人，目中有人，通过教学影响人，发展人。它不仅关注学生今天的得失，而且关注学生明天的幸福，为学生生命的全程发展奠基护航。

——薄俊生

· 教育家成长丛书 ·

薄俊生
与发展性教学

BOJUNSHENG YU FAZHANXING JIAOXUE

中国教育报刊社·人民教育家研究院 组编
薄俊生 著

北京师范大学出版集团
BEIJING NORMAL UNIVERSITY PUBLISHING GROUP
北京师范大学出版社

图书在版编目(CIP)数据

薄俊生与发展性教学/薄俊生著；中国教育报刊社人民教育家研究
院组编. —北京：北京师范大学出版社，2017.1(2024.8 重印)
（教育家成长丛书）
ISBN 978-7-303-21154-8

Ⅰ.①薄⋯　Ⅱ.①薄⋯ ②中⋯　Ⅲ.小学教育－教学研究
Ⅳ.①G622.0

中国版本图书馆 CIP 数据核字（2016）第 185268 号

图 书 意 见 反 馈　gaozhifk@bnupg.com　010-58805079
营 销 中 心 电 话　010-58802135　010-58802786
北师大出版社教师教育分社微信公众号　京师教师教育

出版发行：北京师范大学出版社　www.bnup.com
　　　　　北京市西城区新街口外大街 12-3 号
　　　　　邮政编码：100088
印　　刷：北京虎彩文化传播有限公司
经　　销：全国新华书店
开　　本：787 mm×1092 mm　1/16
印　　张：22.75
字　　数：380 千字
版　　次：2017 年 1 月第 1 版
印　　次：2024 年 8 月第 2 次印刷
定　　价：88.00 元

策划编辑：伊师孟　　　　　责任编辑：郭　瑜
美术编辑：焦　丽　　　　　装帧设计：焦　丽
责任校对：陈　民　　　　　责任印制：陈　涛

教育家成长丛书

编委会名单

总 序

　　教育是国家发展的基石，教师是基石的奠基者。古人云："国将兴，必贵师而重傅。"兴国必先强教，强教必先重师。党中央、国务院高度重视教师队伍建设。2013 年教师节，习近平总书记在给全国广大教师的慰问信中指出："百年大计，教育为本。教师是立教之本、兴教之源，承担着让每个孩子健康成长、办好人民满意教育的重任。"2014 年，在第 30 个教师节前夕，习总书记到北京师范大学视察并发表重要讲话，指出："一个人遇到好老师是人生的幸运，一个学校拥有好老师是学校的光荣，一个民族源源不断涌现出一批又一批好老师则是民族的希望。"《国家中长期教育改革和发展规划纲要（2010—2020 年）》也明确提出，"有好的教师，才有好的教育"，要"努力造就一支师德高尚、业务精湛、结构合理、充满活力的高素质专业化教师队伍"。"倡导教育家办学"，要创造有利条件，鼓励教师和校长在实践中大胆探索，创新教育思想、教育模式和教育方法，形成教学特色和办学风格，造就一批教育家。"两个一百年"奋斗目标的实现、中华民族伟大复兴中国梦的实现，归根结底要靠人才、靠教育，而支撑起教育光荣梦想的，是千百万的教师。

　　时代呼唤好老师。有一流的教师，才有一流的教育；有一流的教育，才有一流的国家。出名师、育英才、成伟业，是时代赋予我们教育战线的神圣使命。"所谓大学者，非谓有大楼之谓也，有大师之谓也。"好学校、好教育的最重要标准，就是要有好老师。一所学校、一个地区，乃至一个国家，如果教师有理想、有爱心、有学识、有高超的教育艺术，那么即使硬件设施有些简陋，家长、学生也会心向往之。教师是中国梦的奠基者。教师的重要使命，就是为每个孩子播种梦想、点燃梦想，并帮助他们实现梦想。每一间平凡的教室，每一节朴实的课，都不仅是知识的传递，而且是人类文明精神的接续、人生梦想的起航。正是有亿万个孩子梦想的放飞、绽放，中国梦才更加光彩夺目。如果说中国梦最坚实的土壤是学校，那么教师就是最伟大的"筑梦师"，他们用默默无闻、孜孜不倦的智慧劳动，让每一颗年轻的心灵都与中国梦激情相拥。

　　倡导教育家办学，造就一批好老师，首先要尊重、珍惜我们的本土智慧、本土创造。教育家不是凭空产生的，而是扎根于自己的民族文化土壤，同时吸收人类文明成果，从而创造出独特而生动的教育实践、教育智慧和教育文明。五千年源远流长的中华文明，不但形成了有我们民族特色的教育理论体系，而且涌现出了千千万万优秀的教育家，有被推崇为"大成至圣先师""万世师表"的孔子，有"匹夫而为百世师，一言而为天下法"的韩愈，有"捧着一颗心来，不带半根草去"的人民教育家陶行知，等等。改革开放40年来，随着教育改革的不断深入，教育战线涌现出了一大批杰出教师。他们痴情于教育事业，坚守理想信念和教育良知，在三尺讲台上默默耕耘、刻苦钻研，同时以敢为天下先的精神大胆创新，不断进取、不断超越，形成了各具特色的教育思想和教学风格。正是他们的成功探索和实践，创造了具有中国风格的教育经验，丰富了具有中国特色的教育理论宝库。原由教育部师范教育司组织编写，现由中国教育报刊社人民教育家研究院组织编写的"教育家成长丛书"，就是要向这些宝贵的本土创造性的教育经验致敬。

　　当前，教育领域综合改革正在深入推进，考试招生制度改革的大幕已经拉开，立德树人、培育和践行社会主义核心价值观成为大中小学教育的头等任务。可以预见，中国教育将发生深刻的变革，将从"中国制造"向"中国创造"转变。"没有革命的理论，就没有革命的运动。"没有适合中国土壤、具有中国智慧的教育理论，就不可能为未来的中国教育改革提供有效的指导。我们的教育要向"中国创造"飞跃，必然要首先创造属于我们自己的教育理论，而不是"言必称希腊"或者老是贩卖欧美的教育理论。170 多年前，美国思想家、诗人爱默生发表了著名演说《美国学者》，号召美国知识界："我们依赖旁人的日子，我们师从他国的长期学徒期时代即将结束。在我们周围，有成百上千万的青年正在走向生活，他们不能老是依赖外国学识的残余来获得营养。"由此，美国迈入精神立国阶段。

如今，我们也面临与爱默生同样的情形。随着我国 GDP 已从世界第二向第一迈进，我们要自觉养成强烈的"中国意识"，独立的中国文化品格，并由此去环视世界，去改造本土实践，去创造属于我们自己的精神养料——这在教育界显得尤为紧迫。"教育家成长丛书"，旨在把我们本土教育实践中蕴含的中国智慧提炼出来，从而形成具有时代意义的中国特色的教育话语体系，再以此去观照、引领、改造中国的教育实践，为伟大的教育改革提供经验、理论支持，也为未来的教育家提供丰富、可资借鉴的精神养料。

让我们为中国教育的伟大未来一起努力吧！

2018 年 3 月 9 日

前　言

　　见证着中国基础教育半个世纪的春华秋实，代表着中国基础教育教学成果的最高成就——"首届基础教育国家级教学成果奖"，闪耀着李吉林、窦桂梅、吴正宪、张思明、洪宗礼、唐江澎、邱学华、于永正、孙双金、薄俊生、龚春燕等一大批优秀教师的名字。而上述这些教师杰出代表恰恰都是《人民教育》"名师人生"栏目中最受读者喜爱的名师，都是"教育家成长丛书"的作者。

　　"教育家成长丛书"（以下简称"丛书"），是在第20个教师节前夕，为了研究、总结、宣传和推广我国众多优秀中小学教师的先进教育思想和鲜活宝贵的教育教学经验，培养造就一大批德才兼备的优秀教师和杰出的教育家，促进教师队伍整体素质的提高，根据教育部党组安排，由师范教育司组织编写的一套凝聚着一大批教育家成长智慧的大型教育丛书。

　　"丛书"自2006年问世以来，不但得到国务院和教育部领导同志的高度重视，而且先后印刷多次尚不能满足广大读者的需求。这其中的奥秘何在？

　　当你翻开"丛书"，每一部著作都讲述着一位教育家成长的故事。这些著作主要从"成长历程""思想概述""课堂实录"和"社会反响"等方面全景式反映其教育思想、教育智慧、专业精神和专业人格的形成过程与教学实践过程。这是教育家成长的基本素质所在。

　　当你沿着教育家成长的足迹走近他们的时候，你会融入这些带有"草根色彩"、扎根中华教育实践大地、充满田野芳香的真实感人的教育故事中。

当你从"丛书"中，从这些当年和自己一样的普通教师，成长为今天受人尊敬的教育家的成长过程中受到启迪，当你触摸着自己的心，把学生的成长和祖国的未来紧紧连在一起的时候，你会真切地感受到教育家离我们并不遥远。

当你用整个身心蘸着自己的生活积累去品味"丛书"中的每一部著作的"成长历程"时，在一位位名师不断学习、不断超越自我、不断超越学科教学的求索足迹中，你会读懂"教育是事业，其意义在于奉献"的丰富内涵。

当你研读"丛书"中的每一部著作的"思想概述"，和每一位名师展开心灵对话的时候，都会深深地感受到，一名教师对教育独立的理解与执着的追求有多么重要。从一名普通的教师成长为受人尊敬的教育家的过程中，你会读懂"教育是科学，其价值在于求真"的深刻含义。透过"丛书"，你会看到一代代教师用爱与智慧塑造民族未来的教育理想。

随着我们从"知识核心时代"走向"核心素养时代"，教师教育教学活动的视野已拓展到人的生存与发展的方方面面。教师要结合自己的教学实践去感悟"教育理念是指导教育行为的思想观念和精神追求"，应该把爱化为自己的教育行为，让爱充盈课堂，触摸到一个个灵动的生命，让爱产生智慧，让爱与智慧在学生心中留下岁月抹不去的美好回忆，让教育者和受教育者都感受到教育的幸福。这是"丛书"给我们的启示，也是每位教师应有的胸怀和视野。

时代呼唤教育家。为了进一步把我们本土教育实践中蕴含的中国智慧提炼出来，从而形成具有时代意义的中国特色的教育话语体系，以此去观照、引领、创新中国的教育实践并在更大范围加以推广，"丛书"将由中国教育报刊社人民教育家研究院继续组织编写，希望能够在更广大教师的心田中播种教育家成长的智慧，从而出更多的名师，育更多的英才，成就中华民族复兴的伟业。这是时代赋予广大教育工作者的神圣使命。如果广大教师能在每位教育家成长、探索教育智慧的过程中受到启迪，形成自己的教育智慧，则实现了我们编辑这套"丛书"的初衷。

"教育家成长丛书"
编 委 会
2018 年 3 月

目 录
CONTENTS

薄俊生与发展性教学

我的成长之路

我的教育教学观

走进课堂

他者评说

附　录

我的成长之路

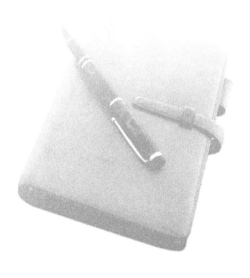

一、成长，在"薄"与"厚"之间

——我的成长轨迹

有人说，薄校长姓"薄"，却很"厚"。而我笑笑说：正是因为知道自己"薄"，所以一直追求着"厚"。34 年的教育生涯，我从浮躁走向稳重，从浅薄走向充实，在我看来，自然质朴、平静和谐，是一种充满审美情趣的人生态度，也是我永远的教育追求。我不断丰盈着单薄的灵魂，储备着丰厚的能量，在薄与厚之间，进行着永不停息的上下求索。

从薄到厚，是一种改变，改变人生的宽度、思想的深度、行走的角度、技术的高度、专业的厚度。我的成长，在薄与厚之间……

(一)本分，改变人生的宽度

1982 年 7 月，我毕业于江苏省洛社师范学校。毕业前三天，当同学们纷纷预测自己的去向时，校长将我请去，要我留在洛社师范附小任教。洛社距我家足有一天的路程，而我又是父母的独生子，留下后就意味着不能经常回家照料父母。当时，我的内心处于极度的矛盾之中，但当我想到留下后能得到母校老师的热情指点，能得到一个良好的工作环境，能使自己在踏上工作岗位后施展才华、得到长进后，我拿定主意：事业的需要就是我扎根的土壤，我应该服从学校的安排。

那一年还没过完暑假，我就在父母的叮咛声中登上了西去的汽车。当我来到目的地，那简陋、破旧的校舍，使我愕然，令我震惊。全部不过七间瓦房，缺砖少瓦；四周无围墙，旁边是稻田。陌生人根本想象不到这是教书育人的地方。这与我当时想在母校任教的愿望大相径庭，我感到意外和委屈。可是，对教育的满腔热情还是在我的心中燃烧着，我想：温室里的花草经不住风霜的考验，年轻人只有经受生活的磨炼，才能成为生活的强者。于是，我不再彷徨，不再迷惘。我和老教师们一起撩开蜘蛛网，清除储藏多年的杂物，喷上消毒药水，撒上石灰粉，整理出了一间十来平方米的房间，然后又搬来了两张长凳，一张竹榻，架起了一张简便的小床。从此，我就在洛社师范附小分部——无锡县洛社公社铁路小学这所农村小学开始了自己的小学教育生涯。

1982 年师范毕业时师生合影

铁路小学没有食堂，我和一同分配在这里的同班同学孟晓东在师范的食堂搭伙。午餐一般没有问题，晚饭就很难保证。一般情况下，我们轮流把晚饭买到宿舍里吃，可很多时候，两人都专心于补课或找学生个别谈话，等想到吃饭时食堂已经关门。这种情况下，我们两个就在暮色中步行到洛社镇上吃一碗面条，回到学校再在简陋的办公室里备课、批改作业、刻写钢板，或者蹲在草丛中的水井旁洗衣服，天天如此，循环往复。

回顾自己 34 年的工作历程，从师范学校毕业，到铁路小学任教，到常熟实小任教，到教育局教科室工作，到担任实验小学校长，经历不算十分丰富，但还算得上有些故事。对组织上的一次次调动，我都是简单地遵从，而且上岗以后都非常本分。我想，只要能够做到干一行爱一行，任何岗位都可以做出成绩，因为我相信，每一项新的工作，对我来说都是一项挑战，奉献是永恒的，追求是无穷的；只要大胆去做，生命便会实实在在，只要放手去干，事业便会充满阳光。成功需要付出，人生需要磨炼，幸福需要创造，事业的需要就是我毕生的追求。教育已浸入了我的生命，这份对教育的本分，拓宽了我人生的宽度，增添了我人生的精彩。

苦练教学基本功

（二）学习，改变思想的深度

读师范时的语音老师是和蔼可亲的半百老人蒋老师。在普通话过关测试中，蒋老师夸我的发音比较标准，并推荐我到学校广播室担任播音员。从此，我就跟蒋老师有了经常性的接触，接受她的指导。后来，临近退休年龄的蒋老师被安排到了师范图书馆工作。我在铁路小学工作期间，由于与老家相距甚远，星期天只能一直待在学校。蒋老师知道后就跟我讲："你星期天不回去，没事就到师范图书馆找我，爱看什么书只管问我借。"从此，我开始接触一些教学期刊，《小学教学参考资料》《小学教学研究》……工作日处理完工作上的事务以后，还要坐在床上翻阅。那时，教学类刊物上经常刊登介绍语文教育界前辈教育思想的文章，其中有很多是介绍叶圣陶的教学思想的。我行行细看，句句琢磨，慢慢地，"教是为了不需要教"这条原则深深地印在我的脑海里。我努力地按照自己对这句话的理解备课、上课，教学因此有了一些门道。

调到常熟实小以后，我自费订阅了多种教学刊物。其中有一本名为《外国教育资料》，这是一本专门介绍外国著名教育家教育思想和各国教育改革信息的杂志。20世纪80年代中期，这份杂志连载了苏联教育家阿莫纳什维利的"没有分数的教学"的教育思想。一个踏上工作岗位不久的年轻老师，阅读理论性极强的教育家思想，实在是很苦很累。在酷暑难熬的假期，我一个人躲在屋里，硬是一行一行把它读完。但毕竟教育家的思想比较深奥，光读一遍连一知半解都很难做到。于是又反反复复地阅读琢磨，慢慢地，似是而非地知道了如何人性化地看待儿童的学习，怎样改进学习有困难学生的学习状况，粗略地懂得了什么叫作"实质性评价"，什么叫作"没有分数的教学"。阿莫纳什维利的教育思想对我现今的教育观念产生了很大的影响。

1992年，江苏省教育委员会下发了《关于改革和加强中小学语文教学的意见》的文件，开展语文教学思想大讨论，《江苏教育》杂志刊登了吴天石厅长在常州会议上的讲话《加强语文基础知识教学和基本训练》，并随后连载了著名特级教师陈树民关于朗读的系列文章，我每期必读，对朗读有了更全面的理解。调到常熟市教育局教科室工作以后，我在一个很小的书橱里找到了一本改变我语文教学观念的好书——《阅读教学论集》。这本论集中收录了叶圣陶、吕叔湘、周振甫、张寿康、蒋仲仁、刘国正、张志公等多位语文教育界前辈关于语文教学的论述，其中十多篇文章论述了朗读的问题。我如获至宝，一篇一篇认认真真地阅读，一张一张地做读书卡片，并将这些摘录进行归类整理，从"朗读能促进学生对课文的理解""朗读能促进学生语言的发展""朗读能促进写作能力的提高""朗读能促进背诵""朗读有助于陶冶学生的情操"五个方面，组合成《谈以朗读为主线组织语文课堂教学》的文章。此后的《朗读与对话》《诵读教学研究》等论文，都是在此基础上发展而来的。朗读已经成为我如今设计教学的基本理念。我想，将理解语言与积累语言很好地结合起来的方法，就是朗读，只要抓住了朗读和其他内容的内在联系，配合得好，完全可以珠联璧合，它不仅不会影响教学质量，相反，还会促进教学质量的提高，收到事半功倍之效。语文教学无非是传授炼字、遣词、造句、谋篇的知识和运用语言文字的能力，在这些方面，朗读都是大可借助的有效手段。有些内容，言传不易，表达难明，但朗读得法，每每能使学生心领神会。所谓"旧书不厌百回读，熟读精心子自知"是也。

离开了阿莫纳什维利，离开了《阅读教学论集》等著作的学习，虽然在我面前的人还是那个人，事还是那件事，但学生、老师、语文教学、学校管理，将不是现在我心目中的学生、老师、语文教学、学校管理。因为，学习，改变了我思想的深度，改变了我对人和事物，甚至对整个世界的看法。

（三）科研，改变行走的角度

1990年，江苏省教育委员会下发了《关于当前小学教育改革的意见》，要求从活动课程、学科课程、环境课程三个方面推进素质教育。当时，身为学校教科研组长的我，根据学校兴趣活动小组建设的优势，选择了活动课程作为自己和学校研究及实践的方向。我从有关报刊的出版信息，自费邮购到了《谁执牛耳——世界课程改革走向》等课程改革专著刻苦攻读，有空就一个人躲在学校阅览室构思研究方案。1991年，《江苏教育研究》杂志开展了一个素质教育征文评选活动，我根据自己的学习、思考和学校的实践积累，撰写了《落实活动课程，促进学生素质的全面提高和个性的优化发展》一文参赛，荣获一等奖。1992年，江苏省教育委员会在吴江市举行素质教育研讨会，省里的领导邀请我作为基层最年轻的代表与省教育厅的领导和科研院校专家一起出席会议，并进行大会发言。领导听了我的发言以后，对我们学校的做法很感兴趣，省有关领导在会议刚刚结束就与我同车来到学校进行考察。后来，南京师范大学吴也显、刁培萼两位教授也深入学校，对我校活动课程的研究工作进行调研和指导，并策划在《江苏教育研究》杂志连载关于我校活动课程研究与实践的《学科综合实践活动研究》《学科活动教学的实践与研究》《社会实践活动的实践和研究》等四篇文章，每篇文章由两位教授进行点评。四篇文章发表以后，学校的活动课程在省内产生了很大的影响。

　　1993年，省教委邀我参加《江苏省活动课程指导纲要》的制定工作，使我对活动课程有了更为深刻的认识和深入的研究，我也因此被称为活动课程的专家。进入第九个五年计划的时候，我从学校的实际出发，将学校的主课题定为"活动教育研究"，将学生内部和外部活动都纳入课题研究的范畴，进一步拓宽了研究的领域和工作的思路。期间举行的素质教育展示活动受到教育局领导啧啧称赞，同时也深受全市同行的好评。在课题结题的时候，苏州市朱永新副市长、省教科所成尚荣所长等领导亲临现场，朱副市长还为全体教师发表了热情洋溢的讲话，对我们的研究给予了充分的肯定。从此，活动教育成为学校办学的主要特色。

　　"十五"期间，根据教育发展的趋势，我将"运用信息技术，建立以学生为主体的探究性学习方式"确定为学校主课题。因为"八五""九五"期间两个课题的成功实施，经逐级推荐，我校的研究课题成为全国教育规划办立项课题，由学校独立承担全国级课题的学校整个江苏省仅有四所。经过全体教师的共同努力，学校形成了鲜明的信息化工作特色，成为全省信息化工作的样板，前来参观者络绎不绝。2001年，江苏省教育学会在我校召开信息化工作观摩研讨会。2003年迁入新校，全省实验小学工作会议在我校隆重举行，会议的主题就是推广我校的信息化工作经验，周稽裘厅长、陆志平处长等领导对我们的工作给予了高度评价。

科研改变了学校行走的角度，同时也改变了我自己行走的角度。当我决意沿着这条路前行时，便开始了一段新的生命旅程，我不断地思考，不断地提升，不断地成长，一个个普通的日子，教育的日子，从此变得灿烂。只有改变行走的方式，才会从不同的角度欣赏到教育的美丽，也更真切地感受到了将自己的生活融入教育之中得到的快乐。

（四）实践，改变技术的高度

"纸上得来终觉浅，绝知此事要躬行。"我将普遍的教育原理指导自己的教育实践，努力在运用中加深理解，不断创新。"不积跬步，无以至千里；不积小流，无以成江海。"新春佳节是休息、娱乐的好时光，可我放弃了看电影、电视，放弃了游园逛街，放弃了同亲朋好友的聚会，把绝大部分时间花在备课上。每一篇课文，每一教时，每一个提问，我都要认真对照教育理论深入钻研，准确把握，精心设计。每上完一堂课，我都要细细回味，总结成功的经验、失败的教训，将"教后感"一栏填得满满的。

1986年5月，我接受了向上海、无锡、苏州等地上公开课的艰巨任务。为了深入理解教材，我对《麻雀》这篇课文的字、词、句、段乃至标点符号逐一评注。为了科学地处理教材，我又反复研读了系统论、信息论、控制论的知识讲座。教案的第一稿完成后，我自感教学的整体性体现得不够完美，就再次学习系统论中关于整体性原理的表述，以图示式板书为凭借，将事情的发展顺序、人物之间的相互联系、人物所处的不同位置简洁明了地再现出来，得到了领导的称赞。在同轨班试教后，我感到在字、词、句、段的处理上仍缺乏整体性，于是，又进行修改，形成了自己和领导都感到满意的第三稿。为了弥补自己在情感领域上的不足，我一连三个夜晚都独自在教室"排练"，既当教师，又当学生；既当执教者，又当评课者；既练粉笔字，又练普通话。终于，在百余名听课者的注视之下，我成功地完成了教学任务，并受到了一致好评。在校视察的市局领导和兄弟学校的领导当即决定第二天再听我执教的第二课，听后同样给予了高度评价。此后，在《手》《我的战友邱少云》《曼谷的小象》等公开教学中，我又一次次地刻苦钻研，精心设计，取得成功，受到赞誉。

（五）笔耕，改变专业的厚度

我在铁路小学工作期间，业余时间除了备课、批作业、刻钢板、洗衣服等之外，就是看书学习，并将自己的思考和做法付诸文字。当时，因为自身理论和实践都很缺乏，投出去的稿子一直石沉大海。1985 年春天，邮递员交给我一封信，发信单位是浙江的《教学月刊》。拆开信封，看到的是一张稿件录用通知单。当时，我真的是兴奋万分，内心充满了成功的喜悦。这是一篇寄出去已有一年的文章，题目是《教给学习方法》，它成了我的处女作。文章是我学习叶圣陶先生关于"教是为了不教"的教学思想以后撰写的。从此，我就更加勤奋地思考总结，积极向《江苏教育》《教学月刊》《小学教学参考资料》《小学语文教学》等杂志投稿，我经常能够收到它们寄来的录用通知单。文章发多了，与编辑之间的关系也慢慢紧密起来，他们偶尔也会约我写一些稿件。

经常地动动笔头，发发文章，自己的嘴巴也逐渐活络起来。调到常熟实小以后，我参加了常熟市级的语文骨干教师培训班。培训班采用轮流坐庄的办法听课评课。每一次听课以后，领导总要求我进行评课，我每次都认真准备，形成书面文字，一、二、三，讲得头头是道。渐渐地，领导和同行们都称我为评课专业户。

当上校长以后，我思考的领域拓宽了。每个双休日，我都静下心来做好两件事情：一是计划好下一周每天的工作内容，星期一到星期天，每天上午做什么，下午做什么，一个要点一个要点地写在工作笔记上，做到多而不杂，忙而不乱。二是写好下一周的教工大会讲话稿。为了把话讲到位、讲清楚，我常常写稿写到夜里 10 点以后，甚至超过 12 点。一个一个夜工，一篇一篇打磨，这个过程也正是我不断积淀的过程。从 1997 年上任到 2000 年，我的每周工作安排和会议讲话已经整整写了十几个硬面抄，叠在一起将近一尺来高，此后又有几百篇文稿存储在我的电脑里面。

语文教学永远是我的至爱，在不断的实践和理论学习中，我越来越认识到语文教学只有回归教育的本真，才能把握语文的实质，彰显语文的价值。我在多年的教学中以"语文教学生活化"为目标，形成了"谐、实、活"的教学风格。我认为，语文教学应该是简单而又深刻，清晰而又丰富，独特而又生机勃勃，质朴而又楚楚动人的。清淡如茶，却又耐人寻味，和学生一起融入文中，感受、品味，才能获得顿悟与积淀，获得语文素养、人文素养。于是，《我理想中的课堂教学》《基于网络环境的语文教学》《语文教学与学生创造性培养》《学生是阅读的主人》《再谈以朗读为主线组织语文课堂教学》《朗读与对话》等文章一一出炉了。领导专家找到我，请我参加《语文课程标准》的研制工作，约我参与《语文课程标准与教学大纲的对比研究》《语文新课程实施精要》等专著的编撰工作。日积月累，自己的专业素养也就慢慢地厚实起来。

朱永新教授说过：中小学教师搞教育科研，就是应该从记录教育现象、记录自己的感受、记录自己的思考开始，把这一串串"珍珠"串起来，那就是一条非常美丽的项链。现在，我和学校所有老师一样，有了自己的博客教育日志，每天在网上笔耕不辍。2006 年 3 月我赴英国考察，在每天的考察工作之后，深夜将自己一天中的所见所闻所思及时整理下来，发表在博客上，又展开了一场网上的无声教育沙龙。

因为知道自己"薄"，所以我不断追求着"厚"。我知道，做人，厚德方能载物；作文，在于博观而约取，厚积而薄发；而教学，更需要深厚的文化底蕴，丰厚的理论功底，丰富的实践经验。语文教学是厚重的，它承载着文化、生活与使命。在"薄"与"厚"之间，我还将一路走下去。

二、大道无形

——我的教育追求

相熟的朋友谈到和我的初次见面时，都这么说：瘦弱而沉静，憨厚而谦和；朴实的外表，普通的衣着，似乎在人际交往中还有些笨嘴拙舌，着实体现了一个"讷"字。讷者，笨拙质朴也，孔子云：讷于言而敏于行。可能正是这份笨拙，这份质朴，引领着我成为江苏省劳动模范，江苏省特级教师，江苏省有突出贡献中青年专家，江苏省"333"跨世纪学术技术带头人培养对象，全国科研型校长、全国师德先进个人……可能正是这份笨拙，这份质朴，引领着我走近我的人生目标：做一个好人，做一个眷恋讲台的好教师，做一位学者型的好校长。

我想，至高的美应该就是天地自然的本原，质朴无华，不烦绳削。我的这份笨拙，这份朴实，也正是我所追求的教育之美，生活之美。《老子》说："大音希声，大象无形。"在我看来，自然质朴，平静和谐，正是一种充满审美情趣的人生态度，也是我永远的教育追求。

（一）上善若水，厚德方能载物

孔子曰："夫水遍与诸生而无为也，似德。其赴百仞之谷不惧，似勇。以出以入以就鲜絜，似善化。其万折也必东，似志。是故见大水必观焉。"水是真君子，回忆我的从教历程，逝者如斯，我深深地感受到，上善若水，厚德方能载物。

刚踏上工作岗位，青年人无牵无挂；随着时间的推移，工作与家庭的矛盾就随之产生。1990 年，我可爱的女儿来到了人间，家务的负荷随之剧增：体检、打疫苗、洗尿布、热牛奶、喂孩子……叫人难以应付。而那时，我又在学校忙于公开教学活动，焦急万分。在家庭与学校发生激烈冲突的时候，我该怎么办？我毫不犹豫地选择了后者。我征得爱人的同意，让她带着孩子到乡下岳母家休息。孩子体弱，得了肺炎，住进了医院。白天，母亲和爱人轮流照料孩子，我则利用下班时间来回送饭送菜；晚上，我负责陪夜。孩子常常因离开母亲而哭闹到深夜不肯入睡，一晚上，我只能靠在童床上闭上五六个小时的眼睛。第二天，我照常上班。整整两个星期，天天如此，可我没有请过一天假，没有迟到早退过一次。自己受累了，家人责备我，可我心里却很满足，因为自己的辛劳换来了学校语文公开教学活动的极大成功。

二十多年过去了，我似乎还是原来的我，似乎又不是，那是因为，教育已浸入了我的生命。我追求着如水一般的教育生活：像水一样有德行，奔流不息，哺育一切生灵；像水一样有情义，流必向下，和顺温柔；像水一样有志向，穿山岩，凿石壁，从无惧色；像水一样善施教化，万物入水，必能荡涤污垢……

（二）真爱如雨，润物本是无声

"情在左，爱在右，走在生命的两旁，随时撒种，随时开花。"冰心老人的话让我知道，真爱如雨，润物无声，育人无痕。一个不经意的爱抚，一句轻描淡写的鼓励，一声看似不着边际的嘘寒问暖，都会给学生留下刻骨铭心的记忆，都会荡起学生心中的涟漪。因此，我一直用自己不露痕迹的爱心呵护着学生积极向上的稚嫩心灵，用无比的耐心倾听着花开的声音。我常对教师们说："每一位老师都要把每一个学生看作好学生。要横着排队，让每一位学生都能得第一。"在我当班主任的时候，班上有一位叫陈宇的学生，总是调皮捣蛋，爱惹是生非。为了教育帮助陈宇，我一次次地和他单独谈心,一次次地开展家庭访问。一次,我利用双休日开了个"个人专场家长会",请来了陈宇和他的父母亲,也请来了班上的小干部。大家围坐在几张课桌拼起来的方桌旁,小干部们将事先收集好的关于陈宇的优点当着他本人的面夸给他的父母听,并小大人似的对陈宇提出了希望。我当然也少不了大大地夸了他一番,提出了殷切的希望,陈宇的心灵被触动了。于是,每周我细心地观察记录陈宇的表现,并用尽心思挖掘陈宇的优点,周五的时候用毛笔写一份喜报,请陈宇亲自带回家去,向父母亲报喜。课间,我请陈宇带领篮球队开展活动,并负责同学们的课间纪律。慢慢地,陈宇转变了,成为一名德智体全面发展的三好学生。

与毕业班学生共植毕业树

像一场润物无声的春雨,似一阵和煦拂面的春风,真爱本是无痕。每一个学生的心灵,都有一根美丽的弦,老师用发自内心的真诚的爱,去拨动它,学生的心灵必然会奏出一曲曲动听的歌。"真教育是心心相印的活动。"我用真心换来了学生的真心,换来了家长的信任,我所任教的这个班级也被评为苏州市优秀班集体。而我自己,也有一个需要支撑的家,也有一个需要关爱的家,但我从不因家务繁重而影响工作。爱人说我"从来不带孩子锻炼,更不陪孩子逛公园、游郊,只是把女儿塞给了电视机"。虽然是责备,但语气是宽容的,因为她知道,我是属于学生、属于学校的。由于长年的超负荷劳作,身体本不魁梧强壮的我越显瘦弱,1992 年,我累倒在讲台上。去医院一查，我和家人、同事都惊呆了——左肾脏严重积水，功能坏死，必须马上做切除手术。当时，我处于极度的痛苦之中。我担心手术后不能像正常人一样生活、工作，担心从此以后会离开自己热爱的教育事业。领导、老师的关心和安慰，给了我战胜病魔的信心。手术后，我身在病床，心在学校，当校长来院探望、带来学校的情况时，我是多么兴奋。刚出院一个多月，我就硬撑着身子来到了学校。开学后两个月，我便试着回到讲台，上一个班的作文课，备课上课，批改作业，一点一点坚持着认真完成，并积极筹备全市的目标教学研讨活动。好心人劝我保重身体，多休息，不必这么着急去上课并进行学校的管理工作，可我笑笑，依旧坚持着自己的选择，因为我知道：在学校里和孩子们在一起最快乐。

（三）执着似泉，唱响心底的旋律

1990年教师节，我出席了常熟市中小学青年教师代表大会，并做了题为《当一名学者型的教师》的发言。我原以为自己的发言有些不知天高地厚，难以被人接受。没想到发言刚毕，台下便爆发了长时间热烈的掌声。教育局领导还高兴地紧握我的手，用饱含鼓励期待的语气恳切地说："小薄，向认定的目标坚定地走下去吧！"

从教二十多年，我正是这样走过来的。古语云：林木茂盛，必先固其根。中师毕业后的第三年，我便参加了苏州教育学院的高师函授的学习。白天教书育人，不敢懈怠一分钟的宝贵时光，备课、上课、批改作业，当日事当日毕；晚上充实自己，读教材、做笔记、查资料、啃文献，似海绵吸水。夏日蚊虫叮咬，套上衣衫长裤；冬天寒冷难熬，活动一下再干。功夫不负有心人，经过几个春秋的努力，我终于取得了本科文凭，望着鲜红的证书，求索的硕果，我感到欣慰、充实。

我深知，做好教育工作更需要有专业理论的指导。于是，我向漫漫书海进军了。我花了工资额的相当部分用来购买、订阅教育书报杂志，一有空余时间，就往图书室里钻，常常忘了下班时间。我利用节假日，利用无数个深夜清晨通读了《教育学》《心理学》《教学论》……深刻地领悟古今中外各流派的语文教学思想，"读十遍，不如写一遍"，为了把教育理论学到手，我坚持"不动笔墨不读书"。几十万字的札记心得，堆成厚厚一叠。

1991年年底，江苏省教育委员会决定将语文教学改革作为素质教育的突破口。为在第二年新学期能按素质教育要求全面进行语文教学改革工作，我利用寒假休息时间学习省教委颁发的 45 号文件和省教委领导同志关于实施素质教育的重要讲话，从整体上构思语文教学实施素质教育的改革方案。不论是大年三十还是大年初一，我都处在高度紧张的思考之中。眼看开学一天天临近，而自己的方案还没有最终形成，我心里一天天焦急起来。大年初三，我取得家人的理解和支持，干脆带着水果和面包到学校办公，整整一天没有回家，直到当晚七点把改革方案的思路理顺才松了一口气。大年初四，按惯例要到乡下看望岳父岳母，我带着重重的一包材料前往。刚到那里，我就选了一间空房开始了自己的工作。在乡下住了两天，我连续工作了两天。就在这两天内，我完成了改革方案的拟订工作。一开学，这一方案就在市教导主任会议上作了介绍，引起了不小的震动。寄给《江苏教育》编辑部后不到半个月，就收到了录用通知，发表在该刊的 1992 年第 5 期上。同年，该文在省"教海探航"征文评选中获奖。

自此，科研载着我的探航之舟在教海中一路乘风破浪，我主持开展了联合国儿童基金会、国家教委基教司下达的"制订小学语文学习标准及教学质量监测"的研究，编印了《语文三级教学认知情意目标》，使目标教学可操作、易评估，受到了专家老师的好评，并由苏州市教委向本地区学校推广使用。1990 年，我从当时国内外课程编制综合化的发展趋势和尚未设置综合课程的现状出发，开始了《小学学科综合活动课程的理论和实践》课题的研究。从课题界说到目标确定、变量操作，我都深入思考、全面把握，带领老师边实践、边总结。在三年中，对全部研究材料进行了系统地分析、归纳、提炼，总结出了具有普遍意义的综合活动课程的三三四模式，我的研究成果得到了省教委领导和南京师范大学教授的高度评价，整体改革方案和总结获江苏省教学改革科研成果一等奖，被中央教科所授予成果奖。1999 年夏天，国家教委在准备对课程标准进行全面调整时，省教委领导让我作为江苏省的代表参与新大纲的制定工作。此后，又参与了省教委的活动课程指导纲要、教育部的语文新课程标准等多项文件的研制工作。我还独立承担了教育部规划立项的"运用信息技术，建立以学生为主体的探究性学习方式"，江苏省规划办立项的"以课程革新为突破口，构建活动教育体系"等多项省级以上课题研究，获得 5 项全国级一、二等奖，6 项省级特等奖、一等奖，18 项省级二、三等奖，在省级以上教育理论刊物发表论文 108 篇，编写出版多本专著，当选为中国语文报刊协会课堂教学分会副会长、江苏省基础教育教学指导委员会小学语文学科专家委员、江苏省教师教育专业指导委员会委员、南京师范大学课程与教学研究所兼职研究员、苏州大学文学院硕士研究生兼职导师。

　　每一项新的工作，对我来说都是一项挑战，我总是告诫自己只要大胆去做，生命便会实实在在，只要放手去干，事业便会充满阳光。成功需要付出，人生需要磨炼，幸福需要创造，就如同那曲折山道中的明澈执着的泉，一路从源头流淌而下，面对远方的喧嚣，仍缓缓地流、潺潺地走、涓涓地淌、静静地唱，不知疲倦地奔流、奔流……有一首歌中唱道："故事不多，宛如平常一首歌……"我就在这样做着，在每一个平凡的日日夜夜，一路走来，静静地唱响心爱的教育旋律，这歌，没有惊波逆转的曲调，没有撼人心魄的高音，却是娓娓唱来，吟自心底。

（四）清淡如茶，追求本真的境界

　　中国的文学艺术，是一种难以言喻的艺术佳境；中国的语言文字，有一种含蓄清淡、超越言象的无声之美、无形之境，这是大道之美。我认为我们的语文教学也应回归语文的本真，才能把握语文的实质，彰显语文的价值。

　　我曾应邀赴广东、浙江、陕西、上海等省市作公开观摩教学 30 多次，作专题讲座 50 多次。《最大的麦穗》《掌声》《剪枝的学问》等得到了省内外专家、老师的肯定。在省级科研主课题中期报告会上，我向全省的专家教授上了展示课《惊弓之鸟》，省教科所长成尚荣评价说"薄校长的课达到了一定的境界……"在苏教版教材教学培训会上，我向全国十多个省市上千名教学行家里手作示范教学《古今贤文》，得到了杨再隋、王兰等专家名师的赞赏。在《我不是最弱小的》教学中，我找到了"朗读"这种传统语文教学方式和新课程理念"与文本对话"的最佳结合点，并且赋予了一种非常童趣化的说法："朗读就是代作者说话，代文中的人和物说话。"这种说法不仅把深奥的教学理念转化成了要求明确、简便易行的学习方法，而且具有很大的诱惑力，一下子就拉进了学生与作者、与文中人和物之间的距离，把枯燥无味的阅读文本的方式变成了一种鲜活的生动可感的"生活"方式。"代作者说话、代文中人和物说话"强调的是学生的主体意识，它诱使学生真正把阅读看作是自己的自主行为，让学生在自主感悟、理解、欣赏、评价中自由张扬个性，充分发挥自己的主观能动性，更重要的是，让学生们知道了对语言文字的学习应该走近作者，走近文本。

　　于是，语文课堂就如一杯淡淡的茶水，起先，师、生、文本只是一杯普通的

"茶""水"混合物，当学生走进文本，走近作者，这富有灵性的"水"便慢慢溶解于"茶"，慢慢沾上茶的清香、甘醇，而"茶"与水的交融也更显得饱满、光亮。直至最后，茶已不再是"茶"，水已经不再是"水"了，茶香四溢，我们品尝到的是那种因浓郁而沁人心脾的江南绿茶。

"一花独放不是春，百花齐放春满园。"我努力以自己微不足道的影响，引导教师，特别是青年教师在教育园地里形成百花争春的强烈气氛，按照"选苗子，压担子，指路子，搭台子，树牌子"的工作思路，促进教师队伍整体素质的提高。

与学校青年教师在一起

我始终认为，教师中间蕴藏着巨大的创造潜能，学校管理者要将每一位老师看作好老师，要为每一位老师创造成功的机会，要帮助每一位老师取得成功。为了尽快地提高青年教师的理论素养，我组织成立了青年教师理论学习小组。为了解决理论学习材料问题，我留意各种教育报纸杂志上的书讯，并掏钱为青年教师购买理论专著，一次次的邮购工作都由我一人负责，一次次的邮费都由我一人承担。我毫不吝惜自己的时间、精力、经验和才智，青年教师上公开课，我总是当自己上课一样对待，自己亲自"下水"，钻研教材，设计教案。多年来，我辅导教师进行市级以上公开课及到兄弟学校借班上课数百次。平时我总是挤出时间，聆听老师们的课堂教学，并组织老师们进行多形式的评课，常常是华灯初上我才和青年教师一起回家，在反复的打磨中，老师们快速地成长起来，教改带头人、教学能手像雨后春笋般冒了出来。如今，学校有省特级教师 3 名，苏州市级名教师、学科带头人 9 名，常熟市级学科带头人 33 名，常熟市级学科教学能手 28 名，市级以上先进人物近 80 位，一个以名教师为代表的优秀教师群体已经基本形成。西藏、新疆、山东、山西等地多次派校长教师来校学习，我也因此被教育部有关部门聘为西部教育顾问。我校教师讲奉献、讲实干是出了名的，如果问实小教师累不累，老师们会激动地说："跟着薄校长干，再苦、再累，也心甘，因为累得畅快，苦得欣欣然。"老师们真诚的话语，让我感到由衷的欣慰。

大道无形，我追求着这如水、如雨、如泉、如茶一般的教育人生，平淡、真实而又乐在其中。

三、探寻语文教育的真谛

——我的语文教育足迹

1982 年师范毕业的我，跟随改革开放的步伐走过了 34 年的教育征程。作为一名热爱语文教育工作的小学教师，我赶上了中国教育改革和发展最为活跃的时代，经历了中国语文教育三十多年中发生的一次又一次重大变革，而这，也正是我对语文教育真谛苦苦探寻并逐步逼近教学本真、完善教学行为的过程。

（一）尝试学法指导

20 世纪 80 年代初，语文教学研究日趋活跃，一些教学类期刊陆续介绍语文教育界前辈们的教学思想，其中以叶圣陶先生的"教是为了不需要教"的思想传播和研究为最多。一些语文教学研究专家也陆续将自己的研究成果结集出版，其中影响较广的可能要数朱作仁先生的《朱作仁语文教学文集》。朱教授的文集分上下两集，上集中的大部分文章对小学生学习语文的方法及指导问题展开了充分的论述，相关篇目如《关于学习方法指导的几个问题》《自学指导法种种》等。

我根据叶老的思想和朱教授的研究成果尝试着对学生进行学法的指导，并在实践的基础上做了一些归纳，先后发表了《教给自学方法》《分段训练的时机和方法》《谈学法的指导》等经验总结，其中以《运用"结构—功能"原理改进学法指导》最为完整。

这篇文章以系统论的整体性原理为指导，提出了优化学法指导的几点做法。

第一，优化教者的思维流程结构，提高学法指导的自觉性。强调教者在处理教学要求、教学内容、教学方法、学习方法和教学过程这几者关系的时候，应根据教材内容优先考虑学生可用什么样的学习方式进行学习，接着考虑教师该如何教给学生相应的学习方法，然后设计教学过程帮助学生理解教材，从而真正体现"教材无非是例子""以学论教"的思想。

第二，系统组织安排学法结构，保证学法指导的科学性。强调教师应根据学生心理发展水平和学习语文的规律，将整个小学阶段的语文学习方法进行系统地设计，如在低年段重点指导学习字词的方法，在中年段重点指导学习句段的方法，在高年段重点指导篇章的学习方法，提出了每个年段学法指导的具体内容（略），形成了低、中、高年段的学法结构，使学法指导更具层次性和系统性。

第三，努力改进课堂教学结构，增进学法指导的实践性。强调语文是工具性很强的学科，语文学法也只有在不断的实践中才能掌握。设计了"示范—归纳—运用""自学—讨论—归纳—运用""迁移—自学—讨论—总结提高"等不同类型的课堂教学结构。

第四，全面培养学生运用学法的能力结构，提高学法指导的有效性。强调语文学法指导，不仅是指教师在教学过程中通过最优途径使学生掌握一定的学习方法，更指学生具有选择和运用恰当的学习方法进行有效学习的能力，即学生获得有关学习方法的使用价值的认识，充分认识具体学法的适用范围，使学生能够在特定的学习情境中选择并运用恰当的方法。教师应有意识地培养学生对学习方法的定向能力、适应能力和调控能力。

这一阶段的理论学习与实践探索，我足够重视了指导学生掌握学习方法和培养自学能力的问题，但是由于自己对语文教学目标任务缺乏整体把握，教学过于集中在"学法"这一点上，字词句等语文基础知识的教学比较薄弱，学生获得的学习方法比较抽象，语文学习的基本功不够扎实，语文素养的提高也因此受到较大影响。由于我教学不当，这阶段我班上的学生在语文素质的发展上是蒙受了损失的。

(二)模仿思维训练

1983 年 9 月，邓小平为北京景山学校题词："教育要面向现代化，面向世界，面向未来。"1985 年 5 月颁布的《中共中央关于教育体制改革的决定》再一次提到：教育必须要"三个面向"。在这样的背景下，以被誉为我国最富有经验的教育实践家和教育理论家的吕型伟先生等为代表的教育家们提出了"创造教育"的改革思想，在教育界产生了广泛的影响。各地学校，尤其是上海周边地区学校普遍重视这方面的研究，指导学生掌握"加一加""减一减""改一改""联一联"等创造技法，一些语文教育工作者也开始探索在语文教学领域培养学生的创造性思维，如上海的张平南老师提出在阅读教学中要发现和培养学生创造力，主张运用"质疑问难"的教学方法，引导学生在"激疑—引疑—释疑—存疑"的思维过程中培养创造能力。20 世纪 80 年代中期，我校邀请张平南老师来校示教《西门豹》。教学中，张老师以学生自己发现疑问、自己解决疑问的活动贯穿整个教学过程，让学生自己去探索，去创造，在创造的实践中增强自信心。如"荒芜"是第一段的关键词，张老师要求学生自己发现问题。由于教学紧扣关键词，对课文的体会也较深入。这样的定向质疑，学生学习的积极性、主动性和教师的作用都较好地得到了发挥。

1995 年，江泽民同志在全国科学技术大会作出了"创新是一个民族进步的灵魂，是一个国家兴旺发达不竭的动力"的论断，教育部、中央教科所随即在全国范围内组织了继"创造教育"以后的新一轮"创新教育"研究。

在"创造教育""创新教育"思想的影响和特级教师们的引领下，我也逐步开展了这方面的探索，并在学习和实践的基础上撰写了《浅谈儿童的思维特点与寓言教学》《阅读教学与培养创造思维》等经验论文，并发表于《教育研究》，有以下主要内容。

第一，阅读教学中培养创造性思维的重要性。教育要开发人的潜能，满足儿童生存、发展与创造的欲望，让儿童在创造中意识和感觉到自己的智慧力量，体验到创造的欢乐。创造力作为每个儿童的生命潜力，亟待开发，创造性思维，急需培养。

第二，阅读教学培养创造性思维的可能性。首先，语文学科具有丰富的人文性，中小学的许多课文是古今中外各种体裁的文学精品。文学是最撼人心灵的，所以在阅读过程中，可以增强学生辨识善恶美丑的能力和文学鉴赏能力，陶冶其情操，锻炼其灵性。其次，语文学科具有相当的模糊性，在阅读过程中，学生除进行逻辑思维活动，还更多地进行直觉、想象、猜测等非逻辑思维活动，这类思维的特点之一就是模糊性，包括理解的模糊性和表达的模糊性。正是因为语言的理解与表达有很大的模糊性，学生的学习就会有很大的自由度，有创造的空间。最后，汉语具有不同于其他语言的特性。汉语灵活多变，汉字的构词能力特别强，也特别简易、灵活。这种语言的学习不能仅靠逻辑的分析，而主要靠联想、想象，靠诵读积累，靠感悟、领悟、顿悟。所以说语言特别是汉语言的阅读教学，为学生展示了广阔的思维驰骋的空间。在这个空间里，学生可以自由地、创造性地联想想象，直觉感悟。

第三，阅读教学培养创造性思维的特殊性。阅读教学中的创造是一种特殊的创造，是指创造了学生个体世界中前所未有的东西。对小学生来说，只要有点新意思、新思想、新观念、新设计、新意图、新做法、新方法，就称得上创造。

第四，阅读教学中培养创造性思维的途径与方法，主要有发扬教学民主、营造创新氛围，丰富形象感知、提供创新素材，体验成功乐趣、强化创新动机，引导自主探究、体验创新过程等。

"创造教育""创新教育"的提出和实施，极大地激发了广大语文教师的创造热情，语文教育改革呈现出了前所未有的活力。但就我个人而言，由于存在着与前一阶段同样的认识上的偏差，过分地将注意力集中在培养学生的思维、发展学生的创造性上，语文教学的学科特点没有得到充分体现，学生的语文积累没有得到应有的重视，语文学习的基础还是不够扎实。

(三)强化思想教育

1989 年，党中央在全党全社会组织开展了以"近代史、现代史及国情教育"为内容的"两史一情"教育活动，学校自然成为开展此项教育活动的重点部门，而语文学科更是适合开展此项教育的重要课程。那时，我已经踏上学校语文教学管理岗位，有条件组织全体语文教师响应上级的号召开展教育工作，此后在《江苏教育研究》发表的《寓思想品德教育于小学语文教学中的思考》一文总结了当时的主要做法。

第一，全面领会"两纲"精神，整体把握教材体系，确保思想教育有高度。一是全面领会《小学德育纲要》和《小学语文教学大纲》关于思想品德教育的共同任务，将"五爱"作为共同的教育目标，把意志、品格这一个性品质的培养和辨正误、明是非的能力作为重要的教育任务。二是科学编排渗透思想品德教育的实施序列，首先，按照"两纲"的思想教育要求，提出十项具体教育内容；其次，将每项教育内容再分解为具体的教育要点；再次，围绕教育内容和教育要点将教材梳理分类；最后，根据学科性原则，对每项教育内容的渗透提出教学方法、教学手段、开展活动等实施建议。

第二，广泛探寻渗透渠道，丰富扩展语言内涵，确保思想教育有深度。包括注意联系比较、形成思想丰碑，创设感染情境、激起情感震动，适当充实深化、强化思想认识，各科协调配合，形成教育合力等。

第三，遵循德育规律，有机提供知行迁移机会，确保思想教育有力度。包括根据教材教育内容，利用少先队主题活动为学生提供知行迁移实践；根据教材教育内容，借助行为规范训练为学生提供知行迁移实践；根据教材教育内容，利用社会实践活动为学生提供知行迁移实践。

应该说，从当时的政治形势来说，我所组织开展的语文教学渗透"两史一情"教育工作是非常全面和深入的，也是非常有成效的。但是，由于过分地注重政治的内容，过多地强调思想教育的因素，使得语文教学带有明显的思想品德课甚至是政治课的色彩，有必要如李伯棠先生在 20 世纪 80 年代初就呼吁的那样："要把大大小小、形形色色的尾巴彻底割掉，以保持阅读教学的纯洁性，让阅读教学走上健康发展的道路。"

(四)探索朗读教学

1990 年，江苏省教育委员会制定下发了〔90(45)号〕文件，提出了中小学要从应试教育转到素质教育的轨道。在明确素质教育的基本要求和课程改革思路的基础上，省教委提出以语文学科为切入口，以此带动其他学科的教学改革。1992 年 10 月，省教委颁发了《关于改革和加强中小学语文教学的意见》的文件，同年 12 月 3 日在南通召开了江苏省中小学语文教学改革座谈会，旨在切实改革和加强中小学语文教学，大面积提高中小学语文教学质量。《江苏教育》专门开设"语文教学返璞归真"专栏，刊登了吴天石在常州会议上的讲话《加强语文基础知识教学和基本训练》，组织出版了《吴天石文集》，在全省乃至更大范围展开了语文教学思想大讨论。1995 年 12 月，省教委在徐州市召开了江苏省中小学语文教学改革成果汇报会，参加这次会议的有各市教育局分管教学工作的局长、教研室主任、中小学语文教研员和教师代表，时任省教委副主任的周德藩同志作了题为《加大贯彻南通会议精神的力度，努力提高中小学语文教学质量》的主题报告，指出了语文教学突出存在的"内容分析多，语言训练少；教师灌输多，启发学生少；应试练习多，语文积累少"的"三多三少"问题，提倡"基础知识教学要落实，基本能力训练要扎实，教风要朴实"，"要按照教学大纲的五句话要求学生：字要规规矩矩地写，话要清清楚楚地说，课文要仔仔细细地读，练习要踏踏实实地做，作文要认认真真地完成"，并向全省语文教育工作者发出了"要打一次语文教学的淮海战役"的号召。讲话的这些精神，对当时的语文教学工作具有很强的指导作用，对当前的语文教学工作也仍有重要的指导意义。全国著名特级教师于永正老师为大会作公开课《繁星》，他以读为主的课堂教学给人耳目一新的感觉，也引发了一些与会者的不解和争议。现在想来，任何改革的初期总有人会产生这样那样的不适应，正因为有像于老师那样的专家当初的引领，像我这样的年轻老师才会渐渐步入语文教学的正道。这次会议规模之盛，研讨气氛之烈，推动力度之大均为空前。可以说，江苏语文教育由此迎来又一个改革的春天。

1994年，我被推荐为苏州市语文教改带头人。秋季开学不久，苏州市语文教研员黄年胜老师和著名特级教师庄杏珍老师来校对我进行考察，听我执教《古井》一课。听完课以后，两位老师与我面对面评课，对我的教学设计提出了批评意见，强调语文教学要重视朗读，培养语感。当时，由于自己缺乏对语文教学的正确认识，只知道朗读在语文教学中有着十分重要的地位和作用，却不懂得其实质意义，更不明白该如何操作。那年，《江苏教育》连载了著名特级教师陈树民关于朗读问题的系列文章，我每期必读，对朗读有了较为全面的认识。1996年9月，我被调到常熟市教育局教科室工作，无意之中在一个小书橱里发现了一本改变我语文教学观念的好书——《阅读教学论集》。这本论集中收录了叶圣陶、吕叔湘、周振甫、张寿康、蒋仲仁、刘国正、张志公等多位语文教育界前辈关于语文教学的论述，其中的十多篇文章是专门论述朗读问题的。我如获至宝，一篇一篇地认真阅读，一张一张地做读书卡片，并分"朗读能促进学生对课文的理解""朗读能促进学生语言的发展""朗读能促进学生写作能力的提高""朗读能促进背诵""朗读有助于陶冶学生的情操"五个方面将摘录进行归类整理，组合成《谈以朗读为主线组织语文课堂教》的文章。此后的《朗读与对话》《诵读教学研究》等论文，都是在此基础上发展而来的。

在实践中，我通过实践明理、自读品味、想象体味、角色体验、演读体悟、比较领悟、评议深化等方式组织以朗读为主线的语文课堂教学。朗读已经成为我如今设计教学的基本理念。

　　值得一提的是，在 20 世纪末 21 世纪初开展的第八次课程改革中，我有幸与巢宗琪、陆志平、方智范、成尚荣、朱家珑、李亮等语文教育专家们一起参与了语文教学大纲的修订和九年义务教育语文课程标准的研制工作。在与专家们一回又一回的研讨过程中，我从他们身上汲取了丰富的营养，对语文教学有了更为全面的认识和整体的把握，这对于自己的语文教学研究和实践都有莫大的帮助。如今，由巢宗琪教授领衔的华东师范大学语文研究中心将我校作为他们的教学基地，也正是得益于当初与他们的共处。

（五）迷恋学科整合

　　20 世纪末，随着信息技术的发展与普及，信息化在教育领域得到广泛的重视与应用。第八次课程改革的启动，教育信息化工作正式列入《基础教育课程改革纲要》，明确提出要"加强信息技术教育，培养学生利用信息技术的意识和能力""大力推广信息技术在教学过程中的普遍应用，促进信息技术与学科课程的整合，逐步实现教学内容的呈现方式、学生的学习方式、教师的教学方式和师生互动方式的变革，充分发挥信息技术的优势，为学生的学习和发展提供丰富多彩的教育环境和有力的学习工具"。《九年义务教育语文课程标准》也反复强调。

　　"现代社会要求公民具备良好的人文素养和科学素养，具备创新精神、合作意识和开放的视野，具备包括阅读理解与表达交流在内的多方面的基本能力，以及运用现代技术搜集和处理信息的能力。"

　　"应拓宽语文学习和运用的领域，注重跨学科的学习和现代化科技手段的运用，使学生在不同内容和方法的相互交叉、渗透和整合中开阔视野，提高学习效率，初步获得现代社会所需要的语文实践能力。"

　　"应当密切关注当代社会信息化的进程，推动语言课程的变革和发展。"

　　"利用图书馆、网络等信息渠道尝试进行探究性阅读，扩展自己的阅读面。"

　　……

　　我校自 1998 年开始实施教育信息化工程构建数码校园，学校围绕独立承担的教育部"十五"立项课题"运用信息技术建立以学生为主体的探究性学习方式的研究"，依托学校完备的网络教学环境，以"整合课程内容，变革教学方式"为指导思想，在现代教育理念指导下，对教师、学生、语文教育资源在教学过程中的作用进行重新定位，最大限度地发挥学习者的主动性、积极性，开展"自主发现，自主探索"的探究性学习，有以下主要内容。

第一，基于网络环境的阅读教学。提供视频画面激发好奇心，引导学生围绕文本自主提问；利用网络的交互功能引导学生自主选择学习内容，在观察感知、理解想象、感情朗读中开展自主的语言实践；通过自制网络课件中提供的专栏资源引导学生对材料进行联想重组，创造性学习语言。

第二，基于网络环境的作文教学。首先，请学生在校园网上建立自己的个人主页，引导他们在主页上开辟"写作素材库"专栏，一方面，把网上阅读到的优美词句、精彩段落"拷贝"到素材库；另一方面，把自己的喜怒哀乐、见闻感受录入"写作素材库"，并定期将"拷贝"的素材和生活素材进行分类、选择、整理。每两周利用专题课进行写作素材交流，相互补充，去伪存真，使作文不再成为"无米之炊"。其次，利用网络优化课堂作文教学，实现教学时空、教学资源、教学过程、教学评价的全面开放。最后，利用网络优化习作讲评修改。学生在电脑上围绕习作要求，对字、词、句、标点等部分集体评议，方便地实现增、删、变、换等修改。同学间相互启发、疏导与帮助，提高学生评改作文的能力。

第三，基于网络环境的语文综合性学习。通过建设学校网上文学社、网上语文综合学习社区、学生个人语文学习专题网站和网上"名家工作室"，拓宽学生语文学习和运用的领域，使学生在不同内容和方法的相互交叉、渗透和整合中开阔视野，提高学习效率，初步获得现代社会所需的语文实践能力。

在信息技术与语文学科整合的研究与实践中，"基于网络环境的读写一体化训练"成为我校的一个亮点。这是以阅读和写作为主要内容，以班级网站为平台，以突破时空限制为主要特征的一项语文学习活动。其基本的操作流程为：教师每天选择某部儿童文学名著的一个章节发布到名为"起跑线"的班级网站的"美文推荐"栏目，学生每天在家里阅读并发表读后感想，全班学生和教师相互浏览并发表评论，形成一个"网络读书交流场"，相互学习，相互启发，相互鼓励。这项活动已经持续五年多，这个班级的学生已经升入六年级，人均阅读的各类名著有八十多部，阅读量最大的学生已经达到一百八十部，收到了极其显著的成效。学生的阅读能力和写作能力得到了极大的提高，思维和思想水平也明显高于一般学生，有的学生创作了十多万字的小说，很多学生编印了个人散文集。著名儿童文学作家金曾豪在考查学生的网上读写情况以后感叹道："这样的学生在这样的老师采用这样的方式教学之后，叫他们不好也难！"

经过几年时间的学习、思考与实践，我校初步形成了组织指导学生进行信息化学习的教育环境、教师队伍、教育方式，充分发挥了信息化的教育教学功能，收到了良好的教育教学效果。但是，如何正确把握信息技术与学科内容的关系，使学科特性不受到影响？信息技术如何从课堂外围进入到教学的全过程？日常的语文课堂教学如何保障学生对信息技术的自主运用？这些问题至今依然困扰着我们，需要在今后作进一步的探索。

（六）着眼整体发展

作为一名决定学校发展方向的校长，一名起着教学引领作用的语文特级教师，我执着地追求，不懈地思索，提出了"发展性教学"的话题，并向上级教育科研规划部门申报了《小学发展性课堂教学的研究与实践》的科研课题，该课题最终被确立为江苏省"十一五"重点资助课题。"重点资助"四个字，让我对研究充满了信心，充满了力量。

在2007年第22期《人民教育》发表的《学一生有用的语文》一文中，我阐述了"发展性课堂教学"的三个核心理念。

第一，为成人而非仅仅成事。教育是为了人的成长，而不是仅仅为事情的成功。事在人为，有了人的成功，才会有事的成功。"成人"是"成事"的先决条件，成长比成功更为重要。因此，"发展性课堂教学"要超越成绩，超越成就，只有获得了成长，才能获得成绩，获得成功。"成事"的教学，人围着事转，人居于事的外围，教学可以无视人的感受和需求，按照人以外的目的"塑造"受教育者，人居于被动的地位。而在"成人"的教学中，人是居于首位的，一切从人出发，心中有人，目中有人，通过教学影响人，发展人。它不仅关注学生今天的得失，而且关注学生明天的幸福，为学生生命的全程发展奠基护航。

第二，重应世而非仅仅应试。学生的学习是获得社会性发展的重要条件，学生通过学习，学会生存、学会求知、学会探索、学会相处、学会创造……由自然人变为社会人。"应试"是应付和适应考试，教学活动围着考试指挥棒转，考什么，教什么，怎么考，怎么教。在这样的教学条件下，人的应试能力得到了增强，但是其他生活本领必然会受到影响。发展性课堂是在全球化理念下的新课堂，它摒弃陈旧的教学观念，克服考试的负面影响，锻炼学生的生活能力，培养学生的各种生活本领。它更加关注学生内在的素质，通过教学让学生获得应对内外部世界各种挑战的本领。

第三，似农业而非工业。教育不是制造，学生不是标准件，"发展性课堂教学"更似"农业"，而非"工业"。发展性课堂教学遵循学生身心发展的规律和知识习得的规律，按规律办事，强调发展的自然、和谐、协调，承认人与人之间的客观差异。发展性课堂教学"师法自然"，是充满田园风光的课堂，是听得到花开花落声音的课堂。它不像"工业"，以刚性的生产方式制造符合某种标准的产品，而是顺应自然，讲究和谐，体现"柔性"，倾听自然的声音，和合自然的节律，以渐行渐进的方式展开，给人润物无声的影响作用。

通过思考和梳理，我提出了发展性语文教学的六个切入点。①由文本语言向再造语言发展。开发教材的"例子"功能，学好文本语言；开发教材的"材料"功能，再造个体语言；开发教材的"示范"功能，养成自学能力。②由语言理解向语言表达发展。让语文教学经历感知、感受、感悟、感想、鉴赏五个完整的阶段，在理解语言的基础上引导学生理解作者是如何运用语言进行表达的。③由线性教学向散点教学发展。强调语文教学要以建构主义理论、教学对话理论、多元解读理论、动态生成理论、作者理论、文本理论和读者理论等为指导，引导学生开展散点式、个性化阅读活动，以保障学生的主体地位和个性发展，提高理解感悟的能力。④由教学对话向文本对话发展。强调"朗读和默读是阅读教学中最经常、最重要的训练"。⑤由课堂语文向生活语文发展。强调语文教学既要追求课堂教学的生活化，又要谋求学生生活的语文化。⑥由语言学习向文化滋养发展。强调语文教材应该具有丰富的文化内涵，教师要深入研读教材，把握特定的文化内涵，要精心设计教学，引导学生体会教材的文化内涵。

回顾自己近30年的语文教学经历，虽然走了不少弯路，但也在迷惘和艰难中逐步地找到了前行方向，悟出了一些门道。

第一，语文教师必须整体把握语文学科的性质和任务。回想当年的学法指导、思维训练、思想教育、朗读教学、学科整合，就单项来讲，它们应该都属于语文教学的范畴，问题在于语文教学的任务是多方面的综合体，如果仅以其中的某一方面作为语文的全部，那么教学必然走向片面，教学的质量必然受到影响。盲人摸象的时候，摸到耳朵就说大象是扇子，摸到身子就说大象是墙壁，摸到鼻子就说大象是管子，那是因为盲人看不到大象的整体。语文教师决不能像盲人那样，教学和研究不能只及专题不及其余，以为抓了一项什么训练就是语文教学。只有全面认识语文教学的目标任务，才能使语文真正姓"语"，才能提高学生的语文素养。

第二，语文教学要致力于学生当下和长远发展的统一。教学要为学生的当下负责，更要为学生的长远发展负责；同时，教学又不能以"对学生的长远发展负责"为理由而让他们输在起跑线上。实现"两个负责"目标的唯一出路就是轻负担、低消耗、高质量，就是"既要马儿少吃草，又要马儿跑得好"！我想，我所追求的发展性语文教学的理想与第八次课程改革所提出的"为了每位学生的发展"精神是一脉相承的，促进学生的整体和谐发展应该是语文教学的最高原则。我多次郑重地向老师们、专家们声明，"发展语文教学"这个话题的提出，绝不是为了标新立异而杜撰一个新的语文教学概念，而是希望以此重新唤起语文教育工作者"以语文教育促进学生发展"的强烈意识，并以高度的责任感和使命感探索"以语文教育促进学生发展"的有效方法和途径。"彰显三原色办学理念，奠学生终身发展之基础；践行发展性语文教学，教孩子一生有用的东西"是我教学的座右铭。

第三，走一些弯路并不一定是坏事。经历就是财富，教训就是收获。师范毕业，我和同学孟晓东一起被分配到了一所地地道道的大队小学，那里缺少基本的办学条件，也没有城市哪怕是集镇中心校里的优秀教师的指导，靠的只有自己摸着石头过河。我们遭遇了许多迷惘和苦恼，经历了不少挫折和失败。但也正因为有此种种切身的感受，我们才有可能比同行更清楚什么是正确的，什么是行不通的，才有可能在以后的工作中不走同样的弯路，才有可能更逼近教育和教学的真谛。当然，这要以热爱和追求作为前提。

我的教育教学观

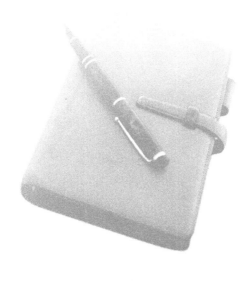

　　1997年，我走上了校长工作岗位，从此有较多的机会到学校附属幼儿园听幼儿园老师给小朋友上课，并由此引发了自己对教育更多的思考。我发现，幼儿园孩子们在学习过程中表现出来的观察能力、思维能力、语言能力、实践能力，大大超乎我的想象。我注意到，幼儿园老师不仅重视教给孩子知识，更重视引导他们在实践体验中获得生活的经验；不仅重视培养孩子学习的技能，更重视发展他们的思维；不仅重视发展他们的智力，更重视培养他们良好的自我意识，确立"我能行"的自信。我由衷地赞叹，幼儿园老师能让天真稚嫩的孩子们自觉起来，快乐起来，聪明起来，真了不起！于是我不知多少次地感慨道：真正的素质教育在幼儿园，因为那里给了孩子们一生发展有用的东西！

　　在大多数人看来，"教育促进人的发展"是一件自然而然的事情，好像没有任何必要再加以说明或者强调。而事实上，当我们冷静考察现今的小学教育时，就会发现这样一种出乎大多数人预料的现象：不是所有的教育活动都起到了促进学生发展的作用，有些教育活动甚至还在阻碍学生的发展。刘京海先生早在多年前就曾发人深省地指出：现在有的老师，不要说是把学生教聪明了，如果他们不把学生教笨，那已经是谢天谢地了！语文教学作为学校教育的重要内容，同样存在着类似的问题。

　　在常熟市教育局举行的"常熟校长大讲坛"上，我禁不住在正式演讲之前说了一番"题外话"。

　　课堂教学既是一个古老的话题，又是一个永恒的话题。不能因为研究的时间长了，研究的人员多了，创新的空间小了，就丧失了对课堂教学研究的兴趣。

　　我们倡导学校创建办学特色，但不能仅仅为了制造学校的某些看点，就弱化甚至放弃了对课堂教学的研究。

　　办好学校，必须要解决课堂教学的问题，因为我们的孩子在学校的大部分时光是在课堂学习中度过的。课堂教学的问题不解决，教育的问题就不可能解决。学校教育的一切活动都受到课堂教学的制约。

　　课堂教学质量始终是学校工作的生命线。一所学校如果没有高水平、高质量的教学，无论如何不能称为好学校。

　　要解决课堂教学的问题，关键在于我们校长自己。因为校长的工作思路决定学校的工作重心，校长对课堂教学的热情决定教师对教学研究的激情，校长的教学观点影响课堂教学改革的走向。

教学不仅要为学生的当下负责，更要为学生的长远发展负责；同时，教学又不能以"对学生的长远发展负责"为理由而让他们输在起跑线上。实现"两个负责"目标的唯一出路就是轻负担、低消耗、高质量，就是"既要马儿少吃草，又要马儿跑得好"!

让我们所有校长都来关注和研究课堂教学吧!

作为一名决定学校发展思路的校长，作为一名起着教学引领作用的语文特级教师，我执着地追求，不懈地思索，提出了"发展性教学"的话题，并向上级教育科研规划部门申报了《小学发展性课堂教学的研究与实践》的科研课题。该课题最终被确立为江苏省重点资助课题。"重点资助"四个字，让我对研究充满了信心，充满了力量。我多次郑重地向老师们、专家们声明，这个话题的提出，绝不是为了标新立异而杜撰一个新的语文教学概念，而是希望以此重新唤起语文教育工作者"以语文教育促进学生发展"的强烈意识，并以高度的责任感和使命感探索"以语文教育促进学生发展"的有效方法和途径。

一、对发展性语文教育的认识

任何一个概念都有它独特的内涵，只有将这个概念的内涵阐释清楚，才能让更多的人认识它，把握它，才能使概念本身在实际工作产生指导作用，使广大教师在自觉的应用中改变教学行为。

什么是"发展性语文教学"？这个问题必须从语文教学的原点开始思考，也就是说要回答好"为什么教语文""语文教什么"和"语文怎么教"三个方面的问题。

(一)为成人而非成事——让生命因为语文而精彩

在目前的教育中，存在着截然不同的两种价值观念。一种是在自觉或不自觉中通过教育把学生培养成谋利的工具，使人"为人以外的某种东西服务"。我们很多学校，很多教师，包括很多家长，都在为让学生能在当下考出一个好分数，能在将来考上一个好学校，找到一份好工作而努力地管、学、教。他们全然不顾学生的健康发展，以摧残学生身心的方式，把"分数"置于"人"的幸福成长之上，这就是"把学生培养成谋利的工具"的教育，就是"成事"的教育。另一种则是以"人"为出发点的教育，旨在通过教育促进学生的发展。在这种教育观念中，人即教育的目的、价值所在，教育的其他目的、价值——分数、升学、就业……都是服从于"人"这一根本目的、根本价值的，都是为这一根本目的、根本价值服务的，这就是"成人"的教育。"培养谋利工具的成事的教育"使得教育的目的、功能、形态发生异化，并最终使"人"发生异化；而"发展性语文教育"不以培养"谋利的工具"为价值追求，而以培养"素质全面发展，个性充分发展，生命精彩纷呈"的人为根本目的，是"成人"的教育而非"成事"的教育。语文学科是小学阶段的主要学科，在教育发展中处于举足轻重的重要地位；语文教师能否坚持素质教育的"成人"的思想观念，能否采取

与斯霞老师在一起

科学合理的教育方式方法，对学生的健全人格、健康发展起着至关重要的作用。在语文教师眼中，应该把字词句篇看作一颗颗美丽的种子，让它们根植于学生心灵的深处，开出语言丰富、思维活跃之花，结出心灵纯洁、灵魂高尚之果。

（二）重应世而非应试——教学生一生有用的语文

不可否认，当前的语文教学存在着严重的"应试"倾向，具体表现为重知识学习，轻实践能力；重书面练习，轻口头表达；重机械记忆，轻创新思考；重考试内容，轻全面发展等，这些做法虽然能使学生"取得一个好分数"，但教与学的基础不实，思维不活，方法也不科学，这势必影响学生长远的、可持续的发展。

语文教学究竟该教什么？答案看似简单：教学生一生有用的语文。但相继而来的一个问题是：什么才是学生一生有用的语文呢？

1. 学习情感和学习态度

"学一生有用的语文"的第一要义是培养学生热爱语文的情感。因为只有通过语文教学培养了热爱语文的学生，我们的学生才有可能终生从事语文学习，才有可能

学好语文。这种对语文热爱的情感使语文学习成为学生的一种内部需要，它超越功利目的，具有一种原动力性质。语文教学所追求的理想境界，就是要培养学生超越功利的语文学习观。这种超越功利的语文学习观既是发展语文能力的基础，又是学生终身学习、适应工作和幸福生活的基础。它指向于"应世"而非"应试"。

语文教学要发展学生哪些方面的学习情感呢？我想至少应该包括这样几个方面。

首先，要发展学生对语文的情感。学生对语文的情感是语文学习最重要的情感因素。关于这个问题，李海林先生有这样的阐述：

热爱语文是对语文的一种情感态度，这种情感态度具体表现为对语文的心灵体验反应机制。当一个人与语文构建了一种自我体验反应机制的时候，就是他开始热爱语文的时候，也就是一个人的语文素养达到一定程度的时候。这种对语文的心灵反应机制不同于一般意义上的言语主体对言语对象的同化，只有这种同化深化到言语主体的心灵世界，或者说，这种同化影响到言语主体对自我的情感体验时，我们才可以说，我们培养了这一主体对语文的热爱。所谓对语文的心灵反应机制是指人的情感对语文的一种心向亲和力，正如一个热恋中的人看到恋人的名字心里就充满温暖，热爱语文的人看见优美的言语就如同看见优美本身。

在发展学生对语文的情感的同时，还要十分重视培养学生对教师的情感。我们在日常的教育教学过程中发现，学生，尤其是低年级学生，他们往往是先喜欢教师这个人而后喜欢这位教师所教的学科的。学生喜欢上语文课，可能首先因为喜欢他的语文教师。学生能不能喜欢一个教师，与教师自身的人格、语言、教学艺术等都有关系。

2. 基础知识和基本技能

苏霍姆林斯基曾深有感触地说："在学校工作的 30 年，使我发现了在我看来是一项重要的秘密，也可以说是一条特殊的教育学规律：到了中年级和高年级，就出现学业落后、成绩不良的现象，这主要是因为学生在小学的时候，没有把那些好像是知识的'地基'的基础知识牢固地保持在记忆里，达到牢记终生的程度。不妨设想一下，我们盖一座漂亮的楼房，可是把墙基打在很不牢固的混凝土上，灰浆不断地剥离，砖头也在脱落，人们每天都忙于消除工程中的毛病，可是始终处在楼房倒塌的威胁之下。许多四年级至十年级的语文教师和数学教师正是处在这样的状况之中：他们在盖楼房，可是墙基在裂缝。"基础知识、基本能力的地基打得不牢固，必然导致以后教学的被动，以后的学习常受"基础不牢"之累，要花更多的时间补这一"课"。万丈高楼平地起。越是基础的东西在学生的发展过程中就越是显得必要和重要。小学阶段学生学习语文，就要扎扎实实地从笔画名称、间架结构、书写笔顺、查阅字典开始培养他们识字的知识和能力，培养他们工整规范的书写技能；就要扎扎实实地从正确、流利、有感情地朗读课文做起；就要扎扎实实地从把每句话说清楚写明白做起。缺乏了这样的耐心和恒心，好高骛远，唯分是图，基础不实，必然影响他们语文能力的终身发展。

纠正学生写字姿势

3. 自学方法和自学能力

培养学生热爱语文的情感，解决的是学生语文学习的原动力。在此基础上，还要十分注重培养学生的语文自学能力。学校语文教学只是一个人语文能力终身发展过程中的一个阶段，在这个阶段中，语文教育应该做的是培养学生基本的语文能力，更重要的是培养学生发展自己的语文能力的能力，即语文自学能力。语文自学能力是一个人可持续发展的能力，就是持续发展自己能力的能力。语文自学能力是语文素质要素中一个最重要的因素，一个最基本的因素。可以说，在学校教育中，语文自学能力的培养比培养语文能力本身具有更重要的意义。甚至可以说，培养学生的语文自学能力本身也是培养学生语文能力的目的之一。因为只有学生具备了"持续发展自己的语文能力的能力"，他们才能更好地适应今后的学习、工作和生活。学校语文教学的意义就在于，培养学生基本的语文能力，这是学生终身语文能力发展的基础；同时培养学生自学语文的能力，为学生终身语文能力的发展提供原动力。

(三)似农业而非工业——合学生学习语文的规律

吕叔湘先生在 20 世纪 80 年代初指出：语文教育类似农业而非工业。吕先生的这一比喻，从正反两面，形象而深刻地揭示了一个道理，语文能力是一个人生命力的表现。学生是有生命的个体，学生的语文能力应是整体发育、顺应规律增长的。这为我们广大教师解决语文"怎样教"的问题以极大的启示。

1. 教学，类似农业的方式——提供合适的环境而不过于精耕细作

对于吕叔湘先生的比喻，叶圣陶先生后来作了更为明晰的表述："请老师们时刻想到，学生跟种子一个样，有自己的生命力，老师能做到的，只是供给他们适当的条件和照料，让他们自己成长。如果把他们当做工业原料，按照规定的工艺流程，硬要把他们制成一色一样的成品，那肯定是要失败的。"教师在语文教学的过程中，要借鉴"农业的方式"，为学生语文学习创造良好的环境，给学生提供自主发展的土壤、空气、阳光和雨露，让"有生命力"的学生凭着自己对语文的热爱，自主"选择言语材料、开展言语活动、检测能力发展程度"，而不要以教师的喜好、教师的理解、教师的评价将学生框定在狭小的时空、机械的程式和片面的目标追求之中，束缚学生语文能力的自我发展。

我和我的老师们，正在按照农业的方式开展教学工作：每天在班级的网站上传儿童文学名著的一个章节，学生每天在家里或者其他地方认真阅读，并且将自己阅读后的点滴想法发布在网站上，班上的老师、学生、家长对他们的读后感想回帖评价，使其产生进一步阅读的愿望和动力。久而久之，日积月累，在六年的小学语文学习中，班上学生平均阅读了 80 部作品，最多的孩子阅读了 180 部作品。有的孩子写了十几万字的小说，有的孩子编印了个人散文集，其他孩子也大都有自己的习作汇编。这里，老师所做的，就是提供两个环境，一个是语言环境——优质的文学作品，一个是交际环境——老师、学生、家长的互动评价。至于阅读活动本身，完全是由学生自己完成的。

2. 学生，类似作物的状态——真实舒展而不异化压抑

树是按照自己的方式生长的，它们该什么时候发芽就什么时候发芽，该什么时

候开花就什么时候开花，该什么时候结果就什么时候结果；它们的树枝要长在什么地方就长在什么地方，能长多粗就长多粗；它们的树叶要长什么样子就长什么样子，能长多大就长多大。

因为农民的善良及其对生命的尊重，农作物能够获得真实而舒展的生长。这种真实与舒展，表现为作物在生长过程中不受很多干预，能够展现生命的原本状态，结出生命的原本果实。即便是现在的杂交水稻，也只是改变种子的胚胎而不是改变胚胎发育成长的过程。范守纲先生对吕叔湘先生的比喻作了这样的解读："依我理解，吕先生所说的'类似农业'，意指学生增长语文能力犹如农作物的生长。农作物由春播到秋收，靠天时、地利和人力，但禾苗由萌芽到成熟却要靠自身。违背农时，拔苗助长，滥施肥力，结果不但不能'助长'，反倒是徒费人工，甚至戕害禾苗。""拔苗助长，滥施肥力"是当前语文教学中存在的普遍而严重的问题，它导致的后果就是学生学习行为因为发生异化而不再真实，学生的生命成长因为遭遇压抑而不再舒展，并最终导致语文学习的失败和对身心的损害，严重影响学生的健康发展。发展性语文教育追求的正是让学生经历真实舒展的学习过程和生命状态。

3. 教师，类似农民的品质——充满期待而不埋怨指责

农民的品质是朴素的同时又是高尚的，他们对待作物的态度是值得我们学习借鉴的。

农民对作物的生长及其能给自己带来的成果的期待，与我们教师对学生的成长及其取得的学业成绩的期待是完全相同的。所不同的是，我们从来不会看到任何一个农民因为作物的歉收而对其横加指责，报以埋怨。每当庄稼长势喜人获得丰收，农民朋友只有对作物报以感激而决不沾沾自喜。而我们有的教师却缺少了农民的品质，一旦学生在学习过程中遇到困难，或者最终学业成绩不良，便会严厉批评，甚至讽刺挖苦，更有甚者处以身体和心灵的惩罚。发展性语文教育正是基于"每一个孩子都是好学生，每一个孩子都能得到发展"的认识，强调赏识每一个学生，强调通过反思自己的工作改进教育的行为，从而使学生的心灵得到呵护，学业得到长进，素质得到提高。

二、发展性语文教学的实践

　　发展性语文教学思想的实现有赖于各种教育因素的共同作用，这些因素涉及教材使用、学习过程、课堂结构、教学方式、教学策略、教育指向等方面。下面，分别就这些方面的实施逐一展开讨论，以求比较全面地勾画出发展性语文教育的图景。

和学生们在一起

（一）文本语言与再造语言——教与用相统一的教材功能开发

　　语文教学最基本的目标就是引导学生学习语言，发展语言。按照意义输出主体的不同，学生在语文教学中学习的语言可以分为文本语言和再造语言。所谓文本语言，就是教材提供的范文中的字词句段篇；所谓再造语言，就是教师或学生对范文语言进行重新组合或拓展延伸，表达与作者相同或不同的意义的语言，使文本语言活化为学生自己的语言。语文教学要全面开发教材功能，实现由文本语言学习向再造语言实践的发展。

1. 开发教材的"例子"功能，学好文本语言

我们常说，语文姓"语"，小学语文姓"小"，意即语文教学要教语文的东西，防止出现非语文倾向；小学语文教学应该教学适合小学生的"语文"，特别重视识字、写字、朗读、背诵、说话、写话等的教学和训练。教材是教与学的主要凭借，识字、写字、朗读、背诵、说话、写话等方面的内容大部分是由教材范文提供的。教师只有充分地研究教材，引导学生把教材中的语言"例子"学好了，使字词的识写达到一定的数量，范文语言的积累达到比较丰富的程度，学生才有进一步学习和发展的基础。因此，小学语文教师首先要把教材的内容教好，让学生把文本的语言学好。

教材内容不等于教学的内容。要用好教材这个"例子"，让学生学好文本语言，关键在于教师把握语文教学的性质和任务，深入研读教材，充分挖掘教材的语言教学因素。以《狼和鹿》一文的教学为例。

(1)聚焦"一个点"——找准语言发展的落点。

【案例】

师：汉字是十分美观而严谨的文字，书写的时候"一点"都不能够有差错，不然的话就可能是个错字或者是别字。

（出示生字：凯、葱、捕、杀、其、饥、退、惨、染、旦）

师：在这些字中，哪些字书写的时候要特别当心，不能多写一点或少写一点？

生："葱"字，要当心少写一点。

师：爸爸妈妈做菜的时候，要把葱切成一小段一小段的，放进锅里烧。这个"葱"字里的一点就好比是一小段葱掉在锅里，大家可以用这样一句话来记，叫作"葱花点点"。

生："退"里面是一点，不是捺。

师：对，这也是要注意的。

生："染"字的"九"上不可多一点，不能写成"丸"字。

师："九"字上面加一点是"药丸"的"丸"。记住——"染房里不卖丸药"。

生："捕"字当心漏了一点。

师：我给大家猜个谜语："太阳从地平线上升起。"

生：是"旦"。

师：(板书"旦"字)下面一横要写得平坦而又舒展。

(学生书写生字)

识字和写字是语文教学的一项重要内容，在整个小学阶段都占有相当重要的地位。有些生字一旦"第一次"见面时印象不深，以后书写时就会一错再错，纠正过来需要花费很多的时间和精力。因此，在教学中必须重视识字写字教学，让学生牢固掌握字形，留下长久而又深刻的印象。但在指导识字写字的时候，还需要讲究方法，毕竟大多数生字是由熟悉的部件组成，学生记忆起来并不困难，有的生字学生可能早已认识，书写时一般不会出现错误。教学中不能面面俱到，平均用力，而要进行筛选整合，把教学的重点放在一些生疏的易混淆的生字上面，突出识字教学的重点。在这个案例中，我把关注点集中在几个重点字上面——让学生找一下，"哪些字容易多写一点，或者少写一点"。经过我的提示，学生一下子找到了"葱""染"两字(一个容易少写一点，一个容易多写一点)，虽则只是细小的一点，但书写时很容易让人忽略(学生的书写错误一般发生在细节上面)。教学中，通过形象化的贴切的比方，让学生注意到了"葱""染"两个字的写法，用谜语引出"旦"字，指导书写的要点。这样的提示点到为止，富有情趣，给人深刻难忘的印象。如果联系整个过程体味一下，这里的"多一点""少一点"与前面提出的书写要求中的"一点都不能有差错"刚好暗合，有着明确的教学指向。

(2)铺设"一条路"——展开语言发展的过程。

【案例】

师：请读第二段的第一句，大家想想，狼对人们喜爱的鹿下这样的毒手，进行这样的暗算，当地居民恨透了狼，人们会说些什么话？

生：狼太可恶了。

生：可恶的狼。

生：狼实在太凶残而贪婪了。

(语气一般)

师：这怎么叫"恨"呢？

生：我要把狼全部消灭。

生：我们要去捕杀狼。

师：这是普通的"恨"。

生：我要扒了它的皮，抽了它的筋。

师："恨"在心里。

生：我要为鹿报仇雪恨。

生：我要把狼全部杀死。

师：有点恨了。

生：血债要用血来还，我决心把狼全部消灭。

师：越来越恨了。

师：请哪位读一读"当地居民恨透了狼"？

（一生读，声音很响）

师：不一定声音响就是恨。（老师范读）

（生再读，语气一个比一个到位）

师：现在，让我们来齐读这句话——"当地居民恨透了狼"，要读出对狼痛恨的语气。

（学生齐读，读出了对狼的痛恨）

这是《狼和鹿》第二小节的一个句子（"当地居民恨透了狼"）的教学过程。教学目标是让学生读好句子——"当地居民恨透了狼"。为了达成这一教学目标，我安排了两个教学环节。先让学生说说"当地居民恨透了狼，人们会说些什么话"，通过揣摩心理、想象说话，挖掘句子的内涵，酝酿"恨狼"的感情；再让学生读句子，把悟到的内在感情用朗读的方式外化表现出来。"说"和"读"两个教学环节，体现了由说到读，由内在情感驱动到外在朗读表现的教学思路。从总体思路上体现了"发展"的过程。具体在引导学生说话时，我做好了点拨引导工作——"这怎么叫恨呢""这是普通的恨""恨在心里""有点恨了""越来越恨了"……通过一步步激励性的评价，引导学生不仅说出"恨"的内容，而且读出了"恨"的语气，让学生不由自主地对狼慢慢地"恨"起来，由"旁观者"变成了"当事人"。在这个过程中，学生的表现越来越好，体现了一个渐进的发展过程。

(3)编织"一张网"——创造语言发展的空间。

【案例】

1. 课文第四节第一句话开头说"人们做梦也不会想到"，人们做梦也不会想到什么？（"狼是保护森林和鹿群的'功臣'、鹿是破坏森林和毁灭自己的'祸首'"）

2."功臣"是什么意思?"祸首"又是什么意思?

3. 找一找,这一节中作者用哪些词语说明"人们在鹿群大量死亡之前做梦也没有想到狼是保护森林和鹿群的'功臣'、鹿是破坏森林和毁灭自己的'祸首'"?(居然、反倒、倒)

4. 请同学们默读课文,找出反映森林、鹿群、狼群和人们变化的句子。想一想,这个故事中的哪些变化是你原本想不到的,现在看到以后让你感到惊讶。等一会儿请你用上"居然"这个词告诉大家。

5. 交流。

(1)凯巴伯森林的枪声响了25年,狼与其他一些鹿的天敌,总共被杀掉六千多只。人们对狼**居然**恨到这个程度,他们的行为简直比狼还狠毒。

(2)在人们捕杀狼以后,鹿群在凯巴伯森林中生儿育女,很快,鹿的总数就超过了十万只。鹿的繁殖速度**居然**这样快。

(3)鹿群大量繁殖以后,森林里闹起了饥荒,它们**居然**连小树、嫩枝和树皮都给吃了。

(4)仅仅两个冬天,鹿就死去了六万只,简单地算一下,每年的死亡数**居然**高达六万只,比当时增加的速度还快。

(5)人们原本希望狼被捕杀后鹿群能够健康快乐地生活,到头来**居然**使得鹿群落得一个生不如死的下场。到1942年,凯巴伯森林只剩下八千只病鹿。

......

6. 同学们所说的这么多的"居然",可以用哪两句话来概括?("狼居然是保护森林和鹿群的'功臣'、鹿居然是破坏森林和毁灭自己的'祸首'")

7. 作者也好,人们也好,同学们也好,此时说这第四节上的一番话,是一种怎样的感觉、怎样的心情?(如梦初醒、恍然大悟、后悔莫及......)

8. 哪位同学愿意来读这一段?

9. 看来,看问题、做事情还不能片面固执,要全面地看待问题,要知道动物之间是有联系的,这就是"生态平衡"。(板书:生态平衡)

这是对课文内容进行整体回顾时的一个教学环节,通过回顾总结课文,提炼文章主旨,让学生明白了保护"生态平衡"的道理。在这里,我给学生一个说话句式——用"......居然......"作为支架,用课文内容(部分内容)进行填充,说一句话。

这个教学环节意义有三点：一是编织了一张巨大的网，把整篇课文的内容都"网"了进去，从而有效地回顾总结了课文内容。学生用"居然"说话，在说话时反复提及课文有关内容，各种信息碎片通过"居然"得到了融合和组合，实现了对课文内容的整体把握。二是通过给出的一个"话语结构"，掌握了语言表达的规律，有效地训练了学生的说话能力。由于说话时有内容可说，有结构可依，学生说话积极性有所提高，语言表达能力从中得到了很好的培养。值得一提的是，这样的说话是有一定难度的，先要寻找相关内容，再要对内容进行有效组织。这里有思维活动的积极参与，有情感态度的投入。有了思维活动的参与，语言品质才能得到保证。三是通过反复说话，实现了由内容整合到意义构建的发展。课文所要说明的道理是要全面看待问题，要保护"生态平衡"。通过用"居然"说话，学生的认识在反复说话中得到了强化：有时我们看起来是这样的事情，事实上并不是这个样子。虽没出现"生态平衡"的说法，但已包含了这样的意思。在这个基础上，认识"生态平衡"就水到渠成了。

2. 开发教材的"材料"功能，再造个体语言

教教材的内容是必要的，但如果我们的教师拘泥于教教材的内容，不仅是不够的，而且是不对的。因为"教材无非是个例子"这句话的含义，在于我们不仅是教教材，而是用教材教。语文教学中除了指导学生学习范文呈现给我们的字词句篇等规定性的符号及其意义以外，还应该结合课文内容组织学生开展必要的再造语言实践，掌握语言表达方法，后一教学目标的实现，既依托教材本身，又具有很大的创造和发展空间。在《特殊的葬礼》一文教学的结束阶段，我设计这样一个再造语言的训练。

同学们，巴西总统菲格雷特在葬礼上发表了饱含深情的演说。如果你是菲格雷特总统，你会在演说词中写些什么？如果你是一位生态学、环境学专家，你会在演说词中写些什么？如果你是一个热爱大自然的地球村村民，你会在演说词中写些什么？请拿出本子，选择一种身份写一个葬礼仪式上的演说词。

【附1】学生作品

女士们、先生们、朋友们：

今天，我们和来自世界各地的生态学、环境学专家教授汇聚在这里，为即将离我们而去的赛特凯达斯瀑布举行葬礼，作为巴西总统，我的心情十分沉痛！

赛特凯达斯瀑布曾经是世界上流量最大的瀑布，是巴西和全世界人民的骄傲。汹涌的巴拉那河水像巨龙一般从悬崖上咆哮而下，声震山谷，一泻千里。每年汛期，它更如脱缰野马，从天而降，吸引了来自世界各地的许多游客。

现在，呈现在你面前的是一条逐渐枯竭的瀑布，没有了往日的雄姿，没有了滔滔不绝的壮观气势，如同生命垂危的老人，等待着最后的消亡。

是谁扼杀了这人间奇迹？是我们人类自己！瀑布周围工厂的用水毫无节制，大量的水资源被白白浪费；沿河两岸森林被大肆砍伐，导致水土大量流失！

应该清醒了，热爱大自然的人们！如果再这样下去，即使多出一百条赛特凯达斯瀑布也没用，如果再这样下去，最后的一滴水，将真的是我们的眼泪！

让我们一起加入到"保护环境，保护地球"的行动中来！愿赛特凯达斯瀑布的悲剧不再重演！

【附2】学生作品

女士们、先生们、朋友们：

大家好！

今天，我们聚集在赛特凯达斯瀑布前，沉痛悼念赛特凯达斯大瀑布。因为科学家们预测，过不了多久，赛特凯达斯瀑布就会永远从地球上消失了！

我们不会忘记，赛特凯达斯瀑布曾经是世界上流量最大的瀑布，我们也不会忘记，昔日她那雄伟壮观的景象，曾是巴西人民的骄傲！汹涌的河水从悬崖上咆哮而下，滔滔不绝，一泻千里，尤其是每年汛期，赛特凯达斯瀑布更是吸引了世界各地的游客。人们在这从天而降的巨大水帘面前流连忘返。赛特凯达斯瀑布曾经给世界人民带来了多少欢乐呀！

可是今天，我们的赛特凯达斯瀑布是什么样子呢？它正逐渐枯竭，即将断流，在群山中无奈地低下了它那高昂的头，像生命垂危的老人，奄奄一息，等待最后的消亡。留给我们的，将是一片沉默的大山和些许催人泪下的水滴。

这一切，都是谁之过？

是赛特凯达斯瀑布错了吗？不！错的是那些乱砍滥伐的人们，是那些用水毫无节制的工厂，是那些肆意破坏环境的鼠目寸光之辈。为了眼前的蝇头小利，他们置赛特凯达斯瀑布的安危于不顾。可怜啊，可悲啊！

女士们、先生们、朋友们！为了不让这样的悲剧重演，让我们携起手来，从现在做起，节约用水，保护自然环境，爱护我们赖以生存的地球！

以上教学设计，以教材内容为教学凭借，通过写演说词的方式，一方面，将最后一段的教材内容具体化；另一方面，将前面几段的教材内容系统化，这二者具体化和系统化的过程都是学生语言再创造的过程，起到了理解内容和发展语言的作用。

在教学《剪枝的学问》一课时，我设计了这样的语言训练。

师：王大伯种桃出了名，参观者络绎不绝，王大伯应接不暇。大家想想怎样才能帮助王大伯解决这个难题？

生：我们可以将王大伯种桃的经验写下来，发给前来取经的参观者。

生：我们可以安装一个大喇叭向参观者介绍王大伯种桃的经验。

生：我们可以当讲解员，向参观者介绍王大伯种桃的经验。

师：那你愿不愿意为王大伯当一回义务讲解员呢？

生：愿意！

师：那我们该怎样向参观者讲解王大伯的种桃经验呢？大家准备一下，待会儿介绍给大家听。

师：现在，我们听课的老师就是新来的一批参观者，谁愿意为他们作一次讲解？（发小帽，拿小旗）

生：……

师：为了进一步推广王大伯的种桃经验，课后请大家把王大伯的经验写下来。写的时候还可以去找一些资料，使王大伯的经验总结得更完善，老师将择优推荐给报社发表。大家怎么跟我联系呢？（写信）我的通信地址是：常熟市实验小学，邮编是215500。我的电子信箱是：×××@cssx.net。我盼望着同学们的来信。

这一训练设计，将课文作为一则典型的语言材料，成为学生进行语文实践的模特。学生通过这一练习，重新梳理课文，整合课文语言文字，进行重组和创造想象。让学生当一回义务解说员，是一种极现实的、极有效的语言实践。于是，在丰富多彩的语文实践中，"注重语言的积累、感悟和运用，注重基本技能的训练"就不是一句空话。这种实践的目的不是为了"学会语言"，而是为了"巩固语言"，更是为了"发展语言"。

3. 开发教材的"示范"功能，养成自学能力

叶圣陶先生早在1963年就提出了"教是为了不需要教"的教学原则。在此之前，叶老也曾多次发表过类似的看法，比如，"学校教育所以能使学生终身受用，全在乎让学生受到锻炼，养成'反三'的能力。……教师的讲解只是发动学习的端绪……"

(1937年)，"学生由精读而略读，譬如孩子学走路，起初由大人扶着牵着，渐渐地大人把手放了，只在旁边遮拦着，替他规定路向，防他偶或跌跤。大人在旁边遮拦着，正与扶着牵着一样的需要当心；其目的唯在孩子步履纯熟，能够自由走路"(1941年)，"要使学生尽量自求了解，在没法了解的时候，教师才给他们说明、订正、补充。不作逐字逐句的机械讲解"(1949年)，"学生须能读书，须能作文，故特设语文课以训练之。最终目的为：自能读书，不待老师讲；自能作文，不待老师改"(1961年)，"在课堂里教语文，最终目的在达到'不需要教'，使学生养成这样一种能力：不待老师教，自能阅读。……老师才真正起到了主导作用"(1962年)，"尝谓教师教的各种学科，其最终目的在达到不复需教，而学生能自为研索，自求解决。故教师之教，不在全盘授予，而在相机诱导"(1962年)。

叶老重在培养自学能力的思想与许多教育名家的观点不谋而合。陶行知先生说过"好先生不是教书，不是教学生，乃是教学生学"(1919年)；梁启超先生说过"教员不是拿所得的结果教人，最重要的是拿怎样得到结果的方法教人"(1922年)；苏霍姆林斯基说过"小学的主要任务，毕竟还是教会儿童学习"(1965年)等。而在如今的信息时代，人们越来越意识到，只有"学会学习"才能求得生存、获得发展，才能与时俱进，取得终身获益的教学效果。

为了达到"教是为了不需要教"的目的，教师必须要"教学生用教材学"，语文教学必须要以"习惯""方法"和"能力"的培养为重要目标，使学生获得基本的读写能力和自学能力。

教学生用教材学有两方面的含义：一是在教学的过程中教给学生学习的方法，然后运用学到的学习方法学习教材本身；二是用学习教材的方法学习其他的语言材料，使学生在更为广阔的语文背景下进行语言的再造实践。例如，在组织学生学习《狼和鹿》这篇课文的最后环节，我设计了下面这个读写迁移的训练。

1. 森林中的动物、植物和人们之间的关系是这样，其他地方的动物、植物和人们之间的关系是不是这样呢？请每位同学认真阅读老师发下的《蛇与庄稼》，读完以后完成下面的要求。

(1)请联系《蛇与庄稼》的内容，仿照《狼与鹿》最后一段的样子，用上"功臣""祸首""居然""反倒"（或"倒"）说几句话。

(2)请你仿照"整个森林像着了火一样，绿色在消退，枯黄在蔓延"的写法，说一说田鼠糟蹋庄稼以后的情形。

(3)读了《狼和鹿》《蛇与庄稼》这两个故事，你想到些什么？

2. 交流讨论。

3. 小结：人可以成为破坏森林、毁灭鹿群的祸首，人又可以成为保护庄稼的功臣。人类是生态环境优劣的决定因素。善待自然，就是善待我们人类自己。我们每位同学都要争当大自然的卫士，让人类与自然和睦相处，使人类过上美好生活。

【附】蛇与庄稼

几十年前，广东沿海发生了一次海啸，是台风引起的，许多田地和村庄被海水淹没了。这场洪水过后，那儿的庄稼总得不到好收成，接连几年都是这样，即使风调雨顺，也不见起色。后来，老农们想出了一个办法，他们去外地买了一批蛇回来，把蛇放到田里。说也奇怪，那一年庄稼就获得了丰收。大家不明白这是什么道理。老农把秘密说破了，原来那场洪水把深藏在洞里的蛇都给淹死了，田鼠却游到树上和山坡上，保住了性命。后来洪水退了，田鼠又回到田里糟蹋庄稼，没有蛇来捕捉它们，它们繁殖得特别快，庄稼都让田鼠给糟蹋了。现在田里又有了蛇，大量的田鼠让蛇给吃掉了，因而庄稼又得到了好收成。

这一设计，有与教材联系的新的阅读实践，有课文中词语和修辞手法在新的语言环境中的实践运用，并在丰富的语言实践中获得进一步的思想认识：人类的自身活动才是生态环境优劣的决定因素。这是"教学生用教材学"的一种尝试，学生基本的读写能力在这样的语言实践过程中得到了锻炼，提高了"反三"的能力，即"发展自己的语文能力的能力"。

发挥教材的"示范"功能，指导学生掌握学习方法，提高"举一反三"的能力，可从以下方面入手。

(1)优化教者的思维流程结构，提高学法指导的自觉性。

在课堂教学之前，教者要做大量的工作，包括教学内容的安排、教学目的要求的制定、教法和学法的选择、教学过程的设计等。教者处理这些要素的思维流程结构可以表现为：①教学内容 →教学目的要求 →教法 →教学过程；②教学内容 →教学目的要求 →教法 →学法 →教学过程；③教学内容 →教学目的要求 →学法 →教法 →教学过程。

以上三种不同的结构产生了三种不同的指导功能。结构方式①忽视了学法这一要素，学生在学习过程中失去了主体地位，始终被教师牵着鼻子打转，结果只能使学生成为教师灌注知识的容器。结构方式②考虑到了学法这一要素，但教者接触到教材后，只考虑可用、适用什么样的教法，在此基础上考虑课堂教学的全过程，而对学生该如何学、掌握什么样的学法却很少顾及。即使学生学到一些方法，也缺乏系统性、实用性，没有独立存在和使用价值。结构方式③改变了教法与学法两个要素的组织方式，教者在接触到教材后，首先考虑学生可以用什么样的学习方式来学习，然后考虑教师该如何教给这些方法，帮助学生理解教材，真正体现"教材无非是例子""以学论教"的思想。这样，教者指导学法的自觉性得到显著提高，学生获得的学法表现出很强的目的性、系统性和层次性。

（2）系统地组织安排学法结构，保证学法指导的科学性。

"结构—功能"原理告诉我们：学习任何一门学科，必须掌握该学科的内部结构，由于不同的结构表现出的功能也不同，所以系统地安排学法自身的结构，对提高学法指导的科学性，充分发挥学法指导的功能将会产生很大的影响。学法结构的组织安排受以下两方面的制约。

第一，学生心理发展水平的制约。低年级学生缺乏生活积累，对事物的认识尚属低级阶段，思维形式仍以直觉思维和形象思维为主，抽象思维能力较弱。因此，他们可能掌握的只能是一些简单的、具体形象的方法。而中高年级学生的知识基础、认识能力、思维能力有了进一步的提高，他们已能掌握一些较为复杂的、抽象的学习方法。

第二，语文学科自身规律的制约。语文知识具有自身的系统性，这一系统是一个由低级逐步向高级发展的序列。学生学习语文、掌握学法只有循其序而渐进，才能得到最大的收益。例如，从掌握语文知识的重点看，其渐进序列为：理解词句的方法—理解段落的方法—理解篇章的方法；从掌握文章的内部结构看，其渐进序列为：分析概括段意的方法—归纳主要内容和中心思想的方法—理解文章思路的方法；从阅读方式看，其渐进序列为：认读词句的方法—朗读的方法—默读的方法。

按照以上两方面的要求，将整个小学阶段的学法进行系统的组织安排，可形成下列学法结构。

低年级，重点指导学习字词句的方法，借助汉语拼音识字正音、朗读课文的方法；运用基本笔画、笔顺规则、常用偏旁部首、汉字字形结构，查字典进行识字的方法；结合插图、实物、演示、直观教具和联系上下文等理解词句的方法；培养认真听讲、认真做作业的习惯。

中年级，重点指导学习词句段的方法：抓住重点词素，借助字典解释词语的方法；抓住句子中的主要词语，联系上下文理解句子的方法；分析句与句、句与段的结构关系的方法；按段意、小标题、事情发展顺序、地点转移、时间推移，内容性质差异给课文分段的方法；抓主要语句、归纳层意、抓重点概括段意的方法；综合段意归纳主要内容的方法；熟练使用工具书、预习课文的方法和习惯。

高年级，抓题眼探索文章内容的方法；抓重点读书的方法；围绕课后习题读书的方法；分段、概括段意的方法；分辨内容主次和概括中心思想的方法；按"感知、理解、鉴赏、运用"的步骤学习的方法；自我检查、调节的方法；复习、查阅资料，养成不动笔墨不读书的方法和习惯。

(3)努力改进课堂教学结构，增进学法指导的实践性。

语文是工具性很强的学科，语文学法也只有在不断的实践中才能掌握。根据同一功能可以通过不同的结构实现的原理，我们可以从"发现、总结、运用"学法这一功能要求出发，探索有助于学法指导的课堂教学结构。

第一，"示范—归纳—运用"型。这一结构适用于还没有什么知识基础的低年级学生。如刚进入二年级的学生，从未查过字典，教师传授查字典的方法，可以分三步进行：①示范。教师以一字为例，领着学生先找到该字的部首，再找该部首所在的页码，最后翻到生字所在页码查到生字。②归纳。教师根据以上步骤用口头或书面语言表述："部首—部首所在页码—生字所在页码—生字"，使学生对查字典过程有一个清晰的认识。③运用。指导学生运用上述方法查找其他的生字，巩固学法，形成能力。

第二，"自学—讨论—归纳—运用"型。这一结构适用于从低层次学法向高层次学法过渡的情况。教师只为学生设置一定的问题，而这些问题本身就蕴含着学法，解决问题的过程，就是掌握学法过程。比如，为了帮助三年级学生掌握抓中心句学习自然段的方法，在教学《我的弟弟》一文的第一自然段时，教师先出示四个问题请学生自学：①这段共有几句话？②每句话是什么意思？③哪句话讲出了这段的意思？④其他句子是怎样围绕这句话写的？接着组织学生讨论解答问题，然后总结归纳这一学习过程，指出以上四步就是抓主句理解段落的方法，最后指导学生用上述方法学习第 2～4 节。这样，就从学句的方法过渡到了学段的方法。

第三，"迁移—自学—讨论—总结提高"型。这一结构特别适用于二类、三类课文的教学。以掌握说明方法为例，学生在教师的指导下，通过《太阳》一文的学习，掌握了抓住传说、具体数字、比较等说明方法；在教学阅读教材《鲸》一文时，教师先组织学生复习《太阳》一文学到的方法，进行知识的迁移，接着要求学生运用这一方法自学课文第一段，然后组织讨论。讨论中，有学生提出：为什么讲了最大的鲸和最小鲸的重量，还要讲另外一条鲸的重量和长度？教师抓住机会，指出这是一种新的说明方法，叫举例法。用在这里同样说明鲸的大，增强了说服力。这样，学生通过学习，在原来的学法系统中充实了新的内容。

(4)全面培养学生运用学法的能力结构，提高学法指导的有效性。

语文学法指导，不仅是指教师在教学过程中通过最优途径使学生掌握一定的学习方法，还指学生具有选择和运用恰当的学习方法进行有效学习的能力，即学生获得有关学习方法的使用价值的认识，充分认识具体学法的适用范围，使学生在特定的学习情境中，选择并运用恰当的方法。显然，只有当学生对学法获得后一种认识时，前一种认识才有可能不囿于一时一地而获得普遍的迁移效果。

以下几方面因素构成了运用学法的能力结构。

第一，定向能力。即学生根据特定学习情境的需要确定选择相应学法的能力。如当学生拿到一篇文章，他会根据文章的体裁特点选择不同的学习方法：学习记事写人的文章，抓住人物的语言、动作、神态、心理进行分析理解；学习绘景状物的文章，抓住形状、色彩、声音、大小、结构、用途等进行分析理解……在给文章分段时，根据文章特点选择恰当的方法：或按时间推移分，或按地点转移分，或按事情发展顺序分……

第二，适应能力。方法具有共性，学习内容具有个性。将共性的方法运用到具有个性的内容之中，有一个适应的过程，需要一定的适应能力。比如，初读《我和狮子》一文后，学生就决定采用"按时间推移"的方法分段。当他们再读课文时就发现，文中表示时间的词语很多："出生两三天""夏天来了""有一天傍晚""开始换牙的时候""快两岁了""有一回""一起生活了三年"。经过思考，学生认识到应以并列的时间概念为标准，于是筛选出与分段相关的时间："出生两三天""快两岁了""一起生活了三年"。至此，学生才适应了文章的特定内容，达到了正确分段的目的。

第三，调控能力。学生定向与适应并不都是一次就能成功的。这就要求教师注意培养学生发现问题和调控学习方向、过程的能力。例如《粽子》一文写了粽子的色香味三方面的内容，《石榴》一文由远而近地写了石榴的花叶两方面的内容。受《粽子》一文分层方法的影响，学生也将《石榴》一文按花、叶两方面分为两层。但一部分学生很快就提出了问题：将花和叶分开，层次还是不清楚。经过思考讨论，他们调整了学习方法，将原来的内容分层法改为顺序分层法，并排除了定式思维的干扰，控制自己按正确的方向分析、综合。

学习方法的指导同样遵循教师为主导、学生为主体、训练为主线的原则，教师切不可脱离具体的教学对象、教学内容空泛地谈论教法与学法。

开展学法指导，提高自学能力，必须遵循"少教多学"的教学原则。从字面上看，"教学"可以拆分出"教"与"学"两个基本元素，但是当"教"与"学"进入"教学"语境之后，"教"与"学"已不再是原来意义上的概念，它们已有了特定的内涵，两者既有区别，又有联系，"没有没有学的教，也没有没有教的学"，换句话说，就是教中有学，学中有教，教学是"教"与"学"的化学合成体，而非两个独立概念的部件相加。教与学的关系，涉及师生在教学过程中占有什么样的地位，发挥什么样的作用的问题。历史上有"教师中心论"和"儿童中心论"两大主张。近三十年来，出现了教师主体、学生主体、双主体、主导主体等多种学说。多种学说中，"主导主体"影响比较大。教师术业有专攻，闻道在先，且担负培养下一代的重任，自然居于主导的地位。但因为有了学的需要，才有教的必要，也只有有了学的需要，教才能发挥作用，不至于被架空。因此学生作为课堂教学的主体是顺理成章的事。但在教学实践中常常出现偏差，教师的主导很可能演变成主宰，学生的主体地位一不小心就会被忽视，成了课堂教学的假主体。

发展性课堂教学以"教学生一生有用的东西"为基本理念，在确保教师主导地位不变的前提下，对学生这一课堂教学的主体的地位进行重新确认，强调学生是教学的出发点和旨归处，课堂教学必须关注"学情"（学习水平）和"生况"（一生状况），从学生的现实情况出发，为学生将来的发展服务。"少教多学，以学论教"旨在平衡教与学的关系，把教学的重心转移到"学"一头，以学生的"学"来要求和评判教师的"教"。从外显形态上看，"少教多学"是一个效率问题，一"多"一"少"所传达出的是，试图以较少的投入获得较大的收益。然而从内在本质看，它是一个理念问题，要关注教学的原主体，要重视学生学习能动性的发挥，能源性的开发，要考虑教学活动对于学生来说意味着什么，今天的学习对明天的生活意味着什么。从这个意义上看，"少教多学"中的"少教"不等于一味地减少，在某些地方还得加强，加强教学准备，加强观察研究，加强钻研教材，加强教学反思。"多学"也有着更为深广的内涵，不仅要关注现实的"多"，多说，多看，多练，还要由表面繁华走向内部深刻，注意到由"活学、趣学、自学、会学、学透、学活"带来的可能的多——扎扎实实地训练一道题的效果显然要优于一知半解的几道题。

第一，缩短教程，增加学程——"一堂课只有四十分钟时间"。

诚然，课堂教学中教师教的活动必定含有学生学的成分，教的过程同时也是学的过程，教的时间也是学的时间，教与学很难完全划分开来。然而不能排除的是，教与学之间常常存在着不一致性，教与学并非完全重叠，因而教的时间很可能会挤占学的时间，以致空耗了宝贵的教学时间，影响了教学活动的有效开展。其表现为：一是重复教学，反复地教学生已经懂了的东西，这样的教显然不能带动学，弄不好还会抑制学，造成教学时间的大量浪费；二是简单教学，一些知识学生无师自通，基本不需要通过教学，学生也能很好地掌握，教师的"教"就成了一种占据课堂时间的无效浪费；三是过度教学，教师教学时间的占用，必然会减少学生自主学习的时间，而教师所占时间产生的效用并不大，或者不如学生自主学习效果来得好，这也是"教程过长"的一种表现。

一堂课的时间只有四十分钟，教为学服务，"学程"应该大于"教程"，这不仅是量的规定性，而且有质的要求在里面。要求教师把课堂教学的时间还给学生，把自主学习的机会还给学生，让学生有充分活动的时间、充分讨论的时间、回顾整理的时间。教师要精简教的过程，讲究教的方法，通过"教"的优化，让学程尽可能地得到加长。

如何增加学程？一是要给学生充分接触教材的时间，让学生充分朗读，充分准备，充分预习。学生的充分活动是教程缩短的前提条件。二是要给学生充分思考酝酿的时间。教师提出一项任务（问题）之后，让学生充分思考，充分酝酿。过程大于结果，结果来自于过程。三是要给学生回忆巩固的时间。知识不加消化，生吞活剥，浅尝辄止，学过即忘，以后还得花时间补这一课，还不如在第一时间内就让学生多花些时间充分消化吸收，把知识内化为自己的东西。四是要把教程和学程统一起来，教程中融进学程，"学"参与到"教"中。学生互改作文、学生设计练习、学生上台"执教"、学生评价课堂都是经实践检验行之有效的好方法。关注学习主体，增加学程给课堂教学带来了蓬勃活力。我在进行作文指导时，先给学生一个简单的提示：列出文章结构图→安排每一部分的具体内容→想象有关内容。然后利用半节课的时间让学生打草稿。一堂课下来，学生的草稿基本完成。第二节课，让学生交流作文。根据学生交流的情况，教师进行点拨指导，然后让学生修改作文。这样的教学符合"缩短教程，增加学程"的要求。反过来，如果把时间花在教师所谓的指导上，学生动手写作、动嘴交流的时间因"教"的占位一再压缩，教学效果就会受到影响。

第二，简化教的内容，丰富学的内容——"教多少并不等于学多少"。

教的内容直接关联着学的内容，有时教的内容就是学的内容，但是教的内容不完全等同于学的内容，教的内容转化为学的内容需要条件，还需经历一个过程。教学不当，教的内容有可能会挤压学的内容，教师多教非但不能带来学生多学，反而有可能导致少学。教师要丰富学的内容，需要在教的内容上做文章，对教学内容进行精心提炼，优化组合。

一是改耙地式为散点式。把地没有一点遗漏，细种密植，但它忽视了植物生长必要的空间，对于农作物的生长并无多大好处；散点抛秧的方法看似没有规则，株数相对较少，但株株迸发生命活力，产量高于细种密植。教学也要简化，要注意留空，要抓住教学中的关键点，通过"点"的优化，发挥"点"的连带、辐射、深化等作用，获得以点带面、以少胜多的理想的教学效果。如《九色鹿》一课的教学中，整堂课围绕这样一个问题展开：自主选取一个人物，或调达，或九色鹿，或国王，还可以是王妃，结合课文内容，对人物进行评价。学生兴致很浓，各自表达自己的看法，还有不同意见的交锋。对于国王的评价，有的认为国王和调达一起去捕捉九色鹿，他是和调达一样的坏人，表现出了鲜明的爱憎。有的学生能一分为二地看问题，说国王事先并不知情，当他知道事情原委后斥责调达，还下令全国人民不许伤害九色鹿，这说明他还是一个有正义感的值得肯定的人物。学生评价人物的过程其实就是研读教材的过程，通过"评价"，有效地达成了教学目标，可谓教得轻松，学得到位。

二是改单打式为组合式。教材中的知识点之间是有联系的，把相关的知识组合在一起进行教学，可以取得整体大于部分之和的组合效果。这样的教学费时少，效益高，教得少，学得多。如，把相同作者相同题材的古诗放在一起形成组诗教学；把一个单元词语归并起来，进行单元词语教学；不同学科通过相同题材联系起来，进行不同学科的同题教学。2007年年末我国南方地区下了一场罕见的大雪，造成了许多危害，交通中断，电网受损，人们的生活质量受到极大影响。但这场雪是一大教学资源，教师利用这一资源进行学科组合教学：语文老师让学生写这场大雪，写下雪的情景，写雪后的景色，写自己的感受；音乐老师让学生学唱《堆雪人》。同一个内容，从不同的学科角度设计教学，让学生学到了许多东西，留下了难忘的印象，让学生懂得了要观察生活，要关注社会，要保护环境。

三是改流线型为编织型。教学过程往往是单向运作的流线过程，一个环节接着一个环节，前一环节是后一环节的条件，后一环节是前一环节的提高。但学生的学习情况是比较复杂的，有的学生学习滞后，有的学生又超前于教师的教学安排，"丰富学的内容"的要求很难得到落实。因此，教师要保证学的有效性，就不能光顾埋头走路，还应"环顾"四周，和学生走在一起，关注学情，在不断调整中组织教学。

第三，淡化教的痕迹，突出学的地位——"大道无痕，润物无声"。

有时教师在整个一堂课上不停地讲呀，读呀，问呀，评呀，这样的课效果怎样呢？"吃力不讨好"的古语在此得到印证。教师"动"得过了头，学生却是按兵不动，课堂上教师成了主角，表演得很精彩，少了学生的活动，学生退居一边，成了陪客、看客。好的教学符合自然之理，自然给我们的启示是"无痕"的。太阳出来，气温升高，积雪开始融化；春天来了，天气转暖，泥土中的种子像获得了感应，开始发芽生长。一切都在无声之中进行，一切都自然而然地在不经意间发生。在无痕的教学中，学生才会有真切自然的流露，才会有精彩的个性化的表现。这样的"学"的状态也是最最真实的，远离了扮戏，呈现出常态的自然美。

一是无华之法。适切的才是最好的，适切就是适合教学内容，切合学生实际，它是一种无痕的境界。随着现代教育技术的迅速发展，新的教学手段层出不穷。教育技术的发展带来了教学方法的变革，但有一点是无法改变的，那就是再先进的机器也代替不了教师"传道、授业、解惑"的基本作用。方法手段最终要落实到人身上，因此需要回归到本真状态。花哨的方法容易使学生的注意力集中在形式上，而忽视了学习的内容本身。一些简单的方法历久弥新，永葆生命活力。如，课堂上的朗读，朴实无华，但实实在在，让人感到亲切，让人感到自然。于永正老师指导学生朗读，常听他说"听我读"，照着老师读，什么语调呀，停顿呀，语气呀，全都在里面了。"听我读""看我写""照我做"等原生态的无华之法正使我们的课堂焕发出"清水出芙蓉，天然去雕饰"的自然之美。

　　二是无声之导。"无痕"的教学是在无声中进行的，课堂上没有呵斥声，没有喧哗声，有的是沉静，有的是深思，有的是遐想。教师的一个手势，学生心领神会；教师的一个表情，学生心有灵犀；教师的一个眼神，学生心有所悟。教师与学生之间建立起了情感的通道，不再是无法感应的绝缘体。我们要求教师做一个"魅力教师"。教师要有语言魅力，能用几十种语气说"你过来""请你回答""你真棒"；要有人格魅力，通过师德教育、师能训练提高教师素质，形成"不令而行"的人格力量；要有学识魅力，博古通今，与时俱进，不断学习，了解最新科技成果，了解国内外新闻。无声之导来自于教师的"底气"。在教学基本功展示活动上，清秀的粉笔字、甜美的歌声、优美的舞姿都透出了教师的"底气"；一年一度的新年主题音乐会上，师生同台演出，配合默契，诠释着"无声之导"的理念。

　　三是无为之为。翻看过去的照片，看到的一律都是"我在拍照"的状态，我的"生活状态"呢？看不到。因为在拍照的时候总是要正经一番，"准备好啦，请笑点儿，再笑点儿……""咔嚓"。此时拍出来的照片因为是在"我在拍照"的状态下进行的，所以离本真状态已有了距离，笑得不太自在，动作不自然，千张照片一个模式。而在人家不知晓的情况下拍出来的照片才是最自然、毫无做作感的，离真实的"我"最接近的。这也许就是老子所说的"无为而无所不为"的道理吧！在进行口语交际时这一点体现得最明显。口语交际课时，教师总要给学生一种今天是一节"说话课"的提醒，在"我在说话"的状态下，学生反而不知如何是好，说得疙疙瘩瘩，非常被动。有经验的老师，进了课堂，先不提任何要求，而是拉家常似的跟学生聊了起来，聊着聊着，学生自然进入口语交际的情景之中，可能直到课堂结束时，学生还不知道这是一节"口语交际"课。但这一点并不重要，重要的是学生切切实实地经历了"交际"的过程，获得了"交际"的体验，提高了"交际"的能力。"渐入佳境的课堂导入，行云流水的课堂行进，意犹未尽的课堂小结"——这是我实践"无为之为"的三部曲。在教学《火星——地球的孪生兄弟》时，跟学生复习《梦圆飞天》，然后说："'神舟'五号成功发射，茫茫的太空从此留下了中国人的名字。其实人类从未停止过对太空的探索，发射各种飞行器，通过发回的照片，了解太空，揭示未知世界的奥秘，今天我们就到火星上去看一看。"（出示课题）于是，自然进入下一课的教学。

(二)语言理解与语言表达——内容与形式相统一的学习过程

我在平日听课中发现，绝大部分老师组织的教学活动基本上是围绕理解课文内容展开的，一个接一个关于内容的"是什么""为什么"的问题，问得学生喘不过气来。这样的课堂，有时也会看到小手林立的景象，听到口若悬河的发言，但是在热闹过后，学生在课堂上学到的真正属于语文的东西又有多少呢？我一直认为，语文教学是不需要"十万个为什么"的，小学语文教学除了要引导学生理解课文内容以外，还有很多事情要做，要实实在在地加强字词句段篇的教学与训练，尤其要加强通过对词句的推敲，理解和掌握作者表情达意的语言形式。

2005年，《语文学习》杂志发表了周文叶先生《"正确理解和运用祖国语言文字"新探》一文。我认真拜读，受到很大启发。周先生首先对新中国成立以来历次"教学大纲"和"课程标准"关于"语文学科的基本任务"作了梳理判断：

"正确理解和运用祖国的语言文字"这一表述，始于1955年的《小学语文教学大纲草案(初稿)》："小学语文科的基本任务是发展儿童语言，——提高儿童理解语言和运用语言的能力。"1956年的《初级中学汉语教学大纲(草案)》指出："提高学生理解汉语和运用汉语的能力，是初级中学汉语教学的重要任务。"1963年小学、中学的语文教学大纲都一致表述为："语文教学的目的，是教学生正确地理解和运用祖国的语言文字。"从1963年到2000年，制订和修改的12次教学大纲都沿用了这一表述。虽然2000年小学、初中的教学大纲和2001年新课标将其中的"语言文字"改为"语文"，但通观全文，其"语文"指的也就是"语言文字"。语文课程的"语文"就是"正确理解和运用祖国的语言文字"，这一表述是对语文本质的揭示，是我国的语文课程逐步走向成熟的重要标志。

语文界对"正确理解和运用祖国的语言文字"这一表述在总体上是普遍认同的，但对这一表述的理解却是多元的。为此，周文叶先生作了以下分析：

从上文的引述中可知，"理解和运用祖国的语言文字"是由"理解语言(汉语)和运用语言(汉语)"综合而来的，似乎"理解"和"运用"是两个并列的任务，各自具有不同的对象，理解语言（汉语）对应于阅读教学，运用语言（汉语）对应于写作教学。实际上，"理解和运用祖国的语言文字"中的"理解"和"运用"是两个密切联系、有机统一的概念，不能把它们割裂开来。"运用"不能离开"理解"这个基础，"理解"只有在"运用"中才能真正形成。特别是"理解"不能笼统地指向语言（汉语），应当明确化为理解如何运用语言文字。也就是说，我们不能把"正确理解和运用祖国的语言文字"解读为：正确理解祖国的语言文字＋正确运用祖国的语言文字。除了语文课程之外的所有课程都有一个共同的正确理解所学教科书的语言文字的任务。如果不突出"运用"的特殊性，就不能突出语文内在的规定性。若将"理解"跟"运用"割裂开来，将其对应于阅读教学，那么，就自然而然地仅指向于语言文字所表达的意思。过去，我们曾经将语文课上成过政治课，现在又出现了"泛语文""非语文"的倾向，这与片面的解读似乎难脱干系。而另一方面，如果将"运用"跟"理解"割裂开来，将其对应于写作教学，也是十分片面的，难道我们在运用语言文字时，能够脱离对语言文字意义的理解吗？"理解"和"运用"是个整体，就其对象而言，"理解"也适用于写作教学，"运用"更是阅读教学的重中之重。"理解"最主要的、最关键的是理解文本、作者如何运用语言文字，而不是别的什么东西。引导学生理解"如何运用语言文字"是阅读教学的基本特征、基本原则、基本内容和基本途径。离开了运用，理解就可能浅表化，甚至误入歧途……语文教学的全部奥秘，几乎全在"运用"二字。明乎此，语文课程中的阅读才能真正走在语文的路上，从而真正达到提高学生语文素养的目的。而如何运用语言文字，既是一个运用的技术、技能、技巧问题，也和运用者的立场、观念、思想、情感密不可分，它们是一张纸的两面。纯工具论只看到了前者，而忽视了后者，纯人文论则又只看到了后者，而不理会前者，均非语文的正道。

周先生的观点，对语文教学具有很强的现实指导意义。就目前的教学状况而言，语文教学要特别强调让学生经历语言内容与语言形式相统一的学习过程，实现由语言理解向语言表达发展。

按照语言学习的心理发展过程，语文教学一般要经历以下几个阶段。

第一，感知阶段。这一阶段的主要任务是了解语言内容。学生刚开始阅读一个作品，所面对的并不是客观物的实体，而是代表一定意义的符号——语言文字，它是现实事物抽象的间接的反映，需要经过学生的转换补充，把抽象的转换为具体的，把间接的转换为直接的，从而完成对语言文字所表达的内容的了解，为紧接着的阅读活动创造条件。

第二，感受阶段。这一阶段的主要任务是建立语言形象。阅读感知，仅知道文本写了什么，那是极其表层化和概括性的，还不能形成对文本内容的亲切感受。阅读理论认为，阅读是语境的还原，只有当读者在知道文本写了什么的基础上，进一步在头脑中建立起语言形象，让文本中的人与物鲜活起来，让语言文字似乎站立在纸上与你对话，你才能与文本开始真正的对话，你才算刚刚走进文本。阅读感受的前提是调动学生的生活经验，因为对语境的还原，依赖于学生对生活的观察、理解和把握。"生活储备"越丰富，"还原"就越畅通、越中肯，吸收就更有效率。例如，在教学《狼和鹿》第一节时，为了能帮助学生建立起狼的形象，我抓住"下毒手"和"暗算"两个词语启发学生展开想象。

师：狼要对鹿下毒手、进行暗算，请你想象一下，狼会对鹿下怎样的毒手、进行怎样的暗算？

生1：狼先隐蔽在草丛中，趁鹿群在休息或喝水的时候对它们发起突然袭击，把鹿逮住给吃了。

师：狼真的很狡猾。

生2：狼把鹿捉住以后，掏它的肺，吃它的心。

师：狼真的很毒辣。

生3：狼先全体隐蔽起来，在鹿妈妈生小宝宝后，趁鹿妈妈给小鹿喂奶的时候，突然发起围攻，咬母鹿的脖子，把小鹿一只一只都吃掉。

师：狼实在是狡猾至极，毒辣至极。

通过以上教学，学生在头脑中建立起了狼对鹿"下毒手"和进行"暗算"的画面，他们对狼"贪婪而凶残"的形象有了真切的感受。

第三，感悟阶段。这一阶段的主要任务是体会蕴含在语言背后的意思。学生完成了对语言形象的感受，还只是停留在对事物表面的了解，接下来的目标就是要体会作者或者作品的"言外之意"，领悟作者透过作品传递出来的立场观点、思想感情。阅读感悟的前提是对文本的整体把握，只有把每个情节与整体联系起来，才能显示出它的意义和价值。否则，脱离了完整的意境，看不到作者的思路，尽管在字、词、句、段上下功夫，也只能是徒劳无益。仍以《狼和鹿》的教学为例。

在学生用"居然"说话，进一步深入全篇课文以后，我设计了如下语言和思维训练：

1. 通过刚才的学习，我们知道了狼虽然贪婪而凶残，却是森林和鹿群的"功臣"。为什么说狼是森林和鹿群的功臣？

2. 通过上节课的学习，我们知道了鹿虽然活泼而美丽，却是破坏森林和毁灭自己的"祸首"。为什么说鹿是破坏森林和毁灭自己的"祸首"？

3. 鹿是真正的"祸首"吗？为什么？

4. 如果鹿群、狼群和人们一样都有思想的话，请同学们选择下面一个句子作开头，把狼群、鹿群和人们想的和说的说给大家听：

(1)看到整个森林像着了火一样，绿色在迅速消退，枯黄在不断蔓延，疾病像妖魔的影子一样在鹿群中游荡，人们如梦初醒……

(2)看到整个森林像着了火一样，绿色在迅速消退，枯黄在不断蔓延，疾病像妖魔的影子一样在鹿群中游荡，鹿群恍然大悟……

(3)看到整个森林像着了火一样，绿色在迅速消退，枯黄在不断蔓延，疾病像妖魔的影子一样在鹿群中游荡，狼群感慨万分……

5. 小结：人们原以为，鹿是人类的朋友，狼是人类的敌人。其实，凯巴伯森林中不能没有鹿，同样也不能没有狼。因为，没有了鹿，森林就缺少了一份美丽和生机；没有了狼，森林就会因为鹿的大量繁殖而遭到破坏，鹿群就会因为疾病传染而大量死亡。因此，狼和鹿应该一同生活在森林之中，它们都是人类的朋友。

这里的训练和小结，都是在学生整体感知、感受文本内容的基础上，以语言文字训练为载体，让学生感悟到的是生态平衡的重要性，是作者、文本所要表达的"言外之意"，也是本文教学的重要目标。

第四，感想阶段。这一阶段的主要任务是引导学生联系生活实际，触发思考，触动思想。以《最大的麦穗》教学为例。

师："追求应该是最大的，但把眼前的一穗拿在手中才是实实在在的"，生活中你有没有遇到过这样的事？

生：今天的上课，面对同学、老师，我想也是一个绝好的机会，如果好好把握这个机会，向同学老师展示自己的风采，也是实实在在的。

师：这个最大的麦穗被你拾到了。

生：学校组织踢毽比赛，由于怕这怕那，我没有报名，而比赛的结果，连冠军的成绩还不如我。哎……

生：大队部改选，我认为自己能力不够，打消了竞选的念头，后来就后悔了，我并不比别人差，如果竞选成功的话，我的小学生活一定会更加灿烂。

师：如果我是苏格拉底，我一定收你为徒。

生：记得上周，老师让我们回去制作一件手工艺品，我花了不少工夫，又是做陶制品，又是做模型，一心想做件最棒的，可做出来又觉得不满意，一气之下，我把它们全扔了。到了学校，看见同学们都带了他们的作品，只有我两手空空，真是后悔！

师：谈谈你听说过的其他人的事。

生：我的表哥大学毕业出来找工作，可到现在还待在家里，他不是嫌这个工作工资少，就是嫌那个工作太辛苦，总想找个最好的，很不现实。

师：你把我们今天学的课文带回去，给你表哥读读。

生：我的大伯本来是做羊毛衫生意的，由于他能吃苦，大生意做，小生意也做，所以生意特别好，几年后，他就积攒了一笔钱，造了大厂房，现在……

师：你大伯抓住机遇真不赖！你理解课文也很棒！

在教学《掌声》一课时，为了将"关爱他人"的观点引向生活，指导实践，促进行为的发展，实现"教书育人"的目的，我设计了以下教学环节。

师：听了大家的朗读，老师想起了一首歌，这首歌的歌名叫做《爱的奉献》。

（乐曲响起）

师：同学们有没有想过，我们除了可以用掌声把自己的关爱送给别人，还可以用什么方式把自己的关爱送给别人？

生：可以用歌曲把自己的关爱送给别人。

生：可以用礼物把自己的关爱送给别人。

生：可以用拥抱把自己的关爱送给别人。

生：可以用鲜花把自己的关爱送给别人。

生：可以用笑脸把自己的关爱送给别人。

生：可以用语言把自己的关爱送给别人。

师：还有很多很多方式，对不对呀？我们可以用语言把自己的关爱送给别人。我们可以为受窘的人说一句解围的话，为疑惑的人说一句提醒的话，为自卑的人说一句鼓励的话，为痛苦的人说一句安慰的话……这每一句话语，献出的都是一股浓浓的情，一份深深的爱；我们可以用自己的行动把自己的关爱送给别人。我们可以为希望工程捐一分款，为老弱病残让一个座，为爷爷奶奶做一次家务，为班里的同学辅导一次功课……这每一个举动，献出的都是一颗真诚的心，一腔无私的爱。

同学们，让我们牢牢记住：人人都需要爱，特别是当一个人身处困境的时候。让我们珍惜别人的爱，同时，也不要忘记把自己的爱献给别人。只要人人都献出一点爱，世界将变成美好的人间。

上述教学片段，由教材内容延伸到生活内容，由个别事物拓展到一般事物，由"他"及"我"，由"知"到"行"，目的是要让"爱"的种子在学生的心田里生根，在学生的生活中开花，在人生的旅程上结出美好的果实。从以上教学过程可以看到，感想是在感悟的基础上向实践迈出的重要一步，它不仅增进了感悟的深度，而且提高了感悟的效果，将阅读文本后感悟到的东西回归生活实践，并指导生活实践。

第五，鉴赏阶段。这里的"鉴赏"不同于第一阶段的"感知"。前面所述的感知是表层化、概括性地了解文本内容，这里的"鉴赏"主要指熟悉语言形式，学习语言表达方式，让学生在"言—意—言"的循环过程中实现与语言的真正拥抱。语文教学不能将"理解"和"运用"分割开来，相反，只有将作者运用语言表达思想的方法整合到理解的过程中，教学才是完整的。

下面，列举几个教学案例加以说明。

【案例1】《狼和鹿》的第三节中修辞手法的教学

师：请同学们听老师读课文第三节，听后请大家发表意见。（读的时候故意去掉"整个森林……游荡"三句话）

生：薄老师漏掉了"整个森林……游荡"三句话。

师：这三句话是什么意思？加上这三句话后你觉得有什么好处？

生："整个森林像着了火一样，绿色在消退，枯黄在蔓延"一句讲的是森林里一切可以吃的绿色植物都被鹿吃光了，"疾病像妖魔的影子一样在鹿群中游荡"一句讲的是鹿群患上了疾病，不断地死去。

师：既然这三句话与前后文的意思一样，那么加上这三句话后你觉得有什么好处？

生：看了"整个森林像着了火一样，绿色在消退，枯黄在蔓延"这一描写，我们眼前就会出现这样的景象：森林不再像当年那样葱郁了，而是逐渐地枯黄了，不再像当年那样茂盛了，而是逐渐地枯萎了，不再像当年那样茂密了，而是逐渐地稀疏了。

生：看了"疾病像妖魔的影子一样在鹿群中游荡"这一描写，我们眼前仿佛出现了这样的情景：鹿群也不再像当年那样活泼健壮了，而是疾病缠身、奄奄一息了，不再像当年那样成群结队热热闹闹了，而是三三两两冷冷清清了。

师：前面的话是一般性叙述，后面的话是用数字作具体的说明，中间这几句话是形象化的说法，抓住了事物的特征。我们写文章，如果在一般性的叙述和具体说明的基础上，加上形象化的描写，那文章将会更加生动形象。

【案例 2】《滴水穿石》中的 4 个句子教学

师：请一位同学来读下面两段话，大家想一想它们讲的意思有什么相同之处，又有什么不同之处？

A. 水滴的力量是微不足道的，可是它目标专一，持之以恒，所以能把石头滴穿。

B. 我们知道，雨水是以很快的速度从高空落下来的，它的力量肯定比太极洞里水滴大得多，但它不能把石块滴穿。这是什么原因呢？因为它没有专一的目标，也不能持之以恒。

生：两段话意思完全相同，都强调做事必须目标专一、持之以恒。前一段讲水滴的"能"，是从正面讲；后一段讲雨水的"不能"，是从反面来讲。

生：B 采用设问的句式，这样能引起读者对造成这样结果的原因高度的注意。

师：所以，表达同一个意思可以运用不同的表达方式。

师：再请一位同学来读下面两句话，大家想一想它们讲的意思有什么相同之处，又有什么不同之处？

A. 如果我们也像水滴那样，还有什么事情做不成呢？

B. 目标专一而不三心二意，持之以恒而不半途而废，就一定能够实现我们美好的理想。

生：两句都强调做事必须目标专一、持之以恒，意思一样。第一句通过反问的句式得出肯定的意思；第二句是用陈述的方式表达意思的。

生：第二句中间的"目标专一"和"三心二意"意思正好相反，"持之以恒"和"半途而废"的意思也正好相反，通过词语的对比应用来强调，只要目标专一、持之以恒，就一定能实现自己的理想。

师：我们祖国的语言极其丰富并且表现力极强，用不同的语言从不同的角度表达同一个意思，可以使表达更加生动，意思更加明确。将来写作时可以学习这种写作方法。

【案例3】《特殊的葬礼》第一段中的词语和标点教学

师：请同学们默读课文第一段，然后看屏幕上的一段话，想想两段话有什么不同之处。

出示：1986年9月，在拉丁美洲的巴拉那河上，举行了一次特殊的葬礼。巴西总统菲格雷特穿着黑色的葬礼服，主持了葬礼仪式。这个葬礼是为赛特凯达斯瀑布举行的。

生：屏幕上的话比课文中的少了"亲自"和"——"。

师：谁知道课文中为什么要加上"亲自"这个词语？

生：……

师：请大家听听下面这句话恰当不恰当："小明今天亲自来上课。"

生：这里不需要用"亲自"，因为小明应该来上学。

师：请大家再听听下面这句话恰当不恰当："昨天，李阿姨亲自来看戏。"

生：这里也不需要用"亲自"，因为她喜欢看戏。

师：那课文中用上"亲自"是为了表示什么意思？

生：强调总统特别重视，说明葬礼很"特殊"。

师：是的，只有在特别重要的情况下一个特别的人物做了他不常做的某件事，才用得上"亲自"这个词语。

师：屏幕上的句子省去了破折号以后通不通、对不对？

生：省去破折号以后还是通顺的，表达的意思也明确。

师：那课文为什么要加上"——"？请一位同学读书上的最后一句，一位同学读屏幕上的最后一句，大家体会一下用上"——"的好处。

生：用上了破折号，可以突出送葬的对象是赛特凯达斯瀑布，说明葬礼很"特殊"。

师：请朗读课文第一段，把这次葬礼的特殊之处表达出来。

与于永正老师在一起

以上三个案例的教学过程，既是理解语言内容的训练，又是理解语言表达方式的训练。久而久之，读与写的问题将有可能得到较好的解决。

当然，文本学习五个阶段的划分只是为了表述的方便，在实际的个体语文学习活动过程中没有绝对的先后顺序，既可能按上述表达的顺序进行，也可能是几个阶段融合在一起进行，还可能先感知语言形式再了解语言内容，这要根据学生的学习阶段、生活积累、阅读习惯和能力、阅读材料的深度等情况而定。

(三)线性教学与散点教学——常式与变式相统一的课堂结构

以往的阅读教学，多半是教师领着学生从课文的开头到结尾逐节逐句地问答理解，有的甚至尚未摆脱烦琐分析的老套，我们可称为线性教学或耙地式教学。线性教学，学生往往只关注具体的字词句段，只见树木，不见森林，难以获得对阅读材料的整体了解；只是听命于教师的教学指向，而无自己的学习目标；只顾揣摩教师的意图，而无自己的感受、体验和理解。

"课程标准"强调："阅读是学生的个性化行为，不应以教师的分析来代替学生的阅读实践。应让学生在主动积极的思维和情感活动中，加深理解和体验，有所感悟和思考，受到情感熏陶，获得启迪，享受审美乐趣。要珍视学生独特的感受、体验和理解。"线性教学背离了上述语文教学理念，不利于学生良好阅读品质和阅读能力的形成。

叶澜教授指出："所谓课堂动态生成就是指在教师与学生、学生与学生的合作、对话、碰撞的课堂中，现时生成的超出教师预设方案之外的新问题、新情况。动态生成的课堂教学要求我们从以教师为中心走向师生互动的学习共同体，从机械、僵化的线性教学走向开放、真实、灵活的板块式教学，从教材的忠实的信徒转变为课程的开发者、创造者，使学生的生命得到尊重，使教师的价值得以体现，使课堂教学充满生命活力！"

我一直在寻找日常生活与课堂生活的相似之处。我由课堂教学想到了自助餐。我们平时请客，以集体用餐为主。十多个人围坐一桌，服务员端上一个菜，大家轮着食用，再上一个，再轮着食用。菜上全了，大家一起完成就餐。现在，很多时候采用自助餐的方式，你想吃什么，就选什么；你喜欢吃什么，就多吃一点；习惯于细嚼慢咽的，就吃得慢一点；习惯于狼吞虎咽的，就吃得快一点，整个用餐过程充满了自主选择性。如果我们的课堂教学也能像自助餐一样，多一点自主选择，少一点整齐划一，喜欢学的，就多学一点，基础好的，就学得快一点，基础差的，就学得慢一点，这样的课堂学习，学生的真正所得可能会比在教师牵引下的线性教学多得多。

我由课堂教学想到了计划经济和市场经济。计划经济时代，企业的生产任务全部由政府决定，不管市场需求，不顾企业库存，结果造成市场需要的商品奇缺，市场不需要的商品大量积压。市场经济时代，企业的生产任务由市场决定，市场需要什么，企业生产什么；市场紧缺、利润丰厚的商品，企业多生产一点；市场供大于求的商品，企业控制生产或尽快转产，从而保持企业的良性发展。如果我们的课堂也能按照市场经济的规律，尊重学生的个体差异和不同的学习需求，以学论教，学生的学习效果一定会更好一点。

与线性教学相对，我提出散点教学的思路。所谓散点教学，就是尊重学生的个体差异和不同的学习需求，以学生对文本整体的自主解读为基础，先由学生自己畅谈阅读的感受、体验和理解，提出阅读中的疑难问题，再由教师组织学生运用合作、探究的学习方式，对同学的感悟发表自己的意见，对同学的疑难问题帮助解答。教师在其中发挥穿针引线和点拨引导作用，保证交流和讨论能够顺利进行。如在教《给予是快乐的》一课时，我先请学生自读课文，读后交流各自了解的内容：有关于故事情节的，有对人物评价的，也有结合课文内容对词句的理解。接着，我引导学生："人物的对话往往最能表达人物的思想感情。下面请大家默读课文，把小男孩和保罗说的话用笔画出来，再从课文中圈画出能反映人物内心活动、思想感情的词语、句子、标点，认真揣摩体会，轻声练读这些对话，并想想为什么这样朗读。"最后，我请学生把自己认为理解最深刻、读得最好的对话读给同学听，并说说这样朗读的依据。学生的生活经验不同，对语言的敏感之处也就不一样。这种允许学生对文本整体进行自由选读、自主阅读的教学方式，符合学生个体的经验水平，降低了交流表达的难度，不同的学生都有自己的收获。

当然，我们提倡散点教学绝对不是一概否定线性教学，在特定的阶段和特定的环节，线性教学同样也是需要和适用的。一般来说，低年级学生刚刚开始学习阅读时，比较适宜采用线性教学。就一篇文章教学而言，应该是线性教学与散点教学的综合运用：在学生刚刚拿到文本的时候，也比较适宜采用线性教学，在深入理解课文的时候，比较适宜采用散点教学。以《狼和鹿》教学为例。

师：谁来读课文的第一自然段。

生读：一百多年以前，凯巴伯森林一片葱绿，生机勃勃。小鸟在枝头歌唱，活泼而美丽的鹿在林间嬉戏。

师：不看书，你能在头脑中想象出森林是什么样的？

生：森林很茂密。

生：有五彩缤纷的花朵。

生：森林百花齐放。

生：森林绿树成荫。

生：有许多可爱的小动物。

生：树木郁郁葱葱，花朵五颜六色，小草亭亭玉立。

师：森林里不仅生长着茂密挺拔的树木，而且生活着许许多多的动物，一派生机勃勃的景象。谁再来读读这两句话，读了以后，要让人看到大森林的一望无际，看到动物们嬉戏的场景。

（生读）

师：这位同学很投入，在努力把自己理解的意思告诉大家。读书就是要这样，要把自己当成作者，当作一个讲故事的人，把自己看到的情景告诉大家，把自己体会到的喜怒哀乐告诉大家。而且要把这些理解表现在自己的脸上，融进自己的声音里，这样听的人才能明白你要告诉他的意思。请刚才读的这位同学继续读下去。

……

师：请接着读下去。

生：他们组成了狩猎队，到森林中捕杀狼。枪声打破了大森林的宁静。在青烟袅袅的枪口下，狼一只跟着一只，哀嚎着倒在血泊中。凯巴伯森林的枪声响了25年，狼与其他一些鹿的天敌，总共被杀掉了六千多只。

师：读得很努力。狼一只跟着一只，哀嚎着倒在血泊中，这是一个怎样的场面？用一个词语来说。

生：血淋淋的场面。

生：悲惨的场面。

生：凄惨的场面。

生：血腥的场面。

生：吓人的场面。

生：残忍的场面。

师：请读第三自然段。

（生读）

师："鹿的王国"还可以怎么说？

生：鹿的天地。

生：鹿的世界。

生：鹿的天堂。

生：鹿的乐园。

生：鹿的家。

师：从哪里看出森林成了鹿的王国？

生：十万只。

师：原来是四千只，十万是四千的多少倍？

生：25倍。

师：增加的速度实在是太快了。

……

师：最后一个自然段谁来读。

（生读）

师：人们做梦也不会想到，不会想到什么？

生：他们捕杀的狼居然是森林和鹿群的功臣。

生：人们特意要保护的鹿，一旦在森林中过多的繁殖，倒成了破坏森林、毁灭自己的"祸首"。

师：两件事情没有想到：第一，狼是保护森林和鹿群的"功臣"；第二，那么美丽、活泼、可爱的鹿是破坏森林、毁灭自己的"祸首"。第四自然段中还有一些词，这些词就是表示没有想到的意思。

生：居然。

生：反倒。

生：倒成。

以上环节，考虑到学生初步接触文本，还需要顺着文本走来回，因此采用的是线性教学。再看接下来的教学。

师：在几十年时间中，凯巴伯森林，包括里面的鹿、狼、人们发生了一些变化。再读读课文，把森林、狼、鹿、人们发生的变化找出来，画下来。等会儿，用"居然"这个词语告诉我们。

生：可是，随着鹿群的大量繁殖，森林中闹起了饥荒。灌木、小树、嫩枝、树皮……一切能吃得到的绿色植物，居然都被饥饿的鹿吃光了。

生：仅仅两个冬天，鹿居然就死去了六万只。

师：鹿死去的速度居然比当年鹿增加的速度来得还要快，一年就死去了三万只。

生：凯巴伯森林的枪声响了25年，狼与其他一些鹿的天敌，居然总共被杀掉了六千多只。

师：我帮你再改一下。凯巴伯森林的枪声响了25年，狼与其他一些鹿的天敌，总共被杀掉了六千多只，人们居然对狼恨到这个程度，他们比狼还要狠毒。

生：人们做梦也不会想到，他们捕杀的狼，居然是森林和鹿群的"功臣"。

生：人们特意要保护的鹿，一旦在森林中过多的繁殖，居然成了破坏森林、毁灭自己的"祸首"。

……

　　以上环节，由中心问题出发开展自主选择性的阅读理解，采用的是散点教学。一般的，在感知、感受阶段可采用线性教学，此后的感悟、感想阶段则可采用散点教学。

　　实施散点式阅读是为了更好地实现阅读的个性化。《全日制义务教育语文课程标准（实验稿）》指出："阅读是学生的个性化行为，不应以教师的分析来代替学生的阅读实践。应让学生在主动积极的思维和情感活动中，加深理解和体验，有所感悟和思考。受到情感熏陶，获得思想启迪，享受审美乐趣。要珍视学生独特的感受、体验和理解。"学习语言，特别是理解语言内容，必须高度重视学生的个性化阅读。

　　1. 个性化阅读的理论基础

　　新课标提出的"个性化阅读"教学理念，是基于对语文教学本质的深刻认识，有着广泛而坚实的理论基础。

　　（1）建构主义理论。

　　建构主义作为一种学习观，它的核心在于强调学习者自身的理解与经验的参与对知识建构的重要作用。在建构主义视野中，知识与经验不是对现实的纯粹客观的反映，它是人们对客观世界的一种感受、体验、解释，甚至是一种假设。在阅读活动中，文本意义的获取，既以语文教材为信息源，也以语文学习者已有的言语知识与经验为信息源，它是这两个信息源在某一点上相遇后的产物。在这一过程中，存在一个语文学习者和语文教材之间相互改造和加工的过程。因而，阅读的实质是建构新的意义（而不是复制作者的意图），这个新的意义既来源于文本，又来源于读者，它是读者与文本在某一点上的精神相遇。由于不同的读者已有的言语知识与经验各不相同，因此阅读文本以后建构的新的意义也就各不相同，从而就形成了"个性化理解"。

　　（2）教学对话理论。

　　按照接受美学理论，文本是一种召唤，它渴求被理解，而读者（教师与学生）则对文本作出积极的回应，双方不断发生关系，最终实现视界融合。意义在读者和文本之间的这种对话中生成，是读者与文本视界融合的结果。读者在这种对话中总是积极地、主动地凭借自己的视界理解文本，在理解文本过程中理解了自己。由于每个学生的"视界"不同，因而阅读过程中生成的意义也各不相同，也就形成了"个性化理解"。

　　（3）多元解读理论。

　　我国古代文论有"诗无达诂"（"诂"是用当时通行的语言解释古代的语言或方言之意）"见仁见智""书不尽言，言不尽意""言有尽而意无穷""言在意外""得意妄言"等观点注意到文本的空白、不确定性，重视读者的个体接收、个人体验，注重多元解读的阐释传统。

现象学最重要的学者之一英伽登提出了著名的"填充"理论，按照朱立元先生的概括，这个理论的内涵是：作品本身还只是一个图式化的结构，存在着无数的"未定点"和"空白"，就像事物的骨架，要使它生气灌注、血肉丰满，就需要读者的想象填充，读者也就参与了作品的创造。而读者具有相当大的个体随意性，审美具体化和再创造是因人而异的。这就是多元的由来，也是"一千个读者就有一千个哈姆雷特"的"个性化理解"的由来。

（4）动态生成理论。

叶澜教授指出："要从生命的高度、用动态生成的观点看课堂教学。课堂教学应被看做是师生人生中一段重要的生命经历，是他们生命的、有意义的构成部分，要把个体精神生命发展的主动权还给学生。"他同时指出："课堂应是向未知方向挺进的旅程，随时都有可能发现意外的通道和美丽的图景，而不是一切都必须遵循固定线路而没有激情的行程。"

语文学习过程中结论的丰富性、过程的开放性和思维的多向性决定了生成是语文课堂教学的主过程，语文教学的动态生成包括两个方面的内容，一是文本意义解读的多样性，即"个性化理解"；二是教学过程的不确定性，即"意外的通道和美丽的图景"。而且，这"意外的通道和美丽的图景"在很大程度上源自学生的"个性化理解"。现行课堂之所以囿于预设而缺乏生命活力，其根本原因在于教师专制下的学生缺乏"个性化理解"的意识和能力。

（5）作者理论、文本理论和读者理论。

直接构成阅读活动的有读者、文本和文本作者，对阅读活动的研究因此而无一例外地关注这三者及其关系，在漫长的实践与研究中，终因横岭侧峰而产生众多的阅读理论，却可以归纳为以作者、文本、读者为中心的三大类，涵盖着大量的"中间理论"。考虑到这些以文学作品阅读为主要研究对象而产生的理论所反映的阅读"共性"，也考虑到语文阅读教学的"基础性"，对以作者为中心的"作者理论"、以文本为中心的"文本理论"和以读者为中心的"读者理论"加以梳理和审视，便有可能从"分歧"中认识阅读理解巨大的空间，从而为语文阅读教学找到普遍的策略。

作者理论认为"诗言志""文载道""文如其人""风格即人"，因此阅读活动以文本为"对象"，其目的就在于从文本中追索作者的原意，尽可能地追求阅读理解的"客观性"。为此，一方面"知人论世""设身处地""涵咏体察""熟读自得"；一方面搁置"先见"，克服"偏见"，以"静虚"心态经由文本进入作者内心世界。

文本理论则认为文本一旦脱离作者之手，便是一种相对独立的封闭的存在，其"含义"既不依存于作者的"原意"，也不取决于读者的解释，而决定于文本本身。因此，阅读文本只要运用"细读法"，关注文本的声音、意象和隐喻、象征视界、形式技巧、文学类型等层面即可。

读者理论与作者理论相对应，认为文本的"意义"，既不是作者的"原意"，也不是文本的"含义"，而是读者通过阅读构建的结果。读者凭借"视阈"等"前理解"投入文本并与之交流、碰撞和对话，才产生出"意义"。因此，这是一个以作者理论与读者理论为两极，文本理论仅因文体的中介性而滑动其间。其滑动的实质却揭示着阅读理解中"客观"与"主观"的彼消此长。

原意追索　　　　含义获得　　　　意义建构
（作者理论）　　（文本理论）　　（读者理论）

课堂上循循善诱

其实，阅读理解中主客观的统一与差异根源于语言的双重性。通过语言（文字）呈现的视界，既是一个客观性的存在，却有时与人的主体意识无法分离而不再是"纯客观"的存在。这是因为语言是人创造的用以把握世界的符号，既能陈述（描摹、抒发)和传递(说明、论证),却又不同程度地存在屏蔽和缺失。正是"言能尽意"与"言不尽意"的矛盾转化,以及作者根据需要与可能采用了不同的言说方式与话语类型,使文本具有多样、多重、多解的空间;对文本的阅读因此而丰富多变,不但不同的读者可能有不同的解释,就是同一个读者在不同的时空条件下也可能有不同的解释。

不同的语言类型表现在"文本"上,则可称为"科学文本"与"文学文本"为两极的复杂多样的文本世界。我们对任何一个文本的阅读理解都具有二重性,既有通过文本"含义"对作者"原意"的追索,也有借助文本"含义"对"意义"的构建。如果文本靠近"科学文本"一极,那么阅读解释当以"原意"追索为主;如果靠近"文学文本"一极,那么阅读理解当以"意义构建"为主,读者的理解尤其应当"个性化"。

2. 个性化阅读的实施策略

(1)建立平等和谐的师生关系。

在师生平等对一些人来说还颇为新鲜的当年,教育家段力佩先生就提出"教师的人格未必比学生高贵,教师的心灵未必比学生高尚,教师的能力未必比学生高强"的所谓"三未必定理"。常言道,智者千虑,必有一失;愚者千虑,必有一得。具体到对某一文本的解读,我们即便把学生看成是所谓的愚者,也有胜过智者之一得;就算教师真是智者,也有不及愚者之一失。只有平等和谐,学生才能有个性化的解读。

罗杰斯认为:"成功的教学依赖于一种和谐安全的气氛。"也有学者说:"最宽松的时候是创造性思维最活跃,创造力最丰富的时候。"课堂上形成民主和谐的教学氛围是培养创造性思维的前提。所以在教学中,教师要尊重学生,包括尊重学生的兴趣爱好、言行举止、思维方式、思想感情、价值观念、身体相貌,努力用儿童的眼光看待儿童,理解并接受孩子那些新颖奇特,甚至是怪异的想法和行为。要宽容学生,宽容学生认识上的错误,从正面看待学生在学习中的差错,以发展的眼光理解这些错误的价值,允许、认同、接纳学生的错误,把重点放在分析差错中的正确方面和出现错误的原因上;宽容学生行为上的过失。在态度上宽宏,在处理上宽大。同时要解放儿童,教育是"挖掘宝藏"而不是"灌输真理",是"解放儿童"而非束缚儿童。所以课堂上要废止一些不必要的规矩,如,听讲,不必正襟危坐,允许围绕目标就近说话;发言,允许脱口而出,不一定要举手立正;答题,允许翻阅资料,就近商量;讨论,允许寻找合作伙伴;活动,允许选择,包括选择参与与否,选择参与的时间、内容、形式。只有尊重学生，宽容学生，解放学生，学生在课堂上才有自信心，才有安全感，才有积极性，才敢于并努力表现出学习的积极主动性，才会表现出与众不同和标新立异，个性化阅读才得以实现。

建立平等和谐的师生关系，不仅要求教师以平易亲和的态度对待学生，更要求教师改进教学设计，讲究教学艺术，展开彼此默契的教学活动。

①导入的艺术。

孕"情"，未成曲调先有"情"。下面是我在执教《掌声》一课的课前谈话和导入。

师：同学们认识我吗？

生：你是薄校长。

师：你们怎么知道的？

生：听专家说的。

师：听刚才专家介绍的，真会听。

生：你可能是教师兼校长。

师：告诉大家，有一个统计，在我们国家，姓王的人最多，"王"姓使用的频率最高。姓薄的人很少，使用的频率排在所有姓氏的第343位。

师：请我们班姓王、李、张的同学举手。

生举手。

师：请姓薄的举手。

师：一个也没有，老师有点失落啊。

生笑。

师：我姓薄，叫薄俊生。

师：大家欢迎我给同学们上课吗？

生：欢迎。

师：欢迎要有所表示哟。

生鼓掌。［启发之下的第一次掌声］

师：同学们虽然没有从口中发出欢迎薄老师来上课的声音，可老师从同学们的掌声中充分感受到了大家对我的欢迎。掌声是一种特殊的语言，它可以把我们心中想说的意思表达出来。

师：掌声除了表示欢迎以外还可以表达哪些意思呢？

师：今天，全省以及全国各地的领导、专家、老师来到南通，来到我们学校，来看同学们上课，我们要不要表示一下？

生掌声。[情境中的再次掌声]

师：经久不息。

师：同学们想通过这次掌声表示什么意思呢？

生：表示欢迎他们的到来。

师：表示欢迎，很好。

生：表示很荣幸。

生：表示对从天南地北来的各位老师、领导、专家的一种——

师：一种什么？

生：表示一种荣誉。

师：也表示一种感谢。

师：专家、老师们，你们觉得我们的同学刚才说得怎么样？大家要不要表示一下？

（与会者掌声不断）

师：同学们，从刚才各位专家、老师的掌声中你感受到了什么？

生：我们感受到非常荣幸。因为有这么多的专家领导老师来听我们上课。

师：很荣幸。

师：听得出来，嗯。专家老师为什么要给我们掌声呢？

生：我们刚才给他们掌声，他们也应该回应一下。

生：是我们刚才表现得还不错，所以给我们掌声。

师：是领导、专家、老师对我们表示赞美。大家说得好！

师：是呀！同学们，在工作、学习、生活当中，当别人给予关心的时候，我们可以用掌声表示感谢；当别人信心不足的时候，我们可以用掌声表示鼓励；当别人表现出色的时候，我们可以用掌声表示赞美。反过来也一样，我们可以从别人的掌声中获得谢意、鼓励和赞美。今天，我们就一起来学习一篇以《掌声》为题目的课文——（板书课题）

设"疑"，为有源头"疑"点生。《大作家的小老师》教学导入时，我采用了解题质疑的方法。

师：板书——"作家老师"。

师：谁知道，作家是干什么的？

生：搞文学创作。

师：老师是干什么的？

生：教书的。

师：板书——"大"。作家前面加一个"大"字，说明什么？

生：这位作家很有名气，取得很大成就。

师：板书——"小"。那老师前面加一个"小"字，是不是就说明这个老师没有名气。

生：不是，这里是说老师年龄还小。

师：板书——"的"。请读这个题目。

生读题。

师：读了这个题目以后，你想知道些什么？

生：这位大作家是谁？这位小老师是谁？这是一位怎样的大作家？这是一位怎样的小老师？小老师为什么要教育大作家？小老师教给大作家什么？

激"趣"，智作舟来"趣"为帆。下面是我执教《狼和鹿》一课时的导入。

1. 解"鹿"

……

2. 解"狼"

师：再来看（出示狼图），这是什么？你看过或听过哪些关于狼的故事呢？

生：《狼来了》。

生：《小红帽》。

生：《小山羊和狼》。

生：《三只小猪》。

师：所有这些故事，你看了之后，你觉得狼怎么样？

生：凶恶。

生：凶残。

生：凶残而贪婪。

生：可怕。

生：残暴。

生：残忍。

生：可恶。

师：鹿很可爱，狼很可恶。谁能说说含有"狼"的一些词语。

生：狼奔豕突，鬼哭狼嚎。

生：狼狈为奸。

生：狼心狗肺。

生：狼烟四起。

生：狼吞虎咽。

生：引狼入室。

师：太可怕了。老师也准备了一些词语。一起读一读。

出示：杯盘狼藉、狼子野心、狼心狗肺、狼狈为奸、狼吞虎咽、鬼哭狼嚎、声名狼藉、如狼似虎。

师：同学们，今天有很多老师在听课，我有个希望，希望我们一起"狼狈为奸"，把课上好，好不好？

生：好。

师：好不好？

生：……

师：老师再讲一遍，今天有很多的老师在听课，希望每一位同学和老师一起"狼狈为奸"，把课上好，好不好？

生：不好。

师：为什么不好？

生：因为你用了"狼狈为奸"。

师："狼狈为奸"什么意思？

生："狼狈为奸"是说一些坏人一起做坏事。

师：我们是不是坏人？我们是好人，好人专干好事，所以刚才这句话中的"狼狈为奸"最好换一个什么词就好了。

生：齐心协力。

师：最近，我们三点二十分之后，都要进行活动，活动内容非常丰富，有过独木桥、踩高跷、跳山羊，虽然这些活动难度很大，但是同学们个个如狼似虎、跃跃欲试，对不对啊？

生：对！

生：不对。

师：到底对不对啊？

生：对！（响亮）

师：大多数的同学都说对，说不对的请举手。

生："如狼似虎"的意思就是像狼一样凶残，像老虎一样可恶。

师：我们凶残吗？我们很善良，所以不能用如狼似虎，倒是可以换一个词语，也有一个"虎"字。

生：生龙活虎。

师：听了同学们的交流，老师得出一个结论，不光同学们不喜欢狼，而且绝大部分人都不喜欢狼。他们把所有的坏人坏事都跟谁联系在一起啊？

生：狼。

师：狼真的很可恶。今天，我们一起来学习《狼和鹿》的故事。谁来把课题读一下？

启"思"，巧妙营造"思"之场。在教学《滴水穿石的启示》一课时，我设计了这样的导入：

师：老师请大家说说以下两种物体的特点。板书——"水"。水有什么特点？

生：水碰到石头就会碎掉了。

生：水是一种没有颜色、没有味道、没有气味、透明的液体。

生：因为是液体，所以它没有硬度。

师：板书——"石"。谁来说这种物体的特点。

生：石头很硬。

师：石头很硬，是一种固体。谁能说一个带有"水"字和"石"字的词语？

生：滴水穿石。

生：水落石出。

师：板书——"滴水穿石"。谁知道这个词语的意思？

生：一滴水可以把石块滴穿。

师：知道了这个意思，你有什么话要说？

生：我觉得水把石头滴穿是不可能的事情。

师：按照平常的思维来讲，水是液体，石头是固体，水能把那么坚硬的石头滴穿吗？

生：石头连我们人都很难把它弄坏，没想到水能把它滴穿。

师：石匠要想把石块凿穿，都是很不容易的事情。

生：到底有没有这样的事情呢？

师：打开课本，轻声朗读第一节，想一个问题：水滴要把石头滴穿，必须具备哪几个条件？

②讲解的艺术。

讲在精妙处，点在关键时。好的讲解能激发学生积极探索，使课堂呈现"随风潜入夜，润物细无声"的师生"教""学"融为一体的境界。

【案例】《古今贤文》教学片段

师：这么优秀的诗文，如果能够把它记下来，变成自己的东西，那对丰富自己的语言，提高自己的修养，会有很大的好处。大家想把它记下来吗？

生：想！

师：那好，请大家用三分钟时间试背课文，待会儿告诉大家，你记住了几个句子。比一比，谁记住的句子多。

生背诵。

师：我们来交流一下，能记住三个句子的同学请举手。能记住四个的？五个的？六个以上的？估计自己是全班记得最多的请站起来。

师：这几位同学真了不起！但是，我们全班这么多同学就他们几个背得出来，是不是就满足了呢？为什么？请用课文中的语句回答。

生：不满足，因为"一花独放不是春，万紫千红春满园"。

师：不过，光靠一个人要背出全文确实是很困难的，这就像课文中所说的——

生：独脚难行，孤掌难鸣。

生：一块砖头砌不成墙，一根木头盖不成房。

师：是呀，一块砖头砌不成墙，一根木头盖不成房。下面，我们以小组为单位，合作开展一次背诵比赛。老师指定一位同学开始背诵课文，当这位同学遇到困难时，下一位同学接下去，到背完全文，用时最少的小组获胜。大家再准备一下。

生准备。

（比赛开始，用秒表计时，大部分小组能背完）

师：现在大家能不能再用课文中的句子说说自己的想法？

生：三个臭皮匠，赛过诸葛亮。

生：人心齐，泰山移。

生：一根竹竿容易弯，三根麻绳难扯断。

生：一花独放不是春，万紫千红春满园。

在这个教学环节中，我根据教材的特点，以竞赛的形式，帮助学生有层次地逐渐接近正确完整的背诵。竞赛的过程，也是理解句子含义的过程，教者通过合作背诵的形式，不断地启发学生用文中出现的警句进行概述，真正使得知识与技能、过程与方法、情感、态度和价值观的三维目标有机融合，高度统一。学生学习的热情高涨，思维十分活跃，气氛十分和谐。

③评价的艺术。

【案例】《滴水穿石的启示》

师：石头上有一个洞，我们就能说它是奇观吗？

生：不一定，可能是石匠凿出来的。

师：但是当我们知道这个洞是水滴把它滴出来的，我们就称它是奇观。读一读课文中的这段话，把刚才自己的这么多的感受通过朗读表达出来。

（生读课文）

师：谁愿意读给大家听。很多同学都举手了。我们举手的同学把读书的机会让给没举手的同学，好不好？

生：在这块石头的上方……（没有举手的同学）

师：读得可以嘛，给点掌声！这个同学有些地方读得很好，有些地方还需要改进。我想，如果请其他同学来读，可能也是这样的。刚才这位同学的朗读给人的感觉，好像水滴有时滴在了其他的地方，谁再来读，把这段话的意思读出来。

（生读）

师：滴水滴得近了一点，但是还有滴在其他地方的感觉。

（生读）

师：又近了一点，可我又感觉水滴把石块滴穿好像比较容易。

（生读）

师：（插话）他读的水滴滴在了同一个地方。

（生继续读）

师：听出来了，从他的朗读中我们体会到了水滴把石块滴穿真是不容易啊，给点掌声！

师：老师还有一点感觉，水滴把石块滴穿好像是一件很平常的事情。谁再读。

（生读）

师：很好，你用自己的朗读让我们大家感受到滴水穿石真是一大奇观哪！一起读一遍。

（生齐读）

评价是课堂教学的重要组成部分。幽默风趣、形象生动的评价语言，具有导向、激励、调节学习气氛等功能，对于激发学生思维，深入把握教材，提高学习效果发挥了重要作用。

（2）设计动静交替的教学结构。

主体性是以独立性为前提条件的，主体性又是以独特性为显著标志的。阅读中的"个性化理解"就是作为学习主体的学生在"独立性"前提下体现的"独特性"。不管是"独立性"，还是"独特性"，都要求教师在课堂教学过程中把时间还给学生，让学生首先经历"静思"的过程，然后创造一个"热闹"的课堂。现在的问题是，在课堂讨论中，学生往往不能很快发表不同的见解，或者虽然发言者甚多，其实没什么独到新颖的观点。这是因为，个体在开始阶段的差异是微小的，经过长期演化，最终可能形成截然不同的分歧。长期演化，就教学而言，意味着要留给学生足够的独立思考时间和足够的课堂讨论时间。为此，多尔根据"过程哲学"的理论，提出了"少而重要"的教学原则，认为不要上全部课程，只上其中的一部分，而所上的一部分，"要教就教彻底"，要讨论就耐心地讨论出个多元解读的结局。目前阅读教学中大量存在的刚开头就迫不及待作结，篇篇都上，课课匆匆走过，"只重结论不重过程"的做法是要不得的。只给学生几分钟时间阅读，抛出某一个讨论题后只给学生几分钟甚至几十秒钟时间思索，怎么可能将微小的差别扩大？怎么可能形成真正的多元对话？由此认为，课堂教学只有在精选教学目标的前提下，架构一个"动静交替"的教学结构，才有可能产生"个性化理解"，形成真正的多元对话。长期演化，对教学而言，还意味着阅读个性的形成有待于不断吸纳、积淀、提升、历练，有待于阅读水平的日积月累的提高。因此培养学生的阅读个性应该放在一个学期、一册书，直至小学六年的较长周期内考虑。

【案例】《滴水穿石的启示》

师：再请同学们默读课文，想想，立志学医的李时珍、迷恋电学的爱迪生、不懈创作的齐白石，他们和滴水穿石中的水滴有什么相同之处？请把你认为的相同之处在文中画出来。

生自读思考。（约5分钟）

师：请前后四位同学组成一个学习小组，选好一位组长，其他三位同学每位交流一个故事的答案，组长确定发言顺序，需要修改补充的就作修改补充。

学生分组学习。（约3分钟）

师：谁先来交流第一个故事。李时珍和滴水穿石中的滴水有什么相同的地方？

……

【案例】《特殊的葬礼》

师：请同学们自己默读课文，一边读一边想：这次葬礼有哪些特殊的地方，可以用笔在书上画出来，待会儿进行交流。（约6分钟）

（很多学生刚读不久就举手）

师：没有找到四处特殊之处的同学请暂时不要举手。

生继续默读思考。

师：现在开始交流。

生：被葬的对象很特殊。一般的被葬对象都是人，这次被葬的却是一条瀑布。

生：葬礼的地点很特殊。一般的葬礼在室内举行，这次葬礼在一条河上举行。

生：送葬的对象很特殊。有巴西总统，有来自世界各地的环境学、生态学专家，还有热爱自然的人们。

生：葬礼的意义很特殊。一般的葬礼仅是为了追悼，这次还由巴西总统向人们发出了"爱护环境，保护地球"的号召。

生：葬礼的主持人很特殊，一位总统为一条瀑布主持葬礼。

生：葬礼的时间很特殊，因为赛特凯达斯瀑布还没有完全消亡。

……

这么多的"特殊"中，有些是我在教学预设时所没有预料到的，如"葬礼的时间很特殊，因为赛特凯达斯瀑布还没有完全消亡。"如果教师不给学生充分的阅读时间和空间，学生是不可能通过与文本的对话解读出这么多的意义的。

（3）引导多向发散的思维方式。

《全日制义务教育语文课程标准（实验稿）》对于阅读教学，提倡"多角度的有创意阅读"；对于写作，要求"多角度地观察生活"；而在"综合性学习"中，则提出"从不同的角度，进行多样化的探究"。课标反复提出的要求，不仅表明了多角度思考的重要性，还表明了多角度思考领域的宽广。

多角度思考问题为什么如此重要？赞可夫在《和教师的谈话》中早已指出："对于迄今尚未被人注意的思维的一个特点，即从不同的角度观察同一事物的能力，我们应予特别注意。"日本学者角比嘉佑典用比喻式的语言，说明了多角度思考的重要性。他说："我们应当学会从各个角度看问题。一样东西，从坐着、站着、蹲着、躺着、站在凳子上等不同的角度去看，就会看到不同的样子。"小学生耳熟能详的苏轼《题西林壁》一诗，就是从不同角度观察同一事物、可以得出不同结论的恰当而又形象的范例："横看成岭侧成峰，远近高低各不同。"这个观看同一个庐山而观看结论的"各不同"，就缘于观察者所处位置和角度的"各不同"。教育家杜威也表示过同样的意思。他说："在马市上看到同一匹马，不同的人看到的内容是不同的。动物学家、骨骼学家和马贩子分别看到的是，它的进化程度、成熟程度和值多少钱。"面对同一匹马，三种不同职业的人，站在不同的立场上，其视角和结论就迥然有别。

引导学生多向发散的思维，关键在于教师设计开放多元的问题情境。

【案例】《掌声》

师：自从那次演讲后小英有什么变化，请带着问题读课文。

生读。

师：谁来说说小英有哪些变化呢？

生：小英不再忧郁了。

生：小英乐于和别人交往了。

生：小英愿意参加游戏了，她去舞蹈房跳舞，还参加其他活动。

……

师：第五段开头这样写——"说也奇怪"，你们觉得小英发生这样的变化奇怪吗？请觉得奇怪的同学举手。

生：小英原来是一个自卑、忧郁的孩子，她怎么就一下子变得活泼开朗了呢？我觉得奇怪。

师：有没有同学觉得不奇怪？

生：我觉得不奇怪，同学们的掌声送给小英的是尊重、鼓励和赞美，有了同学们的尊重、鼓励和赞美，小英就有了学习和生活的信心和力量。

师：觉得奇怪的同学和觉得不奇怪的同学都说到了一点，那就是掌声对小英来说太重要了，因为同学们的掌声，送给小英的是尊重，是鼓励，是赞美，是同学之间的关爱，有了同学们的尊重、鼓励、赞美、关爱，小英就有了生活的勇气，就发生了这样令人难以相信的变化。老师从一个材料上看到，后来，小英的学习成绩一直很好，上高中的时候，她代表学校参加了全国奥林匹克物理竞赛得了奖，后来还被北京的一所大学破格录取。所以，对小英来说——请读第六段（个别、齐读）……

这里，我抓住"奇怪"一词，组织学生开展讨论，引起争鸣，触发了学生多向的思维活动，目的是要通过教学引导他们由表及里、由浅及深地领悟掌声的含义，更深地体会掌声在生活中的作用，教育他们时时处处将关爱献给别人。

（四）教学对话与文本对话——间接与直接相统一的教学方式

《全日制义务教育语文课程标准》（2011年版）两次提到对话："语文教学应在师生平等对话中进行"，"阅读教学是学生、教师、文本之间对话的过程"。阅读教学的对话有两个层面上的意义。

一是师生、生生之间的对话。马丁·布伯认为："在教学中，教与学的关系不是一种远距离的'我—他'关系，而是一种近距离的'我—你'关系。"教学对话不仅仅是调动学生的教学手段，更是一种尊重学生的教育思想；不仅仅是一种激活课堂的教学技巧，更是一种走进心灵的教育境界；不仅仅是指教师和学生通过语言进行的讨论或争鸣，更是指师生之间的心灵沟通与交流。从微观上讲，对话主要是作为一种教学手段或现象呈现于课堂教学过程中，主要包括问答、讨论、争鸣等显性形式。

在与"新课程同行"研讨会上执教

从宏观上来讲，主要是指在师生相处过程中彼此之间精神交往的良性状态，主要包括互相学习、互相影响、互相鼓励、共同参与、共同分享等隐性的形式。

二是学生与文本之间的对话，简称文本对话。从根本上讲，言语理解就是学生与文本之间的一种"对话"过程，文本是一种语言，它像一个"你"一样自身说话，它不是一个客观对象，而更像对话中的另一个人。在"对话"中，文本不断地向学生提出一个又一个问题，通过这种"对话"，学生的"现实视界"与文本的"历史视界"不断融合，不断形成新的视界。这样，"对话"就成为学生与文本之间意义联系的纽带。在"对话"中，双方并不是各自陈述自己的观点和见解，也不是由一方去消灭或征服对方，而是双方都会受到对方的影响，在学生和文本之间对某个问题达到意义的认同和共识。因此，阅读活动实际上是读者通过与作者和文本的对话达到对作者和自我的双重发现，最终达到知识的传递与精神的升华，使自己内在生命本质获得一种更高层次的新的形式。

在教学中，教学对话和文本对话是交叉进行的，师生、生生之间的教学对话是为了促进学生与文本之间的对话。在较低年级的阅读活动和文本阅读刚刚开始的时候，教学对话能激发学生阅读的兴趣和动机，指导学生阅读的步骤和方法。但是，随着年级的升高，学生阅读能力在不断提高，阅读习惯在不断养成，自主阅读的愿望在不断增强，学生对教师的依赖程度会逐步降低，他们与文本直接对话具备了充分的条件，教学对话虽然不可能完全放弃，但数量可以大大减少。

语文新课程标准十分重视朗读和默读在阅读对话中的作用，在"教学建议"的"关于阅读"部分中强调"各个学段的阅读教学都要重视朗读和默读"。即使是老的教学大纲，也同样指出："朗读和默读是阅读教学中最经常、最重要的训练。"按我的理解，所谓"最经常"，就是使用的频率最高，所谓"最重要"，就是在提高学生的阅读能力方面发挥的作用最大。

1. 朗读符合语文学科的性质和教学特点

语文教学中朗读的重要性和必要性，可以从以下三个方面认识。

(1)从汉语文的特点出发，需强调朗读。

汉语文与其他民族语文相比，特点非常鲜明。"汉语特别具有灵性，是因为它是具象的，灵活的，富有弹性的。""汉语灵活，最少束缚，集中表现在它的词法和句法。汉字的构词能力特别强，也特别简易、灵活。""汉语的性、数、格、时态、语态的处理极为简易，词的形态没有什么变化，基本全靠意会，以简驭繁，很有灵气。""一种模糊的准确，很富有诗意，这就是汉语。"如果用西方语文那样的条条框框来分析汉语，实在是勉为其难。学习这样的语文不宜依赖分析，而要重积累，重感悟。朗读就是感悟、积累最简单又最行之有效的方法。

(2)从语文学科的性质出发，需强调朗读。

曾一度强调语文是一门工具性学科，这种说法是有一定意义的，它强调了语文的本体地位，改变了任意解说语文学科性质的混乱状况，特别是对于改变把语文上成政治课、品德课的状况。同时也强调了语文是学好其他学科的基础，更强调了语言是人交际的工具、思维的工具、生活的工具。但是，语文不仅仅是语言，语文教育的目的不仅仅是让受教育者会说话。我们认识到语文教育要考虑育人，应促进人语言的发展，提高人的语言修养，还要考虑人本身的发展，促进人人文素养的提高。爱因斯坦说："用专业知识教育人是不够的，通过专业教育，他可以成为一种有用的机器，但是不可能成为一个和谐发展的人。"从这个意义说，语文教育在强调工具性时，更应强调它的人文性。人文学科的学习更多地依靠感悟，语文教育就要让学生大量地感受语言，积累语言，感悟语言的规律，领悟语言中深厚的民族文化积淀。朗读就是一个品味、涵咏过程。

（3）从儿童心理特点出发，需强调朗读。

诵读经典文章，是集中识字后不断积累丰富发展言语、提高语言水平的基本途径。古人在儿童习得语言时不强求理解文章，而是强调通过诵读达到记忆。这是非常科学的，符合人类言语能力发展的规律，符合儿童认知发展的特点。因为儿童弱于理解，强于记忆，这是现代心理学早已证明了的客观规律。儿童对文章的理解只能是逐步深入的，是与儿童年龄、知识的增长以及阅历的不断丰富成正比的。而语言能力的发展必须以语感为基础，语感的获得必须以大量语言材料的积累为基础，利用儿童机械记忆力强的时期多积累语言材料，这是非常明智和正确的做法。

2. 朗读在语文教学中的功能和作用

小学语文教学中，朗读和默读是实现学生与文本对话的基本方式，其中尤以朗读最为有效，这可以从前辈专家们的论述中找到充分的依据。

（1）朗读有利于学生对课文内容的理解。

张寿康先生认为：全部了解一个作品的最好的方法就是好好地高声诵读。作品一被高声诵读，就成为好懂与易解了。

叶圣陶先生认为：吟诵的时候，对于讨究所得的不仅理智地了解，而且亲切地体会，不知不觉之间，内容与理法化而为读者自己的东西，这是最可贵的一种境界。

黎锦熙先生认为：所谓"耳治""口治""目治"这诵读教学三部曲，日渐纯熟，则古人的"一目十行""七步成诗"并非难事。

朱熹要求学生从小养成正确朗读的习惯，"要读得字字响亮，不可误一字，不可少一字，不可多一字，不可倒一字。……要多诵数遍，自然上口，久而不忘。古人云：'读书千遍，其义自见，谓读得熟则不解说自晓其义也。'"

周振甫先生认为：读时分轻重缓急，恰好和文中情事的起伏相应，足以帮助对于文章的了解，领会到作者写作时的情绪。课文读熟了以后，即使自己鉴赏力不够还看不到文章的好处，只要能背诵不忘，到后来读的文章愈多，阅读的能力愈提高，对于以前看不懂的也自然会懂了。旧式的图文教学，往往教小孩读几千年前高深的哲理书，这是无论如何不能使小孩子了解的书。可是到后来，小孩渐渐长大了，读的书也渐渐多了，以前不懂得的，自然会慢慢懂起来，那就是靠熟读。书读得多，这些字见面的机会也多。一个字当初读时见得陌生，不懂得它的意义和用法，到了两次三次十次百次读过以后，就熟悉了。而且从这样的熟识得来的字，不是一个个孤立的字，而是从十句、百句的句子中认识它的。这些句子，既然都熟读在脑里，那么看见了这个字，自会唤起脑中许多的句子。人的脑子既有综合辨析的能力，自然会把这许多句子按照那个字在许多的句子中的意义和用法同异，分成若干类。这样子，对于那个字的认识自然非常精确了。一个个字都经过这样的认识，那以前所不懂的自然会懂了，这就靠能熟读。这种专重诵读的教学，可算技能训练的一种。

（2）朗读有利于理解语言的表达方式，提高语言的表现能力。

张寿康先生认为：诵读的目的不仅在于理解和懂得，而且还在于熟习……通过朗读，可以使学生熟习词句的各种构造，熟习词句的节奏，可以培养学生运用语言的表现能力。

张志公先生认为：提高语言能力，必须以朗读、精读、熟读、多读为基础，这可以说是古今中外一条共同的经验……就学习语文说，朗读最重要。可以说，不朗读，不出声诵读，光靠浏览，是学不好语文的。作者想说什么话，经过润色，写成文章。写文章给人看，就等于说话给人听，不过不是用口说，是用笔写。读的人把文章朗读出来，使书面语言还原为口头语言，这时候，读者就站在作者的角度，用自己的口代作者说出这一番话。读者就好像作者，作者的语言就好像成了读者自己的语言。读文章不只读一遍，要读若干遍，要读得烂熟。这时候，作者的语言就真正化为读者自己的语言。这时候，作者的那些词汇，那些句式，那些表达方法，经过熟读，就能够消化吸收，成为读者自己语言储备里的东西，想用就能拿出来，拿出来就能会用。可以说，到了这时候，读文章的人才算把作者的语言学到手了。不读，读而读得不熟，不烂熟，就做不到这一步，就不能把作者的语言学到手。

（3）朗读有利于增加语言储备，促进写作能力的提高。

张志公先生认为：应该使学生养成大声朗读的习惯。一篇文章，读出声来，读出抑扬顿挫、语调神情来，比单用眼睛看，所得的印象要深刻得多，对于文章的思想感情，领会得要透彻得多，从中受到的感染要强得多。朗读得多了，时间久了，优秀作品经过加工锤炼的语言会跟自己的口头语言沟通起来，丰富自己的口头语言，提高口头表达能力，养成良好的语言习惯，这些，必然会在自己的书面语言——写作中反映出来。

蒋仲仁先生认为：朗读和背诵在语文学习中所起的作用，不仅在于背诵这个结果，而在于从朗读到背诵的读的过程中反复吟味作者的语言，咀嚼、消化、吸收，最后增加到自己的语言储备里去。从朗读到背诵，在这个孕育的过程中，作者的语言经过咀嚼消化，变成读者自己的语言。阅读的时候，遇到某些词汇、某些句式、某些表达方法，不仅"似曾相识"，而且"司空见惯"，阅读能力就提高了。写作的时候，想用某些词汇、某些句式、某些表达方法，就会涌来笔端，取之左右逢源，写作的能力就提高了。这就是背诵（包括产生背诵这个结果的朗读的过程）在语文教学中起的作用。

他说，当前语文教学的效率不那么高，学生成绩不那么好，表现在写作能力上尤为突出。许多人写文章，用词不当，文理不通，不能适应工作上学习上生活上的需要，这种现象分析起来，原因不止一端，可是不重视朗读不重视背诵，尤其是轻视白话文的朗读和背诵，应该是重要原因之一。读了几年书，学了不少文章，教师一篇一篇讲过去，学生一篇一篇听过去，讲是讲了，听是听了，时间一过，也就随之消逝，不在大脑皮质上留下痕迹，学习的东西积累不起来，这怎么希望语文学得好呢？好文章的那些词汇、句式和表达方法，不靠朗读来揣摩、领会、学习，也不靠背诵记住，等用的时候拿不出来，这怎么能希望语文学得好呢？学俄文要读，学英文要读，独有学我们自己的语文而不读，这是个值得深思的问题。

他说，读熟了字句妥帖的文章，习熟于种种变化的句式和虚字的安排，到写作时，自然不会写出生硬不妥的句子，运用虚字，也在知其然，不知其所以然中渐渐合乎规则了。因为照我们作文的经验说，在下笔时，全神贯注的是所欲表达的情绪或意念，应该用怎样的字句怎样的形式把它表达出来，并不是在想什么是主语，什么是述语，什么是宾语，什么是补语的。一切文法上的知识，要在全文写好以后，仔细推敲时才用得到。倘若下笔时只注意到文法上种种问题，定会使所欲表达的情绪和意念不能集中因而忘却的。所以仅仅懂得文法还不够，仍须熟习于妥帖的句式，熟读那些范文的。

（4）朗读能促进背诵。

蒋仲仁先生认为：背诵是朗读烂熟的结果，背诵不是一开头读文章就能要求的，一开头只要求朗读，要求多读、熟读。读一遍，读若干遍，今天读，以后许多天都读，积之既久，水到渠成，就会做到熟读成诵，取得背诵的结果。

从朗读到能够背诵，中间有一个孕育的过程，这个过程不能缺少。为了完成背诵作业，一句一句地硬背，硬记，学习的人太苦了，一点儿读书的乐趣都没有，而且效果也未必好，记得快，忘得也快。这种背诵方法应该改进一下，要引导学生多从朗读方面下功夫，要强调"熟读"而后"背诵"。

叶老认为：令学生吟诵，要使他们看作一种享受而不看做一种负担。一遍比一遍读来入境，一遍比一遍体会亲切，并不希望早一点能够背诵，而自然达到纯熟的境界。抱着这种享受的态度，是吟诵最易得益的途径。

（5）朗读有助于陶冶学生的情操。

张寿康先生认为：作品的诵读占着我们工作的大部分。假如我们认为诵读的材料是第一流的作品，那么这种作品的艺术方面：色彩、形象、语言的生动，必须用这样的方式来教，即是保证了对美的了解。作品读得越好，学生就越能懂得和受它的感染。

徐世英先生还通过与讲解的比较对朗读作过精辟的论述。他说："讲解是分析，朗读是综合；讲解是钻进文中，朗读是跃出纸外；讲解是摊平、摆开，朗读是融贯、显现；讲解是死的，如同进行解剖，朗读是活的，如同给作品以生命；讲解只能使人知道，朗读更能使人感受。"

3. 以朗读为主线组织语文课堂教学

朗读有利于学生与文本开展对话，但要组织好朗读，发挥朗读促进对话的功能，却是一项十分艰巨的工作。下面列举一些教学案例，对自己实践过的"朗读—对话"教学方式加以说明。

（1）实践明理。

要学生达到正确、流利、有感情地朗读课文的要求，首先要求教师把握朗读的实质，并在教学过程中结合朗读实践，引导学生揣摩领会朗读是怎么一回事情。

【案例】《我不是最弱小的》

1. 请同学们朗读这个题目，回答老师提出的三个问题，看看谁的朗读水平最高，表达的意思最准。

A. 谁不是最弱小的？

B. 我是不是最弱小的呢？

C. 我不是怎样的人？

2. 我们在刚才朗读课文题目的时候知道，朗读时不同的抑扬顿挫、轻重缓急，表达的意思各不相同。老师告诉大家，我们朗读课文，其实是在代课文的作者、课文中的人物说话。代作者说话，就是作者要表达什么意思，你的朗读就要表达出这样的意思；代文中人物说话，就是文中人物想表达什么意思，你的朗读同样要表达出这样的意思。因此课文读得好不好，就反映了我们有没有体会作者和文中人物的真实感受。下面就请大家自己朗读课文，等一会儿你可以代作者来介绍蔷薇、雷雨，可以代妈妈、萨沙来说话，看看谁能成为作者或课文中的人物的知音，好吗？

（2）自读品味。

【案例】《我不是最弱小的》

1. 林中旷地附近长着一丛丛野蔷薇，一朵花刚刚开放，粉红粉红的，芳香扑鼻。

（1）请你代作者介绍野蔷薇。你这样朗读这句话，想让大家感受些什么？

（2）大家听了他们的朗读有什么感受？

（3）看来，你已经成为了作者——苏霍姆林斯基的知音，听了你们的朗读，大家都感受到了蔷薇花色彩鲜艳、芳香扑鼻、充满生机，是多么惹人喜爱啊！

（4）让我们一起代作者介绍蔷薇花。

2. 滂沱大雨已经冲掉了几片花瓣，花儿低垂着头，因为它娇嫩纤弱，毫无抵抗能力。

（1）请代作者介绍雨中的野蔷薇。你们这样朗读这句话，想让大家感受些什么？

（2）大家听了他们的朗读有什么感受？

（3）看来，你们也已经成为了作者——苏霍姆林斯基的知音，听了你们的朗读，大家都有了这样的感受：雨中的蔷薇花花叶凋落，孤立无助，毫无生气，是多么弱小可怜啊！

（4）请男生读描写雷雨前的野蔷薇的句子，女生读描写雷雨中的野蔷薇的句子。

（5）读了这两段话，你们有什么感受，有什么想法？（同情、保护）

（6）是啊，每一个人，每一株花草，都有着属于自己的生命，当一个生命受到打击、摧残的时候，任何人都会给予同情，都会伸出援助之手。你们的感受、你们的想法就是作者的感受、作者的想法。

（7）一起把这两段描写蔷薇的句子读一下，读到自己的心里去。

（3）想象体味。

要让学生真正能够代作者或课文中的人物说好话，必须引导学生通过想象深入人物的内心世界，与作者或课文中的人物产生共鸣。

【案例】《掌声》

(1)课文第四段当中，有很多描写小英神情、动作的词语。比如，流下眼泪、深深地鞠了一躬、微笑着走下讲台。请一位同学朗读课文第四段，大家想想，是什么使小英流下眼泪、又是什么使小英向大家鞠了一躬，然后微笑着走下讲台？

(2)把描写两次掌声的句子读给大家听听。

(3)当小英刚刚站定，同学们一齐向小英报以热烈持久的掌声，如果你就是小英班上的同学，你想通过掌声告诉小英什么？

(4)请把你想要说的意思读出来，把你的期待、信任、鼓励充分地表达出来。

(5)听到如此热烈持久的掌声，小英流下眼泪，当时她会想些什么？

(6)当小英结束演讲的时候，班里又响起了经久不息的掌声，如果你是小英班上的同学，你又想通过掌声告诉小英什么？

(7)把你们掌声中的赞美之情通过朗读告诉小英。

(4)角色体验。

通过教师的组织教学，引导学生转换成课文作者或者课文中的人物，朗读更能够起到替代说话的效果，学生也因此更能体验人物的思想感情。

【案例】《我不是最弱小的》

代萨沙把话说好，等于是把自己当成了萨沙。哪位同学当一回萨沙，说一说他第一次说的话。

(1)(问朗读的学生)萨沙，你说这话的时候心里是怎么想的？(不理解，不明白)

(2)你说，"你们干吗这样做呢？"你的爸爸妈妈是怎样做的呢？

(3)我看不出这有什么奇怪呀？

(4)那请你把爸爸妈妈话中令人感到奇怪的地方通过朗读表达出来。

(5)哦，怪不得萨沙要不理解、想不通了，哪位萨沙再把自己心中的疑问说出来听听？

哪位也愿意当一回萨沙，说一说他第二次说的话？

(1)(问朗读的学生)萨沙，你说这话的时候心里是怎么想的？(不服气、不承认)

(2)萨沙，你为什么不服气呀？

(3)好，有志不在年高，人小志气大！萨沙，听了你说的，还真有不服气的道理，你再把不服气的话说一遍，让大家听得清楚一点。

哪位还愿意当一回萨沙，说一说他第三次说的话。

（1）（问朗读的学生）萨沙，你说这话的时候心里又是怎么想的？（自豪、兴奋）

（2）你是怎样证明自己不是最弱小的？

（3）为了证明自己不是最弱小的，你在保护蔷薇花的时候，表现得怎么样？

（4）请你郑重其事地读萨沙保护蔷薇的句子。

（5）萨沙，听了你保护蔷薇花的行为，我们大家真为你感到骄傲，请你再次把第三次说的话说一遍，让大家充分感受你此时自豪、兴奋的心情。

【案例】《最大的麦穗》

刚才发言的同学与苏格拉底一样伟大，苏格拉底就是这样对他的弟子们说的。（出示苏格拉底说的话："这块麦地里肯定有一穗是最大的，但你们未必能碰见它；即使碰见了，也未必能作出准确的判断。因此，最大的一穗就是你们刚刚摘下的"）

师：请你想象一下苏格拉底对弟子们说话时的情景，想象苏格拉底会怎样对他的弟子们说话，然后代文中的人物——苏格拉底对弟子们说这一番话，把自己的理解和感受写在自己的脸上。

生：苏格拉底是语重心长地说这番话的。

师：这位苏格拉底语重心长，真是一位优秀的长者。请你语重心长地说这一番话。

（生读）

生：苏格拉底是非常严肃地说这番话的。

师：这位苏格拉底非常严肃，是一位严厉的长者。请你严肃地说这一番话。

（生读）

生：苏格拉底是非常平和地说这番话的。

师：这位苏格拉底态度平和，很注意教育方式，既使弟子们接受了教育，又保护了他们的自尊心。请你态度平和地说这番话。

（生读）

（5）演读体悟。

低年级孩子好奇好动，尤其喜欢童话类课文中的人物。教学中，教师可以抓住学生的这一心理特点，适当采用表演的方式引导学生走进人物的内心世界，可以取得较好的朗读教学效果。

【案例】《小露珠》

师：请大家快速浏览一下第2～5节，这一幕中有几个角色？

生：小青蛙、小蟋蟀、小蝴蝶。

师：这三个可爱的小动物，你最想演谁呀？

生：我想演小青蛙。

生：我想演小蟋蟀。

生：我想演小蝴蝶。

师：不过想要演好先要读好台词，体会角色的感情。（学生认真地读课文，体会到小动物们都很喜欢小露珠）

师：那小青蛙喜欢小露珠什么？（比较"闪亮"和"明亮"）小蟋蟀喜欢小露珠什么？（体会用"像水晶"来形容小露珠的透明的恰当）那小蝴蝶呢？（体会"圆润"）小动物们可真会夸，说得多形象，多贴切呀！谁也想来夸夸？（出示三句话）哪三个小朋友来读？

师：你们读得很认真！但是，离演好差一点点。三个角色一个味！听我的，我一个人三个味！（老师示范朗读）再指名三人。（学生朗读有进步）

师：这回大家都有点进入角色的感觉了吧。那接下来我们就戴上头饰来演一演。

朗读的实质是让学生站在课文中人物的角度，来替他们说话。老师要善于创境，善于引导，让学生在入情入境的朗读中，触摸文中人物的内心，从而真正和文本对起话来。

(6)比较领悟。

在教学过程中，由于阅读阶段的不同，学生对作者或文中人物的同一段话的理解就会出现差异。教师如果能在学生准确把握文本主旨以后，引导学生回过头来再次跟前面的朗读进行比较，对朗读的效果以及学生对朗读这件事的理解将会非常有益。

【案例】《最大的麦穗》

1. 学习课文第三、第四节

(1)请同学们默读课文第三、第四节，读后说一说你觉得苏格拉底的弟子们摘麦穗时的态度怎么样，用笔圈出反映这种态度的词语。

(2)弟子们摘麦穗时的态度怎么样？你从哪些地方看出弟子们是用心的、专注的？

(3)谁来朗读第三节、第四节，把弟子们的用心和专注表达出来。

(4)哪位弟子能够更用心一些、更专注一些？

2. 学习第五节

(1)正在大家用心地挑挑拣拣的时候，突然耳边响起了苏格拉底苍老的如同洪钟一般的声音。谁来代苏格拉底说话？你为什么这样说？

(2)出示：听到了苏格拉底的喊话，两手空空的弟子们才如梦初醒，他们回头望了望麦垄，无数株小麦摇晃着脑袋，似乎在嘲笑他们。

(3)哪位同学来说说"如梦初醒"在课文中是什么意思？

(4)"嘲笑"是什么意思？

(5)小麦会嘲笑弟子们吗？

(6)弟子们觉得小麦在嘲笑他们，实际上反映了弟子们当时怎样一种心情？（感到无比惋惜）

(7)弟子们在苏格拉底的喊话声中清醒了，在深感惋惜的同时反思着，你觉得弟子们刚才的所作所为、所思所想存在哪些问题？你觉得他们应该怎样做、怎样想？为什么？请回过头来看第三、第四节，同桌讨论一下。

(8)交流，最好用上"虽然……但是……""即使……也……"这些关联词语。

①虽然麦地里肯定有一穗是最大的，但他们不一定能碰见它。

②他们不应该老想着最大的麦穗还在前面，因为，即使他们已经碰见了，也不一定能够作出准确的判断。

③他们不应该老想着机会还有很多，因为，虽然机会有很多，但如果一再地迟疑不决，最终也会丧失殆尽。

④他们不应该总是嫌弃手中摘到的麦穗，因为，虽然眼前的麦穗不一定是最大的，但摘在手中终究也是一种收获。

(9)是啊，他们后悔自己当时的做法和想法太过天真幼稚（头脑简单，被眼前的景象迷惑）。

(10)刚才，大家站在弟子们的角度朗读第三、第四节的时候，着力反映的是他们摘麦穗时的用心和专注，现在大家站在作者的角度代作者说话，要反映的是弟子们被眼前景象迷惑的天真幼稚，谁来代作者说话，读第三、第四节。

(7)评议深化。

课内朗读指导要做到读前有要求，读后有评议。一位或一组同学朗读时要求其他同学集中注意力听，然后评议优缺点，也可以由读的同学谈谈自己为什么要这样读，有哪些不足，使学生更有意识地练好朗读。古诗两首《春雨》教学片段中，教师引导学生通过读后评议质疑，从而达到启思体情的良好教学效果。

【案例】《春雨》

师：小朋友前两句诗说得真好，读得更好，我们连起来读这首诗。

（生读，读到"随风潜入夜"时声音很响）

师：前两句读得不错，后两句读得不如前两句好。

（生再读第三句，仍然很响，有几个学生意识到读得有问题）

生：我知道了，这句不能读得很响，要读得轻一点。

师：为什么呢？

生：因为是在夜里。

生：大家都睡了，周围很静。

生：春雨很细，它是随着风飘来的。

师：说得真好，春雨是怎样飘来的，这里的"潜"是什么意思呢？

生：就是"偷偷地"。

师：能换个词吗？

生：是"悄悄地"。

生：还可以是"轻轻地"。

师：那春雨为什么要选夜里悄悄地来？

生：它为了不吵醒人们，不影响人们工作。

师：真是"好雨"啊，再读读诗句，春雨还好在哪儿？

生：它"润物细无声"。

师："润"就是——（滋润），那"物"呢？

生：植物。

生：不光是植物，还有动物们。

师：假如你就是一种植物或动物，你怎样感谢春雨呢？

生：我是小蜜蜂，我要感谢春雨让花朵开得更旺，我可以采到更多的花蜜。

生：我是小树苗，我要感谢春雨让我长得更加强壮。

生：我是小麦苗，我要感谢春雨让我快快长大，今年一定会丰收。

……

师：除了植物、动物要感谢春雨，还有谁也要感谢春雨？

生：还有农民伯伯，感谢它滋润了农田，庄稼一定会有个好收成。

生：还有春雨让我们的空气更加新鲜。

……

师：瞧，春雨为大家做了这么多好事，还不要回报，真是"好雨"啊。让我们一起来夸夸它。

（生朗读全诗）

这个教学片段以"读"为抓手，引导学生读中质疑，读中感受春雨"随风潜入夜"的情境，然后又紧扣"好雨"启发学生展开想象，"假如我是……"大胆表述，从而引导学生走近春雨，获得一定的情感熏陶，在此基础上，再朗读诗句，自然水到渠成。

通过评价促进朗读，深化理解，教师要研究和锤炼有效的评价语言。

（五）课堂语文与生活语文——得法与得益相统一的教学策略

20 世纪末语文教学遭遇了前所未有的尴尬，在反思当时的语文教学时，我们发现语文教学存在"少慢差费"的主要原因是把语文教学限制在狭小的课堂上、有限的课本内。学生每天读着教科书，作业写着教科书，考试考着教科书。学生学习语文变成了学习"语文书"，很难接触到社会"大语文"素材，"课堂"几乎与"生活"隔离。因此语文教学改革的关键之一在于：如何冲破狭窄的课堂"围城"，让语文课程的"触须"向外延伸，使学生在广阔的生活领域学语文、用语文，变"课堂语文"为"生活语文"。

生活语文至少应该包含两层意思：一是课堂教学生活化；二是学生生活语文化。

1. 课堂教学生活化

《基础教育课程改革纲要》指出："要改变课程内容繁难偏旧和过于注重书本知识的现状，加强课程内容与学生生活以及现代社会和科技发展的联系，关注学生的学习兴趣和经验，精选终身学习必备的基础知识和技能。"陶行知先生说："没有生活做中心的教育是死的教育，没有生活做中心的学校是死的学校，没有生活做中心的书本是死的书本。"我们说，没有生活味的课堂是死的课堂。课堂教学生活化，就是从生命认识论的高度审视课堂教学，从"生命意义"和"生成论"的意义上来把握教学，将学生视为生活过程和生命形式，从而使课堂教学凸显人的地位，展现人的生命价值。

(1)生活化的课堂是选择性的课堂。

作为生活的课堂与日常生活有着很多的相似之处。比如，过去到商店里买东西，顾客只能站在柜台外挑选商品，因为与商品之间有一定的距离，他们不能了解商品的详细情况，只能听凭营业员的介绍，购买到的商品不一定合自己的胃口。随着经济的转轨，超市逐渐普及，现在人们进入超市可以和商品零距离接触，挑选自己喜欢的东西。有时，看到自己更喜欢的商品，还可以将前面挑选好的商品还到原处，换上其他的东西。这种销售方式的优点就是更多地适应顾客的需要，给顾客更多的自主选择的权利和机会。我想，如果我们的语文课堂也能以类似的方式，尽可能地满足学生的学习需要，尽可能地给学生更多的自主选择的机会，不管是学习的状态还是学习的效果，都将得到很大的改善。

(2)生活化的课堂是开放性的课堂。

越是开放的教学，就越贴近于生活。实践证明，开放的课堂教学比传统的课堂教学更受学生的欢迎，教学效果也更明显，主要表现为学生的生活背景更丰富，学习动机更强烈，主体地位更凸显，信息反馈更及时。下面的网络作文课便是这方面的一次尝试。

这是一堂网络作文课，教授于澳门回归前夕。课前，教师利用投影电视在大屏幕上实时播放从互联网上传送过来的《七子之歌》，全班学生和着乐曲轻声齐唱，烘托出澳门同胞与全国人民共盼团圆的浓厚气氛。课始，教师告诉学生："12月20日零时，江泽民主席、朱镕基总理将亲自出席澳门主权的交接仪式。连日来，全国人民和澳门同胞都以不同的方式举行丰富多彩的庆祝活动。"说完，教师点击不同网站的网址，将网上反映各地庆回归活动的信息投影到大屏幕上。接着，老师提供各大网站的网址，请学生实时上网，自己查找这方面的文字和声像资料。教师选择部分学生搜集到的内容投影到大屏幕上，分别请他们交流。随后，老师投影出澳门蔡高小学学生的来信(上课前几天，我班学生已与蔡高小学学生通过互联网互通电子邮件），请学生有感情地朗读，并启发道："你们此时最想做的是什么?"学生回答："我们想在澳门回归前夕跟那里的小伙伴说说心里话。"教师因势利导："好！请大家再次上网，然后把自己的所见、所闻、所感在电脑上记录下来。"学生上网后，各自以娴熟的指法在电脑上录入文字。在老师随机抽样交流讲评后，每位学生开始在电脑上修改自己的习作。最后，教师提供澳门蔡高小学的网址和蔡高小学部分学生的名单，请每位学生以《给澳门×××小伙伴的一封信》为题，即时将电子邮件发往蔡高小学。

以上网络作文教学过程，显示出多方面的优势：一是实现了教学时空的开放。课前，两校学生通过网络以互发电子邮件的方式与远在千里之外的小伙伴沟通交流，激起了强烈的表达欲望，强化了习作的动机。二是实现了信息资源的开放。1999年12月前后，互联网上庆祝澳门回归的活动信息、历史背景资料铺天盖地，这为每个学生提供了自由选择、处理的丰富的习作材料。40名学生的习作内容因此无一雷同，并富有真情实感。三是实现了教学过程的开放。网络环境的创设与应用，把教学时间、空间、内容的支配权还给了学生。教师扮演的是学生学习的组织者、导航者和合作者角色。学生真正成为学习的主体，他们可以最大限度地发挥学习的自主性和创造性。四是实现了教学评价的开放。学生习作刚刚完成，便即时通过网络将电子邮件发给澳门的小伙伴。澳门小伙伴就是我校学生习作的第一读者和第一评价者，这将成为小作者们习作的原动力。此后，教师的批改，就成为学生的现实需要。这与原来那种由教师充当学生习作唯一读者而产生的效果是迥然不同的。五是有利于学生从小确立全球一体化、信息即时反馈等现代观念。

（3）生活化的课堂是综合性的课堂。

生活是丰富多彩的，课堂教学作为学生生活的一部分，同样应该是丰富多彩的。只有当课堂教学成为学生的综合性实践活动时，学生的学习才更有趣味，更有价值。

首先，课堂教学的内容应该是综合性的。语文课中有着丰富的音乐、体育、美术、自然、历史、地理等方面的知识，其他学科同样如此。根据这一情况，我尝试开展了学科综合活动的研究与实践。它通过活动的方式，沟通各学科之间的相互联系，帮助学生了解有关各学科知识的总体情况，熟悉并掌握足以说明他们之间联系的综合知识和概念，达到巩固学科基础知识，拓宽知识面，发展横向思维，建立科学的世界观和方法论，培养从多学科的角度全面观察、分析、判断事物和解决问题的能力，加深对知识实际意义的理解，提高学生参与学习的能力，满足个性发展的需要的目的。

其次，课堂教学的方式应该是综合性的。各学科教学有自己特有的教学方式。当我们在某一学科教学中将这些教学方式加以综合运用时，学生的学习将兴趣盎然。我在全国十二省区苏教版语文教材培训会上上了《古今贤文》一课。课上，我以小组比赛的形式组织学生记诵课文，然后利用小组合作比赛的情境，请学生谈参赛的体会。学生很自然地运用课文中的"一花独放不是春，万紫千红春满园""三个臭皮匠，赛过诸葛亮"等句子作答，这是一种记、答、用的高度综合化的活动，学生在不知不觉中接受了多方面的训练。

最后，我又请学生选课文中的一句话做一张书签送给班上的同学或远方的亲戚朋友，并配上相应的图案。这又是一项综合性的训练，语言的理解、运用，汉字的书写，图画的创作，感情的交流，高度整合在一起，收到了很好的教学效果。

（4）生活化的课堂是探究性的课堂。

学生是学习和创造的主体。学生主体性的发挥，有赖于教师创设探究性的教学环境。

课堂教学过程应该是诱发问题的过程，而且问题应该来源于学生自己。1998年年底，一个美国科学教育代表团到上海市访问，希望听一堂科学教育的公开课。接待人员安排了一所很有名的重点中学为他们开了一堂高中一年级的物理课。任课老师是一位优秀的特级教师。在教学过程中，教学目的明确，教学内容简洁清晰，教学方法灵活，教师问问题，学生答问题，师生互动，气氛热烈；教师语言准确简练，教学时间安排精当，当老师说到"这节课就上到这里"的时候，下课的铃声正好响起，全场掌声雷动。可是五位美国客人却没有其他听课者那样的反应。第二天当接待者请他们谈谈观感时，他们的回答出乎我们的预料：这堂课老师问问题，学生回答问题，既然老师的问题学生都能回答，这堂课还上它干什么？

我们过去沿用的基本上是"教师设问、学生应答"的教学模式。这种教学模式教路比较清晰，进程比较容易把握，达成知识技能目标的效率相对较高。但是，由于教学的指向基本由教师单边控制，学生的任务只是回答教师的提问，久而久之，学生就形成了完全依赖于教师才能进行学习的心理倾向，这不利于学生问题意识的培养和主动求知意识和习惯的形成，也就谈不上自主学习活动的开展，更谈不上主体性和创造性的发挥。

"创造性地提出问题比解决问题更重要。"课堂上学生主动发现问题、提出问题、解决问题的过程就是主体性和创造性发展的过程。富有创意的语文教学应该让学生一直处在疑的状态中，处在求知若渴的状态中。如教学《剪枝的学问》一课，我在引导学生反复朗读课文的同时，按由扶到放的方式指导学生找出课文中描写"我"心理变化的词语，接着启发学生质疑："我"对什么满怀好奇？"我"为什么一脸疑惑？"我"为什么将信将疑？"我"为什么惊，又为什么喜？然后再请学生默读课文，从文中找出答案，最后结合词句训练，通过朗读的方式体会理解剪枝的原因和其中蕴含的哲理。这样，学生主动提问，主动求解，自主阅读能力得到有效培养，主体性和创造性也在此过程中得到同步发展。

(5)生活化的课堂是体验性的课堂。

传统的教学观和教学实践把课堂教学的目的看成是人类所积累的系统知识的传递，把课堂教学的过程简单化为教师讲授、学生被动接受的过程。这种状况使得体验在教学中的重要性一直没有得到应有的重视，课堂教学也因此仅仅停留在知识的灌输和记忆上，而没有深入到学生的内心世界。

体验是在对事物的真切感受和深刻理解的基础上对事物产生情感并生成意义的一种活动，它具有情感性、意义性和主体性。它把人类的知识经验与个体的生命联系了起来，使体验者与人类经验进行着生命和情感的沟通。

要使体验成为学习的一部分，首先要使教学内容与学生的实际经验产生联系，课堂教学必须从学习者已有的经验开始。张光鉴先生在他的《相似论》中曾指出：人们在学习和实践活动中积累起来而储存在大脑中的知识单元称为相似块，人们对外界的认识过程常常依赖它的存在。所以，我们的教学在很大程度上，是要激活已经存储在学生头脑中的那些与教学内容相匹配的相似块。一旦这样做了，学生对课文的理解和记忆就会自动完成。只有在教师、教材和学生的心灵之间组成一种相似的和谐共振，才能使学生与所学知识产生共鸣；学生也只有发现知识间的相似性，才能产生学习的兴趣。

　　为此，语文教学要创设一定的情境引导学生去体验学习的内容。如我在执教《欢乐的泼水节》一课时，为了加深学生对泼水节这一傣族人民特有风俗的感受和理解，先让学生根据课文中的描写与同桌反复模拟"灌"和"泼"的动作，体会当时的气氛和心情；接着出示一位汉族小姑娘因满身湿透而站在一旁低头哭泣的画面，请班上学生说说小姑娘为什么哭泣，应该怎样劝说才能使小姑娘高兴起来。学生通过阅读课文的语言，很自然地用自己的话说出了泼水的象征意义，完成了书本语言向口头语言、客体意义向主体意义的转换，在两次转换中较好地发展了学生的主体性和创造性。又如，在教学《剪枝的学问》一文时，我让学生扮演讲解员向参观者讲解王大伯种桃经验，引导学生重组课文内容，创造性地进行语言的理解、表达和创造，收到了很好的效果。

2. 学生生活语文化

　　所谓"学生生活语文化"，强调的是学生在教师的引导下，形成"语文是生活的组成部分，生活须臾离不开语文"的观念，并养成事事、时时、处处吸收与运用语文知识，在社会生活中培养语文能力的好习惯。

　　学生生活语文化包括日常生活语文化、班级生活语文化以及社会生活语文化等方面。下面，仅以我校开展的"网络数学日记""网络阅读写作""语文综合性学习"为例，谈谈具体的想法和做法。

　　(1)网络数学日记。

　　"网络数学日记"是我校魏芳老师执教的二(7)班开展的一项研究工作，这是以生活为学习源泉，以网络为发表平台，以语言文字为表达方式，将生活中的数学问题记录下来并发表出来，形成同伴互助研讨交流的教育活动。这种数学学习语文化的教育方式，能够培养学生的数学意识，养成学生对生活中数学问题的敏感，加深对数学实际意义的理解，促进学生思维能力的发展。与此同时，又可以引导学生观察生活，捕捉习作的素材，提高书面表达能力。因此，这是一项融数学和语文为一体的综合性教育活动，是学生生活语文化的有益探索。通过几年的实践收到了很好的效果，学生的数学素养和语文能力得到了同步提高，2006年6月结集出版了班级数学日记集《数学日记，伴我成长》，入选的近80篇日记，都是孩子们留心观察、认真记录而成。看着自己的日记被编辑到了日记集中，学生的欣喜之情溢于言表，也更激发了他们再次发现与表达的内在动力。下面选登两位学生的数学日记。

正数与负数

二(7)班　吴倚天

上次去北京时，我记得上电梯时问妈妈："要去几层啊?"妈妈说："5层。"我马上按了一下5，就在我按5时，我看到下面还有几个奇怪的数字：-1，-2，-3，这时我就问妈妈："这是什么数字?"妈妈说："这是负数，现在跟你一时也说不清楚，你回家后查一下资料就会明白的。"

回到家后我就开始查找有关资料，资料里说：0以上的数都是正数，数字前面可加上"+"号，当然"+"号也可省略不写。0以下的数都是负数，数字前面必须加上"-"号。正数>0，负数<0，0既不是正数也不是负数，它是正数和负数的界限。我国在西汉时代(公元前2世纪)就会用负数，当时的人用红色算筹表示正数，用黑色算筹表示负数。系统地论述负数，我国也是世界上最早的国家。

这下我明白了，电梯里的"-1"就是表示地下一层，1楼表示地上一层，可写作1或+1，它们以地面为0界限。我们日常生活中经常要碰到这些问题的。比如：一天的最高温度是零上5度，记作5℃或+5℃，一天的最低温度是零下5度，记作-5℃。珠穆朗玛峰高于海平面8844.13米，记作+8844.13米；吐鲁番盆地低于海平面155米，记作-155米。

在班级网站上，老师、同学还可以对学生的数学日记回帖点评，如看了上面的日记后老师做了以下点评。

"倚天，你是个会发现、爱动脑的好孩子，无论什么事情在你眼里都会多想几个'怎么回事'，也总想着用更多的方法探个究竟。所以，你的数学学得非常棒，相信，你的努力会换来不断的成功!"

学生也正是在老师和同学不断地激励下坚持观察生活，思考问题，发表作品的。

到底借了多少天

二(7)班　徐子凡

星期天早上，我还没起床，爸爸就问我："儿子，上次借的书还了没有?如果没还，要罚款的。"我一听，说："我还没还呢，会不会罚几十元呢?"妈妈一听，说：

"这是不可能的。超一天也就 1 角钱，一个月也只不过几元钱吧。对了，儿子，你算一算不就得了。"

我听着，就动起了脑筋，假如超过一个月，那就是 30 天，每天罚 1 角，就是 30 角，哎呀，要 3 元呢。

我一算，还是觉得罚钱不合算，所以，下午就急着跟妈妈去还书了。没想到，我的书要罚 1 元 8 角呢，妈妈就问我："你现在知不知道这本书一共借了多少天了？"我思索了一会儿，对妈妈说："是不是 48 天？借期是 30 天，再加上超过的 18 天，那一共就是借了 48 天。"

妈妈说："儿子你算得很对，下次我们借了书要早些看完，这样，就不会罚款了。"

[老师的话：从"借书"事件中，你发现了很有价值的数学问题，也让你明白了更多的生活问题。子凡，你真是个善于发现的孩子。]

开展这种语文化的数学学习，学生有自己的体会。

刚开始，魏老师让我们每个同学建立一个自己的主题帖，把我们平时发现的数学问题或解题思路写下来。我的帖子名称就叫"吴倚天的数学日记"，我每周都会记下自己的发现和思考，像《正数与负数》就是我跟妈妈去北京乘电梯时的发现，当我把日记发到"成长乐园"后，就得到了魏老师的网上点评："倚天，你真是个爱动脑的孩子，从一件小事中也能有这样有意义的发现，继续努力，你会有更大的收获！"

看到魏老师跟在我日记后面的点评后，我高兴极了，忙叫妈妈看，妈妈笑着摸着我的头说："你看，网络真是太奇妙了，魏老师在家里就可以看到你的日记了，好好努力吧！"我暗暗下了决心：一定要好好地记日记，好好地学数学。以后，我总是及时把自己的日记发到"在线日记"，我的帖子里已经有十几篇数学日记了，每一篇日记，魏老师都会及时地评价、修改。现在，我的好几篇日记被编入《班级数学日记集》一书，我高兴极了。

当我把日记发送到"成长乐园"后，还能得到同学和家长的鼓励和评价，当我看到他们真诚的鼓励时，心里的高兴劲儿就甭提了。当然，同学们的日记我也会认真阅读，提出意见，我们一起在网上互动交流、共同提高。我们班里的同学都能坚持记录数学日记，写得好的日记不仅能在班级里展览、交流，还能光荣地被魏老师推荐到班级网站的"推荐日记"专题里，看到自己的日记得到了展览，心里比喝了蜜还要甜。我们班杨依霖的数学日记《数学还能用双手做出来》还发表在《小学生数学报》上了，我们全班同学都激动极了，这更加激起了我们认真写数学日记的兴趣。

网络数学日记，它已经成为我们观察生活、记录发现的最好途径，它将会伴随着我们今后的学习过程，我非常感谢老师为我们建设了这个互动交流的乐园。

(2)网络阅读写作。

网络阅读写作是我校顾丽芳老师执教的三(2)班开展的一项研究工作。这是以阅读和写作为主要内容，以班级网站为平台，以突破时空限制为主要特征的一项语文学习活动。其基本的操作流程为：教师每天选择某部儿童文学名著的一个章节发布到名为"起跑线"的班级网站的"美文推荐"栏目，学生每天在家里阅读并发表读后感想，全班学生和教师相互浏览并发表评论，形成一个"网络读书交流场"，相互学习，相互启发，相互鼓励。这项活动已经持续四年多，这个班级的学生已经升入六年级，人均阅读的各类名著有八十多部，阅读量最大的学生已经达到一百八十部，收到了极其显著的成效。学生的阅读能力和写作能力得到了极大的提高，思维和思想水平也明显高于一般学生，有的学生创作了十多万字的小说，很多学生编印了个人散文集。著名儿童文学作家金曾豪在考察学生的网上读写情况以后感叹道："这样的学生在这样的老师采用这样的方式教学之后，叫他们不好也难！"

下面是经整理的部分学生在阅读《窗边的小豆豆》以后发在网上的帖子以及教师、家长的回帖——"小书虫絮语"为学生帖，"书博士侃大山"为教师帖，"爸妈侃书"为家长帖。

【小书虫絮语】

让小豆豆退学？没有道理！

我觉得豆豆的行为没有被老师理解，原来那个学校的老师让豆豆退学是没有道理的。老师应该多和豆豆沟通，知道豆豆的想法，我想豆豆一定会成为一个优秀的学生。

——靖城(沈靖城)10 月 25 日

【书博士侃大山】

呵，语气还不小呢，上来就批评老师？不过，靖城别急，书博士不会批评你，为什么啊？因为你的话有道理呢！"老师应该多和豆豆沟通，知道豆豆的想法"，你说出了一句非常有哲理的话！呵呵，好棒！

【小书虫絮语】

小豆豆理想太多啦……

我看了小豆豆《第一次上车站》这个故事，觉得小豆豆的理想很多，一会儿要想做卖票员，一会儿想当间谍，一会儿又想做街头宣传的艺人……几乎是看到什么喜欢的人就想做什么……我想她如果看到什么就想什么的话，她就没有具体的目标了，又怎么可能实现呢？

——平平（平易）10月23日

【书博士侃大山】

小豆豆可是"明星"哦！平平你也敢提意见？有勇气！不盲目崇拜，缺点就是缺点，理想太多就是不好嘛，而且，她还说变就变，哈哈……书博士支持你！

【小书虫絮语】

巴学园好奇怪哦……

读完第三章，我最想说的话就是——"巴学园"好奇怪哦！

小豆豆第一天来到"巴学园"上学，觉得非常奇怪，怎么学生可以自己选位置的？第一节课开始了，老师把所有的课程都列了出来，让学生来选，喜欢上什么就上什么！下午的课令豆豆还要惊奇！下午居然就是"散步"——天哪，散步也能叫上课?！而且每天都是这样的。我觉得豆豆进行这么奇怪的学习一定非常开心，豆豆虽然有些顽皮，但今天呀，好像变得懂事起来啦！

——琦琦（邓婧琦）10月25日

【书博士侃大山】

小朋友，不管是谁，第一次看到这样的学校，一定都会喜欢上这里的。不过，话也说回来，这个"巴学园"可是一个非常特殊的学校，因为学校里的孩子都是一些非常特殊的孩子呀！对待特殊的孩子就要用非常特殊的方法，这就是小林校长的想法。怎么样，不简单吧？

【小书虫絮语】

我开始讨厌巴学园了

今天，我读了《窗边的小豆豆》第5章，小豆豆游泳的时候怎么不穿游泳衣？是小豆豆不正常呢，还是校长有毛病？我感到不可思议。我开始有点讨厌巴学园了！

——小卓(孙颖卓)10月27日

【爸妈侃书】

你喜欢干净有秩序的生活，对吗？世界就是这么精彩，有人高贵典雅，循规蹈矩，喜欢柔和优雅的生活；有人活泼俏皮，喜欢感受新奇刺激、变幻离奇的东西，他们共同构成了美妙的世界，如果我们在保留自己爱好的同时，学会欣赏各种不同生活方式和行为举止(当然这种举止是合法不伤害别人的)，那么，我们会变得更加完美，可爱！阿姨每天在关注你，祝颖颖越来越完美！

——呈呈妈妈(王任)10月28日

谢谢呈呈妈妈，我会努力的！

——小卓(孙颖卓)10月29日

我们的家长朋友不仅根据学生的帖子回帖，还自己在网站上发起了读后感。

【爸妈侃书】

让孩子拥有快乐的童年

——《窗边的小豆豆》读后感

吴春年(吴越爸爸)

如果不是起跑线，如果不是女儿的老师推荐，我也许要与黑柳彻子的大作《窗边的小豆豆》无缘了。如今，伴随着女儿一起读完了《窗边的小豆豆》，真的是感触颇深。小豆豆这个梳着两只小辫，有着清澈明亮的眼睛的小姑娘也走进了我和女儿的生活，走进了我们的心中。

每次女儿读完一部分，脸上都流露出对书中所描绘的生活的无比向往，而每当此时，就是我的感想和触动最深、最强烈之时，我的感想归结起来，主要在以下几点：

一、家长、老师、社会要真正呵护孩子的天性。

"无论哪个孩子，当他出世的时候都是有着优良的品质……我们要早早地发现这些'优良品质'，让它们得以发扬光大，将孩子们培养成为有个性的人！"（小林宗作）

是啊！孩子们表现出来的个性差异，对他们未来的创造力的培养是多么重要啊！江泽民说过："创新是一个民族进步的灵魂！"如果我们今天作为家长、老师不能真正重视孩子个性的保护与培养，将来，培养出千篇一律的所谓"人才"，创新又何从谈起！

书中孩子们的言语、想法，我觉得对我太新鲜了，我们孩提时代没有过，现在身边的孩子也不常听到，是我们中国人弱智吗？不是，是我们给孩子们预定的成长轨道太完善了。走在街上经常听到"不要这样说，应该……""不能做这……这会……""你怎么会有这想法，什么乱七八糟的……"小林校长和小豆豆第一次见面就认真耐心地听小豆豆一口气讲了4个小时的话，此时的校长俨然是小豆豆知心的朋友与听众，他始终面带微笑，对小豆豆的话表示出极大的兴趣，时不时还跟着发出几声感慨！——这是多么不可思议的事情啊，又有哪个大人会这样尊重孩子们的想法呢？这难道不值得我们反思吗？

当孩子掏大粪的时候，校长居然没有大动肝火，他对待孩子的个性，就像爱护小嫩瓜上刚长出的毛刺，如果你损坏毛刺，这个瓜就怎么也长不大了，就是这个道理。孩子们的年纪，正是个性张扬的时候，应该好好呵护，正确引导。

二、为了孩子，把孩子们羡慕的世外桃源般的生活带到现实生活中来，给他们一个愉快的、值得回忆的童年。

《窗边的小豆豆》向我们展示的是一幅如诗如画如梦般的教育图景，它所反映的教育理念不正是现在我们广大的教育者所梦寐以求、有识之士振臂高呼的吗？书中描述的教育现象与现行的学校教育有着多么巨大的反差啊！无论是别具一格富有创意的学校环境，还是小林校长与众不同的办学理念，以及学校尊重学生的教育行为，都值得我们的教育者进行深入灵魂的反思！小林校长的办学思想在现在看来还是具有不同凡响的超前意识与人格魅力的！

巴学园没有华丽的建筑，没有豪华的设施，但却成为我们现代社会身边的孩子们的向往之地，这说明什么呢？巴学园总是把每个孩子当做平等的一员来看待，在电车教室上课，每个人可以自由选择自己的座位与学习方式，同一课上，有的学生在学语文，有的在做算术，有的在点燃酒精灯饶有兴致地做物理实验。再如"山的味道，海的味道""饭前演讲""温泉旅行""等等力溪谷野炊""凌晨看电车""光着身子游泳""夜晚捉鬼""九品佛散步""健康树皮"，等等，哪一个不饱含着小林老师的良苦用心呢？

今天，我们的孩子们和他们的老师已经在尽他们所能与应试教育的桎梏抗争，在"戴着镣铐跳舞"，我深感欣慰。但这更应该引起全社会的重视，如今教育界在高喊"素质教育""创新教育""尊重每一位学生""以人为本""让人文的思想烛照孩子的心灵""一切为了孩子，为了孩子的一切""为了孩子的终身发展"等富有时代特色的教育口号，而在"应试教育"的强大堡垒面前却是多么的空洞啊！

最后，感谢起跑线，让我接触了小豆豆，感谢小豆豆和小林宗作校长，让我此时才真正地懂得怎样才是真正的爱孩子。常常，工作的忙碌会遮住我们关爱孩子的眼神，生活中的烦恼也会麻痹我们理解孩子的能力。这时，我才发现原来我们的爱心是如此的脆弱与空洞。

吴越爸爸　5月20日

网络读写在学生成长过程中的作用，家长朋友自有评说。

儿子，从起跑线起跑……

不知从什么时候起，泓泓只要一有空余时间，就会捧着一本书：故事书，童话书，作文书……我知道，这要归功于"起跑线"。班级网站"起跑线"自去年开通以后，泓泓从一开始的不屑一顾，后来的勉强完成作业，到现在的一上就忘下，其间经历了许多值得回忆的事情。

"起跑线"刚成立那会儿，成员不多，内容也一般，泓泓每次上网，只是匆匆地浏览一番，然后就继续玩游戏，随着时间的推移，"起跑线"上的成员越来越多，内容也丰富了不少，顾老师更是煞费苦心地下载优秀小说，推荐给孩子们，并要求孩子们写读后感。一开始，泓泓不是很适应，每次也是粗粗地看一节文章，读后感也只是一句、两句，而且对游戏依然故我，我不禁有点担心。但是，不久我就发现，因为顾老师每天都要布置网上作业，因此泓泓留在"起跑线"上的时间越来越长了，而且不时有在线的同学和他打招呼，他也慢慢地被吸引住了，我不禁感到一丝窃喜。渐渐地，我发现他越来越喜欢书，喜欢起跑线了，打游戏的时间越来越少了，不仅写作文参加比赛获了奖，还经常去书店"淘书"，自己看完后就推荐给网上的同学们。现在，他除了"泓泓的足迹"，又发表了"十万个为什么"和"脑筋急转弯小房间"两个专题帖。

近一年来，因为"起跑线"，泓泓从被动到主动，成了爱看书、爱写作的小网虫。感谢老师！感谢起跑线！

——吴瑾瑜（谢李泓妈妈）　4月27日

网络，作为信息时代最便捷高效的媒介，它和阅读的牵手，使传统的阅读充满了现代的气息，更使学生的日常生活语文化了，而且通过这样的途径所学到的，可能才是我们所希望的真正意义上的语文，因为它使学生与文本展开着一次次实质性的对话，一次次地有感而发并付诸文字，学生因此浸润在了语文中，语文也因此渗透到了学生的心灵深处。

(3)语文综合性学习。

第一，综合性学习的定位。《全日制义务教育语文课程标准》提出了"综合性学习"这一新概念。所谓的"新"，不仅仅因为旧的大纲中没有这样的提法及相关的内容，更在于它将更新语文学习与教学的理念、思路与举措。综合性学习作为一种学习方式，具有以下的特性。

一是综合性。语文综合性学习是从语文学科的性质、基本理念和目标出发，沟通听说读写，沟通语文课程与其他课程，沟通课内课外，沟通校内校外，沟通书本学习与生活实践，从而引导学生综合运用语文知识去分析问题和解决问题，促进学生语文素养的全面提高。它主要体现为语文知识的综合、语文能力的综合、语文学习与实践的综合、语文课程与其他课程的综合。

二是生活性。语文综合性学习开放了语文课程，使语文课程从封闭的课堂里走出来，走向生活，走向自然，走向社会，把整个世界作为语文学习的环境，让学生在真实的生活中、可感的现实中学习语文，学到比课本上更多的、更珍贵的东西。它与传统教学的不同在于学习的目标、过程、结果都是开放的，学习的对象、内容、手段都是开放的。

三是过程性。语文综合性学习完全不同于结论式的知识掌握，它大多以"问题—解决"和"活动—探究"为载体，注重学生的全员参与和全程体验，在实践、领悟、探索和创新的过程中，让学生丰富自己的阅历，整合知识，运用知识，生成新的知识。

在这过程中，往往会有"踏破铁鞋无觅处，得来全不费工夫"的感叹，会有"蓦然回首，那人却在灯火阑珊处"的惊喜。语文素养正是在这"寻觅"的过程中形成。

四是个性化。语文综合性学习不再是标准化、模式化的学习，而是生活化、个性化的语文学习。学生是学习的主人，每一个人学习的内容和学习的方式都会不一样，每一个人的感悟和体验也都是不一样的。综合性学习就提供了一种充满个性化的创造性的学习活动，让学生有可能根据自己的兴趣爱好去选题、探究、活动、创造和表现，获得独特的情感体验。

第二，综合性学习的策略。

一是综合性学习资源的开发。语文综合性学习资源是十分丰富的，大有选择的余地，只要是适合学生年龄特点的、与学生生活密切相关的内容，只要是能激发学生学习语文的兴趣、让学生学语文、用语文的内容，都可加以开发和利用。其中，以课本为切入点，将课本作为语文综合性学习的资源来开发，使课内与课外、课本学习与生活实践、语文学科与其他学科有机地结合起来，是最经济有效的资源开发。关键是教师要在对教材整体把握的基础上进行科学设计，使传统意义上的课本成为开发学生综合性学习的一种宝贵资源。

△沟通语文课内与课外的学习资源的开发。

提高学生语文能力，仅靠课堂教学中吸收内容有限、数量有限的语文信息，接受时间有限、方式有限的技能训练，是远远不够的，因为他们无法充分获得运用语言信息的能力。因此我们要尽力为学生提供课外阅读的条件，指导他们将课堂上学到的阅读知识和阅读方法灵活地迁移到课外阅读中，使课内外阅读有机地结合起来，扩大学生学习语文的阵地，以进一步激发学生学习语文的积极性和自觉性，巩固语文课堂教学的效果，提高学生的自学能力。

与语文教材配套的《自读课本》，就是一本很好的课外阅读教材。在课堂教学中，可相机渗透，点拨学生去阅读书中与课文相关的文章。如学习了课文《可爱的草塘》后，推荐学生自学《野荷塘》一文，运用课堂上所学的"读懂一篇课文"的方法来自读，体会荷塘的美丽景色，感悟荷塘少年的美好心灵。又如学习了《赤壁之战》《田忌赛马》《晏子使楚》一组课文后，指导学生自学《鸡毛信》《樱桃树》《孙膑和庞涓》《海军名将邓世昌》等文章，运用课堂上学的知识来理清文章的条理，领悟人物的品质特点。

当然，学生的课外阅读仅限于这本《自读课本》也是不够的，老师还要做有心人，平时积累有关材料，指导学生课外阅读。如学习了课文《跳水》后，介绍学生自读托尔斯泰的另一篇文章《炮打鲨鱼》，进一步体会事情的发生、发展和结果同人物之间的联系与变化有着密切的关系。学习了课文《海上日出》后，指导学生搜集各种写日出的文章进行阅读，欣赏不同情况下的日出景象。学习了《泊船瓜洲》《商山早行》这两首抒发诗人强烈的思乡之情的古诗后，课外搜集大量的思乡诗篇进行阅读后，交流相关的诗人、写作背景以及自己对诗的理解。

随着信息技术日新月异的发展，学生获取信息的途径明显地拓宽。让学生利用网络媒体查找有关资料，并在此基础上整理出与课文内容相关联的信息，这个过程也就是一个很好的课外阅读的过程。如在教学毛泽东的《长征》诗时，课前布置学生搜集有关长征的资料，整理出红军"巧渡金沙江""强渡大渡河""四渡赤水"以及爬雪山、过草地等故事进行交流。通过这样的阅读过程，学生更好地理解了充满千难万险的长征，理解了长征中毛泽东超人的谋略和高超的指挥艺术，理解了《长征》诗本身的磅礴气势和蕴含其中的革命乐观主义精神。

△沟通课本学习与生活实践的学习资源的开发。

语文综合性学习应该姓"语"，是语文学习活动而非其他学科性的综合实践活动，我们追求的目标应该是"学生语文素养的形成与发展"。学生对语文的学习应重在感性的把握，我们要遵循学生学习语文的客观规律，在开展综合性学习时让学生更多地直接接触语文材料，在大量的语文实践中掌握运用语文的规律，要避免因为"综合"而脱离了语文。如学习了课文《只有一个地球》后，可开展以"考察家乡的山水风光"为主题的综合性学习活动，学生可以去调查家乡青山绿水悠久的历史文化内涵，也可以去调查家乡人民对青山绿水的环保意识和环保现状，更可以去设计对家乡青山绿水的开发与建设的宏图。然而，活动的目的并不在于此，而在于让学生了解语文与生活的关系，培养搜集和处理信息的能力，学会在生活中用语文去理解、去表达、去交流。譬如学生在看到家乡的青山绿水而感到欣慰之时，也为一些建筑物、树干上的"×××到此一游"的字样和某些"死角"脏乱差的环境卫生感到气愤，更为家乡的水资源和森林资源遭到破坏而感到深深的惋惜。抓住学生的这种情感，引导他们用笔写下心中的所思所想，写下自己的气愤、呼吁或者建议等，投寄给有关管理部门或新闻单位。这时，写作就成了学生抒发情感的自我需要。在这过程中，学生在不知不觉中经历了从学到做，从读到写，从课本到实践的语文学习过程。

△沟通语文课程与其他课程的学习资源的开发。

语文综合性学习可以构建与其他各学科的"知识链"。沟通与其他课程之间的联系，有助于学生从更广泛的、跨学科的背景上去学习、去探索新课题，深化对自然、社会的认识。如教一年级语文《春风吹》一课，可将自然教材中的《春天》、音乐教材中《春天在哪里》安排在同一阶段进行教学；同时，可将自然教材《春天》的课后练习"试一试，给春天涂上美丽的颜色"安排在美术课上进行教学；然后以"认识春天"为课题开展综合学习活动，请学生回顾语文、音乐、自然、美术课上学到的内容，讨论春天有哪些特征，引导学生以唱歌、绘画、朗诵等形式加以反映，并启发学生用学过的数的概念归纳出活动中共认识了多少春天的特征。这样一次活动，把有关春天的知识联系起来，构成了春天的立体图景，同时进行了语文、数学、音乐、自然、美术等学科的综合技能训练，学生得到的收获是丰满的、多彩的，远远地超过了单一学科的教学效果。

△沟通语文课程与网络信息技术的学习资源的开发。

随着网络技术的不断发展，学科教育有了更多的展示舞台。网络信息技术的运用，能极大地优化教学结构，提高教学效率，以学生为中心的学习形式也不再是一句空话。运用网络信息技术，可真正实现学习范围的开放性；运用网络信息技术，可真正实现学习过程的交互性；运用网络信息技术，可真正实现学习方式的多向性。所以，沟通语文课程与网络信息技术是语文综合性学习的又一片芳草地。如，圆明园当年的辉煌景观和珍贵的历史文物已被那罪恶的火焰化为了灰烬，无法再现，这对学生理解课文《圆明园的毁灭》的内容，了解圆明园的辉煌来说是一个无法弥补的缺憾。然而利用网络的优势就可以弥补一些遗憾。网上有关圆明园的许多知识，与课文内容直接联系的有园内景观的文字介绍和图片资料，有不同风格的民族建筑和西式建筑，还有园内收藏的珍贵文物：青铜礼器、名人书画、奇珍异宝等；与课文内容没有直接联系的有圆明园宏大的规模以及历代皇帝对圆明园的修建情况等。学生通过对网上这些知识的阅读，对圆明园当年的辉煌有了比较感性的了解，为学习课文奠定了知识基础和情感基础。利用网络教学，克服了传统教学知识结构线形的缺陷，使信息呈现多形式，符合现代教学的认知结构，为学生提供了开放的学习范围、学习过程和学习方式。

二是综合性学习活动的指导。

△综合性学习的指导应突出学生的自主性，重视学生主动积极参与精神，主要由学生自行设计和组织活动，特别注重探索和研究的过程。

学生是学习和活动的主体，每个学生的学习和活动方式都有其独特个性的体现。所以，在整个学习活动中始终要体现学生的自主性和主动性，鼓励学生对课题自主选择，让学生的需要、动机和兴趣成为活动的核心问题；鼓励学生对课题主动探究，让学生的个性特长得到充分体现，为其个性的充分发展创造空间，真正做到让教师的指导作用体现在帮助学生完善自主选择意识上，而不是代替学生选择。如开展诗歌朗诵会、演讲比赛、辩论赛等，办板报、手抄报，表演课本剧等，都应放手让学生自己组织开展。

如苏教版第五册练习4中有这样的口语交际内容：汇报学校绿化情况。具体有三方面要求：a. 按要求调查、填表。b. 口头汇报调查结果。c. 说说对学校今后绿化的建议。在经过专题实地调查，完成上面两个要求后，可围绕第三个要求开展《生态校园，我打造》的综合性学习活动。以下是学生自主参与设计和自行组织活动的部分过程实录。

师：九月份，我们将要搬迁到新校了，那么我们愿不愿意做个小小设计师，用我们的智慧和双手为我们新的家园创造出一个"人与自然和谐共处"的生态校园（板书：生态校园），让我们的校园成为这城市中一道最亮丽的风景？（学生：愿意）

好，你们也听过生态环境的讲座了，相信你们对生态校园的设计有很多点子，那我们先来说说从哪些方面来设计生态校园吧！大家先在小组内交流交流，然后每组请一名代表来跟大家交流，好不好？

（学生进行热烈讨论）

学生汇报：哪一组先来交流？

老师总结罗列：

板书：一、校园绿化　树、花、草、鸟……

二、节能设计　电、水……

三、废物处理　垃圾（纸、电池、白色垃圾……）

四、人文环境　礼貌、墙壁说话……

　　五、其他　防滑、油漆……

　　师：刚才大家想得很好，说得也不错，但更重要的是去做，把理想变为现实。那么，大家行动起来吧。我们都知道要做一件事，进行一次活动，第一步该做什么？想想以往我们活动前第一步是做什么？（学生：制订方案）那好，我们今天就来制订活动方案。大家看，我们要研究的小课题有很多，想不想每一个都去研究啊？（学生：想）今天，我们不妨就自己最感兴趣的课题先来制订一下研究方案，好吗？我给每个课题一个代号吧！（"1""2""3""4"）

　　谁愿意参加代号"1""校园绿化"的研究啊？（愿意的站起来）指名一位学生谈谈为何要参加校园绿化的课题。

　　师：请大家自主选择你想参与研究的课题。

　　……

　　从以上案例可以看出，活动时让学生面向自己的整个生活世界和社会生活，帮助学生从自己的生活世界中选择感兴趣的主题和内容去探索与研究，自行选择合作的伙伴，自主设计探究的方案，让学生在自我探求的过程中灵活地运用自己的语文知识和语文能力，并充分地感受和体验生活中的语文，从而引导学生热爱生活，创造生活。

　　△综合性学习的指导应强调合作精神，注意培养学生策划、组织、协调和实施的能力。

　　合作学习的倡导者们认为："在课堂上，学生之间的关系比任何其他因素对学生学习的成绩、社会化和发展的影响，都更强有力。"联合国教科文组织提出的教育的四大支柱之一就是："学会共同生活，学会与他人一起生活。"由此可见，合作是多么有价值。在综合性学习活动中，尤其应该强调合作，在合作中完成对整个综合性学习活动的策划、组织、协调和实施。学生与教师、学生与学生之间形成学习的合作关系，既给学生提供培养能力、发挥出最佳水平的平台，又能促进学生之间的相互竞争和相互帮助，还能增进同学之间的情感交流、改善人际关系，使成功更有可能。"对生活社区里错别字的调查""组织郊游""参观访问""调查生活中的热点问题"等综合性学习活动，应着重指导学生协调好个人与小组的关系，既要承担好自己的探究任务，又要处理好与他人学习成果的融合。在活动的组织与实施中，既有分工又有合作，从写出活动的计划书，到写出调查报告，再到展示活动结果，让学生在合作中完成，在互补促进中提高。

再看《生态校园，我打造！》的案例实录。

老师提示：每个小组的组员都确定好了，那么，讨论之前应该要做些什么呀？（生答：选定组长，记录员等）对啊，还有，在讨论时，大家应该热烈有序，一个讲完再一个讲，不要七嘴八舌，让记录员尽量记得详细一些，好吗？

学生分成五大块进行交流。（轻松愉快的音乐响起）

老师巡视、启发：写不出了？为什么不去发掘在座老师的智慧，让老师给你们出出主意来完善你们的方案？你们好了？既然好了，看看有没有需要修改的地方了？今天在座这么多老师，你们何不去请教请教？

学生交流。（师提醒：大家可要仔细听好了，听完后说说他们的方案制订得怎么样？你有什么建议？）

……

师：各小组都已作了交流，提出了自己的方案。你听后有什么建议？可以从方案的可操作性上谈谈，方案实不实际，你或者有更好的主意？

生：我觉得他们的方案中关于调查采访之类内容的还可详细一些，例如采访谁，由谁去采访，什么时候去采访合适等。

……

师：刚才大家充分运用自己丰富的知识，发挥聪明才智，对如何建设"生态学校"进行了方案的制订，并做了交流。同学们，你们有的请了老师作顾问，有的把方案表格给了在座的老师。下了课，你们可以去向他们请教请教（部分同学下课后去收方案）。

师：同学们，今天只是我们活动的起步阶段，我们还要用行动来打造我们的生态校园，那么，这周的双休日就请大家行动起来吧！在实践中让我们把方案进一步完善。同学们，让我们一起建设一个融公园、花园、乐园、动物园、生物园于一体的生态学校吧！预祝大家接下来的活动顺利，并且收获多多！

活动中，学生通过组内之间的合作、组际之间的合作，制订并完善了活动的方案。在老师的启发下，学生还能调动利用听课老师的智慧，在学生、老师之间的协调中得到提高、获得成功。在合作的过程中，学生的综合能力得到了锻炼。

△综合性学习提倡跨领域学习，与其他课程相结合。

陶行知先生说过："到处是生活，即到处是教育；整个社会是生活的场所，亦是教育之场所。"学生除了在语文课上学语文、用语文，更多的时间则是在语文课外学和用，所以，与其他课程相整合，开展跨领域的综合性学习，是语文学习的又一大阵地。语言文字的音律美、意境美、情感美可以与音乐、图画来表达与描绘，音乐、图画的艺术感染力也可以用语言来描写。如以"动物与古诗""植物与古诗"为题的综合性学习，反映了语文与自然学科的结合。

语文课本中有许多关于"长征"的课文，就可以开展以"长征"为主题的语文综合性学习活动。下面就是这个活动案例的部分设计。

关联教材：

语文：《金色的鱼钩》《飞夺泸定桥》《草地夜行》《马背上的小红军》《旗手的责任》

历史：《二万五千里长征》

地理：《政区和地形》《多样的气候》

音乐：《英雄战胜了大渡河》，根据毛泽东诗谱写的歌曲《长征》(补充)

活动过程：(片段)

(一)综合学习有关长征的知识

1. 前几天，我们学习了《金色的鱼钩》一文。课文写的是发生在什么时候的事？

2. 语文课上，我们还学过哪些关于长征的故事？(出示投影：《飞夺泸定桥》《草地夜行》《马背上的小红军》《旗手的责任》)

3. 我们还从哪些学科中学到了关于长征的知识？(出示投影：历史：《二万五千里长征》；地理：《政区和地形》《多样的气候》；音乐：《英雄战胜了大渡河》)

4. 出示中国政区图投影片，提问：语文课本中写的长征故事分别发生在什么地方？(投影上显示：贵州黄平、遵义、娄山关、大渡河、大雪山、大草地)

红军长征从哪儿开始，到哪儿结束？(投影上显示：瑞金、吴起镇，然后连成长征线路图)

看着政区图，说说红军长征经过了哪些省份，走了多少路程？

红军长征从什么时候开始，到什么时候结束？一共经历了多少时间？

红军为什么要进行如此艰苦卓绝的长征？

(二)创造性地综合学习有关长征的知识

师：同学们在课余时间通过绘画、演讲、表演等方式再学了关于长征的知识，下面请三位同学带着大家进行交流汇报。

（在三位学生的主持下，同学们依次作了汇报。汇报展示的内容有：绘制的金沙江图和遵义会议地址图、表演红军夺桥的造型、配乐朗诵文中描写夺桥经过的内容、表演《草地夜行》中老红军救小红军的内容、高唱《长征》歌，等等）

……

上面"长征"这一跨学科的语文综合性学习，有机地整合了历史、地理、音乐等课程，让学生全方位地学习了关于长征的知识，延伸了学生在语文课上的所学。语文学科就是如此，渗透在我们学习的方方面面，所以，语文的综合性学习离不开社会、生活和自然，离不开与其他课程的结合。

(六)语言学习与文化滋养——当下与长远相统一的教育指向

语文教学的基本任务是培养学生理解和运用祖国语言文字的能力，与此同时我们还必须认识到，语言文字本身就是一种文化并成为社会历史文化的载体。

在"小学发展性课堂教学论坛"上演讲

顾明远先生对语文与中华文化的关系作了全面的论述。

　　语文既是人们交往的工具，又是文化的载体。中国语文，主要指汉语言文字，是中华民族自己以及和其他民族交往的工具，是中华民族文化的载体。就文化而言，汉语记载着中华民族几千年来的历史和她对世界的认识和创造。没有文字的记载，就没有文化的积累，也就没有中华民族文化的发展。

　　语文是文化的载体，但不是简单的容器。语文本身就是文化的一部分。一个民族的语文是这个民族世代创造的结晶，它反映了民族的精神，民族的全部历史。汉语言文字是中华民族的创造，传说黄帝时代仓颉造字，其实文字和语言一样是人民大众在长期的劳动生活和社会生活中共同地逐渐地创造出来的。因此汉语言文字的创造和发展凝结着中华民族的智慧和创造。

　　……汉语言文字是中华民族文化的载体，它记载着中华民族在认识世界、改造世界、创造物质文明和精神文明方面的辉煌历史，也记载着中华民族忍受屈辱和奋勇斗争的历史，同时还记载着中华民族的思想情感和民风习俗。这些历史和思想情感就构成了中华民族的文化传统。

　　语文教学只有站在以上的认识上才能完成培养中华民族年青一代的任务，才能使中华民族兴旺昌盛。现在语文教学界有各种争论。但是，工具论也好，文化论也好，都不能忘记语文既是交往的工具，又是文化载体，同时还是民族文化传统的结晶。只有把工具论和文化论结合起来，在教会学生使用汉语的同时，又能使他们受到中华民族优秀文化的熏陶，才能达到语文教学的目标，完成语文教学的任务。这就是我的语文教学观。

　　钱理群先生在谈到中小学语文教学在人的成长过程中的作用时指出：

　　……中小学语文教育也是为"做人"打基础的。本来整个中小学教育都有"育人"的任务，但必须承认，语文教育在"育人"方面有着特殊的功能和意义。这是能够用人们的经验作证明的：几乎每一个成年人在回顾自己一生的成长时，恐怕都会提到中小学语文老师对自己的影响和引导，这大概不是偶然。道理很简单：语文教育所用的教育材料是语言文字，是各类文体的文章，文学作品又占据了很大的比重，都无一不积淀着丰富的文化内涵和人文精神。我想强调的是，这样的精神灌注、文化熏陶也是影响终生的。这就是我在很多文章中都反复强调的，中小学语文教育是为人打"精神底子"的……从语文基础性质出发，我想强调的是"打底子"的概念：打好终身学习的底子与终生精神发展的底子，以保证每一个人的"一生可持续发展"。

语文作为文化本身和文化的载体，要求我们语文教育工作者在语文教学的过程中，注重学生语言学习和文化滋养的高度统一。从理论上讲，脱离了文化的语言学习是干瘪狭隘的和索然无味的，脱离了语言的文化滋养是非语文的和虚空乏力的。但是，在我们实际的语文教学中，两种现象却是司空见惯的，这不得不引起我们高度的重视。

1. 语文教材应该具有丰富的文化内涵

课程标准非常重视语文课程丰富的人文内涵，必然要求语文教材要有文化含量。

工具性与人文性的统一是语文课程的基本特点，因而应该十分重视语文教材对学生的陶冶作用，注意教材对学生潜移默化的影响。每一篇材料都应该精心选择，注意正确的价值导向；要有丰富的文化内涵，耐人寻味，给人以启迪。

语文教材要承担丰富学生精神世界的责任，要有意识丰富学生的文化积累，有利于学生建构自己的文化。因而，应该考虑教材的文化构成，给学生多方面的营养。可以从多种角度思考这种文化的构成，如：思想、道德、修身、做人、审美、科学，传统、现代，本民族、外民族，本国、外国多种价值观，特别是现代价值观，情感、理性等。

2. 教师要深入研读教材，把握特定的文化内涵

在谈到语文教学与文化传递的时候，有这样一种观点：既然语言文字是文化的载体，那么只要进行了语言文字的学习，文化就自然得到了渗透。其实，这种观点是非常片面甚至是错误的，因为文化作为一种精神财富，不是所有的人都能通过表达思想的语言符号加以体会的，它与人的生活经验、认识水平有着十分密切的联系。小学生阅历肤浅，生活经验和认识水平还相当有限，他们不可能都能透过语言文字所表达的客观事物看到其内在的本质，他们对于客观世界和主观世界的认识有赖于教师的引导和教导。在某种意义上说，教师对于文本中事物的理解程度，决定了学生对事物的理解程度。在语文教学中，教师一定要在文本的阅读上下功夫，精心探究作者的写作意图。文质兼美的课文，尤其是经典之作，必有丰富的内涵，必有作者独特的过人的见解，如果浮光掠影，浅尝辄止，往往难以领悟文中的真谛。传统的教学强调文章要钻研，这是极有道理的。众所周知，露天煤矿毕竟少，丰富的宝藏往往掩埋在地层深处。文章也如此，一眼见底的，往往难以给读者以启迪和震撼；

厚实凝练，真谛含在其中的，经读者选准切入口，对语言文字层层开掘，精心推敲，就能闪现内在的光辉。能否真正把握文章的真谛，正是阅读能力强弱的表现，也正是学生力所不能及的，须经教师认真指导。如果教师对课文的解读与学生的理解基本上在一个平面上移动，学生在课堂上的学习就不能或不易进入兴奋状态，更不能领悟到蕴含其中的文化内涵。

3. 教师要精心设计教学，引导学生体会教材的文化内涵

语文教学的文化滋养是一种启发与引导，一种开发与唤醒，而不仅仅是一种简单地告诉，这也正是语文与思想品德等其他课程的区别之所在。

语文教学应该根据学科性原则，使学生在学习语言文字的过程中潜移默化地受到文化熏陶。但潜移默化不等于任其自然，教师强烈的渗透意识与良好的渗透方法将极大地影响到潜移默化的进程。仅以思想品德教育渗透为例。

（1）加强同类联系，形成思想丰碑。

学生良好思想品德的形成有一个从朦胧到清晰、从低级到高级逐渐发展的过程。如果教师不注意同类教育内容的积累巩固，渗透一点，舍去一点，那么学生的思想认识就永远处于朦胧和低级状态，良好的思想道德观念就不可能牢固确立。所以，教者应该自觉按照教材的编写意图，注意加强同类教育内容之间的联系，使学生良好的思想道德观念日益清晰，日趋强化，并最终形成思想丰碑。

例如，教学《一夜的工作》一文时，教师可以在帮助学生理解课文思想内容的基础上，引导他们回忆：我们以前学过的哪些课文同样反映了革命领袖艰苦朴素的优秀品质？学生列举了很多：《八角楼上》《一件棉衣》《周总理的睡衣》……此时，教师可启发学生进一步思考：不同的人物、不同的年代，为什么他们都具有同样的艰苦朴素品质呢？通过讨论学生深深体会到：革命先辈无论是在腥风血雨的战争年代还是在和平安宁的新中国，他们为了党的事业，为了千千万万的劳动人民，为了祖国的繁荣富强，严于律己，艰苦奋斗，甘做"人民的孺子牛"。这样的类比思考，不仅促进了学生对课文中心的理解，而且丰富和发展了学生对革命领袖的认识，大大激发了他们对老一辈无产阶级革命家的高度崇敬热爱之情。

（2）创设感染情境，激起情感震动。

列宁说过：没有人的情感，就从来没有也不可能有人对真理的追求。在语文教学中对学生进行思想品德教育，必须创设感染情境，触动学生的情感，使其获得深切的内心体验和强烈的情感陶冶。只有激起学生的情感震动，启动学生的情感闸门，才能使学生自觉地按照道德规范和行为准则要求自己，达到思想品德教育的目的。如教学《十里长街送总理》一文的课前，教师将总理遗像安置在缀有白花的万年青之中。课始，哀乐渐起，教师以深沉的导语引入新课，以深情的朗读把学生带入送别的场景。之后，教师引导学生一次次以沉痛哀悼、深切怀念和异常崇敬之情朗读课文，并以总理与工人、农民、解放军、小学生在一起的画片促成学生强烈的感情反差。学生在如此强烈的情感氛围中禁不住泪流满面。此时，教师顺着学生的感情脉搏，请他们思考：总理为什么能受到全国人民的崇敬与爱戴？对他的逝世，人民为什么会如此悲痛？当学生体会到总理把一生奉献给祖国、奉献给人民以后，教师进一步加以引导：总理爱人民，人民爱总理。我们应该化悲痛为力量，好好学习，天天向上，以优异的成绩向总理汇报！教师的话语，代表着学生的心声，学生怎么会不愿意接受教育并化作实际的行动呢？

(3)适当扩展充实，强化思想认识。

限于学生的认识水平和阅读能力，小学语文教材的内容不可能太深，篇幅不可能太长。教师可在渗透思想品德教育的过程中根据需要作适当的扩展充实，以使学生的思想认识得到提高和强化。如在《第一场雪》的教学中，为使学生深入体会作者喜悦兴奋的思想感情，教师可在总结阶段介绍三年困难时期人民生活、国民经济遭受的巨大困难和作者峻青对此表现出的深切关注。这样，学生自然理解他在第三个年头看到这场寒冬大雪时的内心世界。他们由此会进一步认识到，课文所反映的不仅是作者对自然美的高度颂扬，更重要的是他对社会美的强烈追求。

(4)各科协调配合，形成教育合力。

渗透思想品德教育是各科教学的共同任务。实践使我们体会到，如果能发挥语文学科的工具性特点，以语文教学内容为中心，协调各科教学，优化学科间的横向组合，使它们能围绕同一思想内容进行教育，则可形成一股更加强大的合力，使某一思想品德教育观点得到强化，达到事半功倍的效果。如为与第四册第五单元课文《日月潭》《静夜思》《葡萄沟》的教育协调配合，思想品德课的教育内容可以为乡土教材《可爱的家乡——常熟》，美术课的教育内容可以为《蜡笔画——常熟风光》，音乐课的教育内容可以为《我爱家乡的山和水》，文艺课的教育内容为观看反映家乡风光的音乐风光片《水乡音画》。这一周内，学生爱祖国爱家乡的思想认识一步步从朦胧走向清晰，从抽象变为具体，他们爱祖国爱家乡的思想感情一次次被激发、强化、升华。它使思想品德教育达到"入学生之耳，根学生之心，发学生肺腑，布学生四体"的效果。

每月举行一次校长颁奖仪式

钱理群先生在讨论语文课程改革时说："多年来语文界一直存在着语文教育的性质争论，主要是工具说与人文说，经过讨论，许多人都倾向于'二者不可偏废'说。我倒赞成陆志平先生的意见：'我们不妨换一个角度来思考这个问题……从语文教育与人的发展的关系出发，结论也许会更科学。'"今天，我们提出并实践的"发展性语文教学"，似乎正合两位前辈专家的心愿，我们也因此对"发展性语文教学"的研究与实践充满了信心，充满了希望。

三、"小学发展性课堂教学"行动指南

2006年，我校确立了"十一五"主课题"小学发展性课堂教学的研究"。三年多时间里，我们思考"发展性课堂教学"，言说"发展性课堂教学"，实践"发展性课堂教学"，从理论到实践，从实践到研究，个性创造，思想融合，不断提炼升华，

对"发展性课堂教学"的认识由模糊走向清晰，由浅表走向深入，初步形成了"发展性课堂教学"的共识性话语系统和操作流程。为进一步推动"发展性课堂教学"的研究，在行动上找到着力点，在更大范围、更深层面获得较大突破和进展，使课堂教学的面貌因课题研究发生深刻的变化，我们总结前期研究成果，经过归纳梳理提炼，拟订了《"小学发展性课堂教学"行动指南》，以此指导课堂教学实践，引领课题研究走向。

《"小学发展性课堂教学"行动指南》（以下简称《指南》）由一个核心思想、两大教学主张、三条基本理念、四个基本原则、四套研究策略、八项行动计划组成，既具思想的指导意义，又有行动的规定性。《指南》对课堂教学提出了一些基本要求，包括一些具体的规定。然而它只是一个指导性意见，留有很大的填补空间，这是由课堂教学开放的特点和课题研究深化的要求所决定的。每位教师都应从自己的教学实际出发，发挥自身的能动性和创造性，个性化地理解《指南》，创造性地开展工作，在教学活动中张扬个性，展示风采，在"发展性课堂教学"基本理论架构内演绎精彩的教学个案，催生动人的教学故事，共同描绘"发展性课堂教学"的美好蓝图。

（一）核心思想与基本理念

1. 一个核心思想

"发展性课堂教学"的核心思想是"学一生有用的东西"。它着眼于学生的"学"，满足学生的学习需求，关注学生的学习状态。它为学生的"一生"服务，着力现在，着眼未来，教"六年"，管"六十年"，既为学生的当下发展负责，更为学生的长远发展负责，让学生既有良好的现实发展状态，又有充满希望的未来发展可能，使发展当下与发展终身得到很好的统一，为人一生的发展和人生幸福服务。它以学习"一生有用的东西"展开，恰当定位教学目标，精心组织课堂教学，使课堂教学成为学生知识更新、智慧生成、生命勃发的理想场所。在这样的课堂中，学生和教师永远在登山，永远在寻找，永远在播种、耕耘、收获，永远走在从已知世界迈向未知世界路上。"发展性课堂教学"将基础教育纳入到终身教育的框架之中，超越学校教育的范畴，体现一种胸襟，一种境界，是根植现实土壤的对教育理想的诉求。

2. 三条基本理念

(1)要成事，更要成人。

人不能独立于"事"之外，没有抽象的人，只有具体的人，人应该学会"做事"，在"成事"的过程中成长起来。然而我们必须看到这样的现实：有些学校，有些教师，有些学生，包括有些家长，仅仅是为了让学生能在现在考出一个好分数，能在将来考上一所好学校、找到一份好工作而努力地管、教、学，教育"为人以外的某种东西服务"，陷入了"成事主义"的泥沼，"事"成了教育的全部价值，学生成为谋利的工具。要知道，事在人为，有了人的成功，才有事的成功，"成人"是"成事"的先决条件，成长比成功来得更重要。"发展性课堂教学"既要"成事"，让学生学会学习、学会相处、学会生活、学会做事，成为一个"能做事"的人；"发展性课堂教学"更要"成人"，把人看作独立的存在，从"成人"的高度看待问题、定位"成事"，重视人的需要和感受，以人的尺度设置、组织教学。在这样的观念中，人即教育的目的、价值所在，教育的其他目的、价值都服从这一根本目的、根本价值，都是为这一根本目的、根本价值服务的。"发展性课堂教学"超越成绩，超越成就，坚信只有获得成长，才能获得成绩，获得成功。

(2)会应试，更会应世。

人的发展是在社会实践这个宏大的背景中进行的，学生通过学习，学会生存、学会求知、学会探索、学会相处、学会创造……由自然人变为社会人，获得社会化发展，以适应当下社会和未来社会发展的需要。显然学会"应试"是每个学生无法绕开的问题。"发展性课堂教学"直面"应试"，然而努力克服"应试教育"围着考试指挥棒考什么教什么、怎么考怎么教的片面性和个性压抑、自主性受阻的弊端，在学会"应试"的同时，更加重视学生"应世"能力的培养。"发展性课堂教学"把"应试"和"应世"很好地统一起来，是在全球化理念下的新课堂，它与沸腾的社会、缤纷的世界联系在一起，摒弃陈旧的教学观念，克服考试的负面影响，直指学生心灵，关注学生内在素质的培养：重视学习情感与学习态度的培养，重视基础知识和基础技能的培养，重视自学方法和自学能力的培养，重视学习习惯和学习兴趣的培养，全面提高学生的内在素质，让学生获得应对内外部世界各种挑战的本领。

(3)似农业，而非工业。

教育不是制造，而是创造；学生不是标准件，而是生命体。"发展性课堂教学"

似"农业"，而非"工业"。它遵循学生生命发展的规律和知识习得的规律，承认每个人都有人格尊重的需要，承认人与人之间在性格脾气能力等方面的差异性，承认人具有自我发展的需求和自我发展的能力。它有农业的方式：提供合适的成长环境，而不过于精耕细作。它有农民的品质：充满期待，而不埋怨指责。它追求"作物"的良好状态：真实舒展，而不异化压抑。发展性课堂教学不仅尊重自然，而且师法自然，是充满田园风光、听得到花开花落声音的课堂。它摒弃"工业"生产不顾产品"感受"以制造者预设标准统一之的做法，追寻自然的脚步，倾听自然的声音，和合自然的节律，讲究和谐，协调统一，活泼灵动，以渐行渐进的方式展开，给人润物无声的影响作用。

(二)教学主张与基本原则

1. 两大教学主张

(1)以学为主，以学定教。

教学活动是"教"和"学"相统一的过程，没有没有教的学，也没有没有学的教，"学"离不开"教"，"教"必须以"学"为对象。发展性课堂教学遵循课堂教学的一般规律，同时它有一些自身的特殊要求，"学一生有用的东西"的特质决定了发展性课堂教学应该更多地关注学生的"学"，以"学"为主，以"教"为辅，教师做好辅导辅助扶持的工作，学生成为课堂教学的主人。发展性课堂倡导"以学为主"，但并不意味着对"教"的排斥和放弃，它对教师提出了更高的要求。要求教师认真钻研教材，合理安排教学进程，准确进行角色定位，要有"让位"意识、"示弱"意识。教师帮助学生而不是挤占课堂，促进学习而不代替学习。

"以学定教"就是依据"学"来规划、实施和评价"教"。教什么、怎么教、教的结果怎样，以学生的学习(状态、过程、结果)为依据。"以学定教"要求课堂教学中强调学生是教学的出发点和归宿点，要特别关注"学情"(学习水平)和"生况"(一生状况)。以学生的原有发展水平为教学起始点设计教学，以学生积极参与的状态为过程追求，以学生良好的发展结果为评价标准。

"以学为主"决定了"以学定教"，"以学定教"是"以学为主"的具体体现。不能"以学定教"就无法体现"以学为主"，只有在教学中以学生的"学"为依据施行教学，并以学生的"学"为评价标准来评价教学，才能很好地体现"以学定教"的要求。

(2)以内养外，以外促内。

内和外是辩证的统一，内决定着外，外是内的具体表现。对于一个人来说，"内"就是一个人的内在素质，包括基本的知识技能、积极的情感态度、完善的智力结构、良好的意志品质、稳定的学习习惯。这些内质是精神发育的底子，是"一生有用的东西"，它决定了学生现有发展的水平和未来发展的可能。一个人有了良好的内质，才有可能有良好的外部表现；也只有有了良好的内在素质，外在的表现才是稳定的、真实的、长久的，终生受用的。反过来一味追求外在的"进步"而忽视内在品质的培养，这种本末倒置的做法必然会导致拔苗助长的后果。

学生内质有天生固定的一面，但更多的是依赖于教育的作用与环境的影响。课堂教学是影响学生内质发展的重要"外在"因素，必须很好地服务学生内质发展的需求，有效地促进学生内质的提高。"以外促内"要从整体上去"促"，要全面设置教学，以完整的教学塑造完整的人格；"以外促内"要从内质上去"促"，让学生亲历知识形成的过程，培养学生的自信心，相信自己能行。"以外促内"要有长久的促进效果，让教学影响牢固积淀于学生的素质之中，一生都能发生效用。

"以内养外"告诉我们"内"是一个人的根本，育人应该首先要育心，而良好的"内质"是通过积极有效的外部教育条件实现的。当课堂教学着眼于学生的内在素质，采取一切有利于学生内在素质提高的方法，通过创设良好的外部教育条件，才能真正促进学生内质的发展。

2. 四个基本原则

(1)价值性原则。

发展性课堂教学避免一切短视行为，以是否有利于学生的"发展"为价值追求。它从"学"的角度定位"教学"，使得学生在课堂上的学习成为成长过程中的必需，为其他活动无法代替，并且具有"一生"的大用。

(2)尊重性原则。

发展性课堂教学发展的对象是学生，学生处于教学的中心位置。要尊重学生，尊重学生的可能性，尊重学生的多样性，尊重学生的自发性。课堂教学重在唤醒学生的自我发展意识，让学生获得自我发展的可能。

(3)启发性原则。

学生发展依据的是学生的内在力量，外在力量最终通过内在力量起作用。发展性课堂教学不是代替学生发展，而是帮助学生发展，要用好"启发"，通过外在教学的影响，让学生自悟自得。

(4)服务性原则。

学生是课堂教学的主体，也是学习的主体。教师要增强服务意识，关心学生的学习状况，帮助他们解决学习中遇到的困难，给学生的发展提供各种可能的服务。

四、八项行动计划

(一)关于师生关系：对话 协作 服务

教师术业有专攻，闻道在先，且担负着培养下一代的重任，在课堂教学中自然居于主导的地位。但因为有了学的需要，才有教的可能，有了学的需要，"教"才能发挥作用，不至于被架空，因此学生作为课堂教学的主体也是顺理成章的事。但在课堂教学中常常会出现偏差，教师的主导很可能演变成主宰，学生的主体地位一不小心就会被忽视，学生很多时候是以假主体的身份出现在课堂上。发展性课堂教学主张"以学为主"，确保学生在课堂教学中的"主人"地位，改变传统课堂中不利于学生发展的各种因素，增强服务意识，变主宰为主导，变支配为对话，建立协作型师生关系。在这种关系下，师生有共同的目标指向：课堂教学关注学生本身，指向学生的发展，一切为了学生的发展；教学以平行的方式进行：教师和学生可以发表各自的意见，可以保留自己的意见，可以协商讨论，可以碰撞质疑；组织以互动的方式展开：教师和学生互相依存，师生关系在共同活动中得到体现。当然，协作型师生关系并非一味地迁就学生，而是教师在深入了解学生的前提下，走到学生的心中，用学生喜欢的方式进行交流，抓住各种教育契机，赢得学生的信赖。

(二)关于备课：主动建构 经验共融 智慧共生

不打无准备仗是战斗取得胜利的基本法则，同样道理，不上无准备课是上好课的基本法则。备课是课堂教学的准备工作，包括解读教材、设计教学、资料准备、心理准备。发展性课堂教学主张"以外促内"，要优化教学条件，给学生提供良好的外部教育环境。备课是一项独立性很强的工作。教师要有全新的理念，由封闭走向开放，由静止走向动态，由被动接受变为主动建构，变"搬运工"为"设计师"。要自主解读教材，读出教材中的"我"，要站在儿童立场解读教材，读出教材中的"儿童"。解读准确而有空间，深刻而有限度。要把各种相关资源整合到课堂中来，打开思路，拓宽视野。教学设计要克服"流线型"设计机械有余、灵活不足的弊端，采取"板块型"设计，给课堂教学留有临场调整的空间，使课堂跟着"人"走，而不是围着"课"转，使"以学为主"得到很好的落实。备课又是一项集体创造的工作。为使各个班级的学生享受同样的优质教学资源，得到同等的发展条件，也让同年级教师分享经验，碰撞思想，排解疑点，达成共识，显示团队整体合力，在独立解读教材、设计教学的基础上，按照"选择、陈述、互动、完善"四个环节，组织教师集体备课，通过共同研读教材，交流设计方案，实现经验共融、智慧共生、资源共享。

(三)关于预习指导：自主选择 充分使用 积累传承

学生的发展是在原有知识经验的基础上发生的，发展性课堂教学要找到学生发展的基点。要掌握学生的"已知"，了解学生的"欲知"。要了解知识掌握方面的情况，还要了解学生学习能力方面的情况。要了解学生的学习起点，还要了解学生的学习需求。要做好课前的调研工作，增强课堂教学的针对性，使有限的课堂教学时间发挥最大的效用。精心设计预习可以找到发展的基点，在预习过程中养成的习惯和掌握的方法对于学生将是"终生有用"的。预习的内容：统一指定加自主选择。原来的预习是指令性的，有统一内容、统一要求，甚至还有统一答案。选择性预习包括指令性预习的内容，同时还要给学生自主选择的空间，以此调动学生自主学习的积极性，促进学生的自主发展。预习的管理：自主完成加课堂选用。课前布置学生自学教材，让学生完成相关的预习作业，并及时批改预习作业，做好相关记录。课堂教学基于学生的预习，采纳学生的意见，针对学生预习中出现的问题开展有针对性的教学，解决学生预习中提出的问题，给学生的预习一个交代，使预习成为课堂教学的组成部分。课后对课堂教学进行反思，哪些地方学生不教就懂，哪些地方需要花时间去教学，把这些东西积累起来并传承下去。

（四）关于课堂结构：取舍得当 留足空间 动静结合

密不透风、滴水不漏的课堂结构固然可以照顾到很多的细枝末节，但学生自主学习的空间受到了挤压，自主发展的机会被剥夺。发展性课堂教学由"关注课"变为"关注人"，由精心"密植"变为自由"抛秧"，给学生留有自主学习的空间，让学生在自主学习的过程中获得发展。发展性课堂教学以"学"为主线安排学习内容，把教学与学生的"学"紧紧联系起来，让学生在主动学习、学会学习中获得自我发展。①教学内容有所选择。拙劣的教学面面俱到，眉毛胡子一把抓，什么都教了，什么都抓了，什么都是重点，最终什么都不深入，课堂上手忙脚乱，疲于应付。发展性课堂教学必须要明确，教材的内容不等于教学的内容，要学会选择。策略之一：择取教材一部分教学内容（重点、难点、疑点、盲点），通过部分与全篇的关联达到以点带面、以少胜多的教学效果。策略之二：择取一个观察视角，把教材纳入到一个预先设计好的教学思路之中，简化教学头绪，实现教学的低耗高效。②教学时间动静结合。每堂课要有教学时间的留白，留出五分钟到十分钟时间让学生自由安排，教师毫不干预，使这段时间成为真正意义上的"自由支配时间"，让学生利用这段时间自主学习，回顾教材内容，整理学习所得，或提出新的问题。教学留白根据教学需要灵活安排，还要针对年级的不同有所区别，低年级多些教师的指导，高年级突出学生的自学，使课堂教学呈现动静搭配、有张有弛的灵动。③教学有所放弃。一堂课不能什么都顾及，只能"一课一得"，该"得"的地方要实实在在地"得"，不该"得"的地方要学会放弃，突出重点训练目标。

（五）关于教学方式：顺学而导 因导而学

发展性课堂教学是以学生发展为根本的教学，但它同样是借助教师的"教"来实现的，只是对"教"提出了更高的要求。教的方式最终会影响学的方式，好的教学方式有利于学生学会学习。要改施教型方式为导学型方式，把"学"放在教学的突出位置，让教师的"教"服务于学生的"学"，最终让学生学会自己独立学习。导学型教学方式要求教师着眼于学生的发展，认真研究学生的"学"，站在学生的立场上思考问题、组织教学、实施评价。①导学程。教师安排的教学环节在某种意义上就是学生学习的流程。教师要细心观察学生的学习，合理安排教学环节，形成适合学生学习的教学流程，顺学而导，因导而学。②导学法。知识不是静止不变的，而是不断更新和生成的。方法大于知识，发展性课堂教学要重视学法指导，不仅传授知识，而且弄清知识的来龙去脉，让学生经历知识习得的过程。课堂上重视学习方法的指导，指导学生掌握学习方式，并把学习方式运用到新的学习活动中去。③导方向。对于学生自主探索中出现的问题进行必要的指导，把学生的学习引向教学目标的深处。

（六）关于练习设计：多样 复合 开放

练习是巩固所学内容，实现知识向能力转化的重要途径，是课堂教学的重要组成部分。好的课堂练习整理所学内容、强化课堂训练，甚至还可以弥补课堂上的某些不足。练习设计要由单一变为综合，由课内走向课外。美国的一位学者指出：有效的课外练习不仅是一种课堂教学的补充和延伸，而且是"独立学习者"作出决断、提出问题、进行比较、提高修养、增强责任意识必要的经验。好的练习有助于让学生成为"独立的学习者"。①有综合的内容。要找到发展的支点、生成点，练习内容具有综合性，不仅有知识的，而且有能力的；不仅有教师设计的，而且有学生参与设计练习。②有多样的形式。笔头与口头相结合，提高实践能力；个体与群体相结合，提高合作能力；片段与整体相结合，增强整合效果；由静态变为动态，组织开展学科类活动，做好活动记载。③有复合的目标，练习有利于达成现今发展目标，而且有利于达成长远发展目标。制定并落实各年级各学科练习设计目标（一课的目标、一册教材的目标）体系，增强练习设计的目标意识。④有开放的视野。在课内练习的同时，给学生课外练习的机会，把课内训练和课外拓展结合起来，形成合力，促进学生的发展。

（七）关于学习评价：激励 诊断 改进

实践表明，学生的学习状态决定了学生的学习效果，好的学习状态不会把学习看作是痛苦的事，相反会把学习看作是人生的必需。要有这样良好的发展状态，关键在于我们的评价要进行改革，调整好学生的学习状态。过去的评价，是终结性评价，也是甄别性评价，通过评价反映学生的学习成绩，进而对学生作出优劣高下之分，这难免使部分学生因学习成绩不理想产生受挫心理。发展性课堂教学以人为本，尊重每个学生，承认每个学生都是向善的，都有发展的可能性，把学生当作成长中的发展中的人来看待，发挥评价促发展的功能。①让学生正确认识自己。通过评价，让学生看到自己的进步，同时看到自己的不足，扬长补短，对自己有一个客观的认识。②让学生获得激励。发展性课堂教学的评价更多地从激励的角度去考虑，通过评价，评出学生的自信心，让他们相信自己能行，从而获得发展的动力。③给学生提出合理化建议。通过评价发现学生学习中存在的问题，该往哪里走，哪些地方需要努力，给学生提出合理化的建议，让学生的发展之路走得更好，走得更远。④改进教学工作。教师要从评价的过程和结果中寻找教学成败的原因，改进自己的教学工作，引导和帮助学生获得更好的发展。

（八）关于资源开发：拓展　筛选　整合

课堂教学能促进学生发展，在于课堂教学能够给学生提供成长必要的新经验，而这些经验的获得主要是在各种教学资源的支持下实现的。学生的发展除了需要广阔的观察视野、丰富的知识背景、完备的知识结构，还需要具备收集运用资源的能力。课堂教学要由封闭走向开放，由课内延伸到课外，利用一切有利于学生发展的资源，为学生的发展创造条件。①多方拓展。发展性课堂教学需要丰富多样的资源，补充延伸性的，并列类似性的，相反相成性的资源都可以运用到课堂教学中来。同时，学生作为一种重要的资源，要发挥他们对于课堂教学的建设功能，利用他们的个体经验，引导他们成为资源的开发者，让他们自主选择、收集、整理、开发教学资源。②筛选整合。按照课堂教学目标达成的要求，有机选择和整合教学资源，按照"定向、选择、整合、检验"的操作程序，让一些重要信息资源契合到课堂教学中，并进行效果检验，使各种教学资源真正服务于课堂教学，服务于学生发展。

五、四套研究策略

（一）学校工作课题化

为简化头绪，突出重点，我们要以"课题化"的思路开展学校工作，用研究的眼光审察各项工作，把实践和思考统一起来，做中思，思中做，克服实践的盲目性和研究的随意性，不断提升实践品位，不断丰富研究内涵。①以问题为起点。课题研究是不断发现问题、不断解决问题的过程。要有问题意识，根据自己课堂教学的实际情况，结合各自学科特点，发现课堂教学问题，并把问题转化为课题，基于此确定各自的子课题。②以课堂为立足。以发展性课堂模式的构建为目标，以贴近"地面"的草根化研究为主要方式，加强日常课堂教学行为的诊断和反思，注意收集各学科课堂教学案例，进行典型案例的专项剖析，实施新策略，推行新举措，打开新局面。③以发展为目标。"发展性课堂教学"研究的目标是为了实现人的发展。要让学生获得发展，发展基础知识、基本技能、情感态度、思维品质和自我意识；让教师获得发展，发展教师的课堂实践能力、教育科研能力，改变行走方式，享受教育快乐；让学校获得发展，通过发展性课堂教学的研究，构建新的课堂教学范式，培育学校课堂文化，提高课程实施水平。

(二)课题管理网格化

为全面深入推进课题研究，要进一步健全网格化课题管理系统，理顺主课题与子课题、项目课题与学科课题之间的关系，找到实践和理论的平衡点。①学科课题与项目课题相结合。根据"发展性课堂教学"的总要求，建立并不断修订和完善语文、数学、英语、艺术、体育各学科的学科课题。根据"发展性课堂教学"的内在逻辑要求，制定好项目课题，并根据课题研究的新进展，不断更新项目课题。②学校主课题与个人子课题相结合。教师是课题研究的主要力量，每位教师都应该积极参与发展性课堂教学的研究，要学习课堂教学理论，理解"发展性课堂教学"的内涵，理解"发展性课堂教学"与新课程之间的关系，每学期制订好个人教科研计划，认真实施，写好课题研究方面的论文。③分散研究与集中活动相结合。每位教师每天都在跟课堂打交道，"发展性课堂教学的研究"应该体现在每天的工作之中，要增强研究意识，把每一堂课每一个环节作为研究对象。同时，我们还要定期组织集中研讨，通过课题宣讲、课题活动、论文交流、结集出版研究成果的形式，进行课题培训，共享研究成果。

(三)教研科研一体化

"发展性课堂教学的研究"关联着教研部门和教科部门，需要双方共同参与，通力合作。为有效地开展课题研究，我们以"教研科研一体化"的工作思路开展研究工作。①打开联系通道。教研部门和科研部门加强合作，找到工作的结合点：定期开展中心组活动，探索课题内涵，明确课题研究的新走向。把日常课上成研究课，利用教研活动进行课题培训，明确学期研究重点。组织课堂观察，开展案例征集活动，围绕"发展性课堂教学"，对案例进行分析提炼。②突出各自重点。紧紧围绕"小学发展性课堂教学"这一主课题开展各项工作。教研部门和科研部门在合作的同时，要明确分工，突出重点。教研部门重点进行学科课题的研究，按"六认真"的要求和"课前集体磨课、课中一起听课、课后专题评课"的操作程序，在学科上形成发展性课堂的操作策略和基本教学理念。科研部门重点做好项目课题的研究，组织教师开展理论学习、课题活动，加强对课堂教学的总结和提炼。③实现共同发展。通过"一体合作"的工作，互相合作，互惠互助，提高工作效率。

(四)研究过程校本化

"发展性课堂教学的研究"不仅为了学校，而且基于学校，要以学校为立足点开展形式多样的校本研究活动，形成具有学校特色的形式多样的校本研究方式。①广开言路。每两周举行一次沙龙活动，活动有计划，有主题，有内容，有记录；定时间，定地点，定人员，定主持。每月举行一次论坛，论坛有鲜明的主题，配合现场论坛，在"邑学网"发展性课堂教学专题讨论区展开进一步讨论，上传专题博客，每月组织优秀博客评选。利用校刊《师语》刊登教师课堂教学研究方面的文章，为教师提供发表论文的机会。②开掘资源。组织骨干教师挂牌展示，认真组织课堂观察、反思研究，探索发展性课堂教学的规律。开展名师引路活动，组织观摩研讨，引进校外资源为发展性课堂教学的研究服务。③搭建平台。组织年级组读书活动，开展"学习型教师"评选活动，增强教师的学习意识；组织咬尾课、同题课、展示课、交流课，不断推出精品课；组织教师外出借班上课、外出专题讲座，同外校同行切磋交流，梳理思想，催熟经验，实现经验型向科研型转化。④深度推进。明确"发展性课堂教学"研究总目标，加强理论学习，加强课堂观察，加强实验研究。每学期组织一次课题展示活动，邀请专家来校指导。不断推出新成果，在已出版的《发展性课堂教学的研究》《发展性课堂教学课堂观察》《特级教师薄俊生语文教育思想》的基础上，继续整理发展性课堂教学案例和发展性课堂教学影像资料，出版发展性课堂教学研究的专著。

六、走进"发展性课堂"

(一)发展性课堂是怎样的课堂

任淑梅：发展性课堂教学到底是怎样的课堂？我想先说说一个故事。建筑大师格罗培斯在设计迪士尼乐园的道路时，别出心裁地在迪士尼乐园内撒下草种，提前开放。不久以后，空地上就长满了嫩绿的小草，来往游客在草坪上踩出了许多小路。第二年，格罗培斯让人沿着这些小道修建了路。这样的路是最适合游人的路，是"最佳路径"。发展性课堂教学也需要路径，腾云驾雾不行，要行走在地面上，那路径是在教师和学生共同行走的过程中慢慢踩出来的，是"向着未知方向挺进"的过程中建构出来的。它尊重学生的"已知世界"，激发学生的主体意识和主动建构的积极性，引导学生科学、主动、高效地建构信息意义，实现对课堂学习活动目标的有效建构，从而实现真正意义上的"主动发展"。

刘春荣：发展性课堂需要建构，也需要开放。为什么要开放呢？往小处说，我们谁也不喜欢长时间待在一个封闭的房间里，所以，我们总是要拉开窗帘，让房间亮起来，再看看外面的风光；及时打开窗户，让空气流通。拉开窗帘，打开窗户，就是让房间开放。往大处说，清王朝因为闭关自守，不懂得开放，所以五千年文明古国开始由强盛转为衰弱，遭受世界列强的凌辱。现在改革开放三十多年，老百姓腰包鼓起来了，国家也强盛起来了。开放才能搞活，开放才能发展，因为开放能扩大人的视野，调动人的主观能动性。无论干什么都要讲究开放，再比如过去农村插秧，精耕细作，采用拉线插秧的方式，一行行，一列列，非常整齐，精力花费了不少，可产量并不高。后来，有人采用"抛秧"的方式，投入少了，产量反而高了，因为开放让秧苗拥有了自主和活力。发展性课堂教学也要开放。首先，课堂预设要开

主持"发展性课堂教学"学术沙龙

放，对学习内容、学习方式的设计要有开放性，突破教材、课堂的时空限制，让教材和课堂丰厚起来；其次，教学过程要开放，要珍视和利用课堂生成的新情况、新资源，注重即兴创造和发挥，要敢于超越预设的要求。课堂有了开放，学生就能"活学知识""学活知识""把知识学活"。

　　范志萍：提到发展性课堂，我想起一篇文章——《菩提树》。作者在家种了一棵菩提树，这是非常少见的树，为了保护树，在树旁特别支撑了木架，使它能不怕强风，长得郁郁葱葱。可是到夏天，正该是菩提树最繁茂的季节，作者发现那树突然枯死了。走近一看，发现树皮上被人割了一小圈裂口。细细一看，原来是一根绑在支架上的铁丝陷入了树皮，把它的皮给勒断了。是固定的铁丝，把菩提树的生命之脉切断了。生命在不断生成的过程中发展。发展性课堂也应该尊重、呵护学生的生命成长。课堂上要有师生互动，智慧碰撞，要有"未曾预约的精彩"。"发展性课堂教学"，是师生共同挑战智慧、充满生命张力的成长家园。每一节课都是不可重复的激情与智慧综合生成过程，课堂教学应该成为对成长中的人的整个生命的成全。学生在生成性的课堂上获得个性化、多元化的发展。

顾云芳： 发展性课堂教学既是基于学生的现实发展，又朝向学生的可能发展。要培养和开发学生可持续发展的智慧和潜能，充分积淀向下一个最近发展区跳跃的能量。如《天火之谜》的教学，课将结束时，老师向学生介绍道：富兰克林是人类历史上最多才多艺的人。他是商人，其经历是一部典型的穷小子发迹史；他是科学家，曾涉足许多学科，他发明的避雷针和双光眼镜至今仍广为使用；他是文学家，《贫穷的理查历书》以脍炙人口的格言传遍欧美大陆，其自传更是家喻户晓的文学经典；他是政治家，在行政和外交上成绩斐然。1790 年 4 月 17 日，富兰克林与世长辞。在他出殡的那一天，为他送葬的人数多达两万，充分表达了美国人民对他的痛悼之情。人们用两句话概括了他对人类文明的贡献："从苍天那里取得了雷电，从暴君那里取得了民权。"美国第一任总统华盛顿这样说："在我的一生中，能让我佩服的人只有三位：第一位是本杰明·富兰克林；第二位是本杰明·富兰克林；第三位是本杰明·富兰克林。"还让学生课后阅读《世界名人传》，把阅读感想发布在班级网站上。通过这样的拓展，知识得到了发展，情感得到了发展。我们的教学既要"着眼当前"，更要"放眼未来"，六年时间要为学生的六十年做准备。

(二)发展性课堂要发展学生的什么

顾善海： 发展性课堂教学要致力于学生学科"双基"的发展。每门学科都有基本的知识，也有基本的技能，这是学科大厦的基石，没有它，高楼是建不起来的。即使建了起来也是要塌下去的。有一个寓言故事叫《我要的是第三层》，讲一个人让人家给他造房子，可他不要一、二层，只要第三层。谁能造出这样的房子呢？没有基本的知识技能打底，学生是成不了器的。以语文学科为例，它的基本任务是发展学生的语言。如何发展学生的语言呢？薄校长说：一是积累语言，包括词汇、语段和表达方式。二是理解语言，包括理解词语、理解语段、理解内容、理解思想。三是激活语言，通过拓展、朗读、描述等多种方式激活语言，变消极语言为积极语言。四是运用语言，用课文中的词汇和句式交流体会和感想。如薄校长教学《滴水穿石的启示》，即将结束时，老师给了学生一些文中的词语：专心致志、锲而不舍、持之以恒、坚持不懈等，让学生选用其中的几个词语来表述自己阅读课文后的感受、想法等。学生在积累、运用词语的同时，又复习了课文，练习了表达，提升了思想情感。

邵　慧：发展性课堂教学要致力于发展学生的思维。思维是智力的核心，是一种重要的认知能力，人们就是借助于思维认识主观和客观世界。我们都知道没有问题就没有思维，不会提问思维也就不会得到发展。所以，发展性课堂要发展学生的思维，从具体的到抽象的思维，从孤立的到联系的思维，从演绎思维到归纳思维，从客观事例到主观构建，让孩子在教学中学会问问题，也学会自己解决问题。

尤雪芬：发展性课堂教学要致力于学生情感态度的发展。情感决定态度，态度产生效果。发展性课堂教学要发展学生的情感，让学生对学习有情感，对老师有情感。有一次借班上课，上课伊始我和学生互相交流、了解姓名时，正巧有一位学生的英文名与我女儿的相似。我很自然地谈到我的女儿小小，并从包里拿出照片。看到照片上有趣的小孩学生都笑了，课堂气氛一下子宽松了许多；接着我用英语向他们描述"My daughter is only seven months. And she has one tooth, so she can't eat（边做动作让学生理解该词的意思，等学生理解后出示新单词 eat），she can't drink（同样的方法引出 drink）. She only can suck（做吮吸样）. She is so lovely."（我女儿仅七个月，她只有一颗牙。所以她不怎么会吃东西，不怎么会喝，只会吮吸。她很可爱）气氛又轻松了很多，并引出了两个新单词，一举两得。接着该把学生的积极性调动起来了，继续 lovely 的话题，我拿出一包向美术老师要来的学生制作的书签说，My students are lovely too.（我的学生们也很可爱。）Look, what's this？（学生回答，看他们的表情，非常喜欢。）Yeah, bookmarks. My students made.（是的，我的学生们自己做的。）If you're lovely too, I mean if you are good in class，you can have one.（如果你在课堂上表现好的话可以得到一张书签。）从接下来的教学效果看，这一招还是挺有效的。

钱玉珠：发展性课堂教学还要致力于学生自我意识的发展，让学生觉得我能行，我是最优秀的。

苏格拉底在风烛残年之际，知道自己时日不多了，他把助手叫到床前说："我的蜡所剩不多了，得找另一根蜡接着点下去，你明白我的意思吗？""明白。"那位助手赶忙说。

"可是，"苏格拉底慢悠悠地说，"我需要一位最优秀的承传者，他不但要有相当的智慧，还必须有充分的信心和非凡的勇气，这样的人选直到目前我还未见到，你帮我寻找一位好吗？"

那位忠诚、勤奋的助手找了半年也没有找到，他对弥留之际的老师说："我真对不起您，令您失望了。"

苏格拉底说："失望的是我，对不起的是你自己。本来最优秀的就是你自己，只是你不敢相信自己，才把自己给忽略了，耽误了。其实，每个人都是最优秀的，差别就在如何认识自己。"

教学中，我们也要让学生明白"最优秀的是你自己"。

席燕菊：发展自我意识还要对学生充满期待与信任。下面是一位母亲与儿子的故事。家长会上，幼儿园老师说："你的儿子有多动症，在板凳上连三分钟都坐不了，你最好带他去医院看一看。"

回家的路上，儿子问妈妈老师都说了些什么。妈妈鼻子一酸，差点儿流下泪来。因为全班30位小朋友，唯有他表现最差；唯有对他，老师表现出不屑。然而，她还是告诉了儿子："老师表扬你了，说宝宝原来在板凳上坐不了一分钟，现在能坐三分钟了。其他的妈妈都非常羡慕妈妈，因为全班只有宝宝进步了。"

那天晚上，儿子破天荒地吃了两碗米饭，并且没让她喂。

儿子上小学了。家长会上，老师说："全班50名同学，这次考试，你儿子排第49名。我们怀疑他智力上有些障碍，您最好能带他去医院查一查。"

回去的路上，她流下了泪。然而，回到家后，她满脸欢喜地对坐在桌前的儿子说："老师对你充满信心。他说了，你并不是个笨孩子，只要能细心些，会超过你的同桌，这次你的同桌排在第21名。"

说这话时，她发现儿子暗淡的眼神一下子充满了光彩，沮丧的小脸也一下子舒展开来。她甚至发现，儿子温顺得让她吃惊，好像长大了许多。第二天上学时，儿子没有睡懒觉，去得比平时早了半个小时。

孩子上了初中，又一次家长会。她坐在儿子的座位上，等着老师点她儿子的名字，因为每次家长会，儿子的名字在差生的行列中总是被点到。然而，这次却出乎她的意料，直到结束，都没听到。她有些不习惯，怀疑是不是老师搞错了。临别，她去问老师，老师告诉她："按你儿子现在的成绩，考重点高中有点危险。"

她怀着惊喜的心情走出校门，此时她发现儿子在等她。路上，她扶着儿子的肩膀，心里有一种说不出的甜蜜，她告诉儿子："班主任对你非常满意，她说了，只要你努力，很有希望考上重点高中。"

高中毕业了。第一批大学录取通知书下达的日子，学校打电话让她儿子到学校去一趟。她有一种预感，她的儿子一定被清华大学录取了。因为在报考时，她对儿子说过，她相信他能考取这所学校。

儿子从学校回来，把一封印有清华大学招生办公室的特快专递交到她的手里，突然转身跑到自己房间里大哭起来，边哭边说："妈妈，我一直都知道自己不是个聪明的孩子，我也知道老师在家长会上说了什么，是你不愿意伤了我的自尊心，让我能一直坚持下去，谢谢妈妈……"

这时，她悲喜交加，再也按捺不住十几年来积聚在心中的泪水，任它打在手中的信封上。

这是一位聪明的妈妈，她反复给孩子积极的暗示，让孩子有良好的自我意识，最终塑造成了良好的自我。

(三)如何实施发展性课堂教学

1. 为学生创设发展的环境

陆　琴：发展性课堂要为学生创设良好的发展环境。北美的一个印第安人把一个雕蛋放入鸡窝中。小雕和鸡雏一起孵化出来，共同成长。对于从鸡窝中长大的小雕来说，它觉得自己就是鸡，而且它的行为和其他鸡没有什么不同。它从泥土中寻找种子和昆虫充饥，它的叫声也是"咯咯"的。遇到危险的时候，它也只能像其他鸡一样慌张、短促地拍打几下翅膀，飞不了几英尺又掉了下来。一只雕，最终成了一只飞不起来的鸡，什么原因？——在鸡的环境中，看到的是鸡，听到的是鸡叫，心里面想的：我是一只鸡，我是一只鸡，于是终究没有飞起来，徒有雕的外表，没有雕的飞行能力了。

什么样的环境造就什么样的性格。我们要为学生创设最有利于他们发展的环境，让学生骄傲地自豪地"飞起来"。

邵　慧：自主的课堂带给学生的是思想上的自由，心理上的宽松。因为只有在这样的情况下，人才能将自己的潜能最大限度地释放出来。

有这样一个故事。从前有座山，山上有座庙，庙里有个小和尚，在厨房帮忙。有一天，厨房主管师傅给小和尚一个碗叫他去买油，并严厉地警告他："你一定要小心，绝对不可以把油洒出来。"小和尚在上山的路上，想到主管师傅凶恶的表情及严厉的告诫，愈想愈觉得紧张，不小心就把油洒了。庙里的住持师父知道了，也让小和尚去买油，但他却让小和尚留心观察山路上的人和事物，结果小和尚一点油都没有损失。我想住持师傅高明之处在于给小和尚一个宽松的心理环境。为学生创设宽松的心理环境是发展性课堂的显著特征。

2. 为学生提供发展的空间

顾云芳：发展性课堂教学要给学生课堂自学的空间，甚至可以适当"放手"，给学生带来发展的可能。美国的黄石公园在1998年遭遇了一场大火，1/3的森林被烧毁了。当时公园管理人员任由大火自生自灭，只有大火直接威胁到游客和工作人员的生命以及文化遗迹的安全时，才会采取必要的措施。十年后，人们对公园的生态影响进行科学研究发现，那次大火当然给公园带来了一定的消极影响，但更多的是积极影响。它淘汰了森林中的病树和枯树，让新树有了生长的空间。有些树木的种子借助这次大火进开发芽，更多的物种从此得到新生。焚烧过的土地变得肥沃，更有利于树木生长。大火烧过的地方，葱绿茂密的小树已经开始茁壮成长。我们的课堂当然也需多一些"隔岸观火"，放开自己的双手，多给孩子们保留一些自己成长的空间。

李振刚：是的，发展的空间是很重要的。美国的一家动物园，新来了一个喂河马的饲养员。老饲养员告诉他，不要喂河马过多的食物，不要怕它饿着，以免它长不大。新饲养员十分纳闷儿，他没有听老饲养员的话，拼命地喂他的那只河马。河马面前到处都是食物，人们无不感到他的仁慈和善意。两个月里，他发现他养的河马没有长多少，而老饲养员不怎么喂的那一只却长得飞快。他以为是两只河马自身的素质有差别，老饲养员也不说什么，与他换着喂。不久，老饲养员的那只河马又超过了他喂的河马，他大惑不解。老饲养员这才一语道破天机：你喂的那只河马由于不缺食物，反而拿食物不当回事，不好好吃食，自然长不大。我的这一只，总是在缺乏食物中过生活，因此，它懂得珍惜，是珍惜使它有所获得，有了健壮。珍惜是一种正常的生命反应，甚至是一种促进。

3. 为学生打开发展的通道

顾善海：发展性课堂教学要为学生打开发展的通道，实践就是非常重要的通道。举个例子来说吧。小时候我们学骑自行车，现在有钱了，很多人开始学开汽车了。

如果小时候父母教我们骑自行车，现在驾校的师傅教我们开汽车，都只是把骑自行车、开汽车的知识要领等让我们背得滚瓜烂熟，是不是我们就会骑自行车、会开汽车了呢？显然不会。我们只有在骑自行车、在开汽车的实践中才能学会骑自行车、学会开汽车。同样的道理，语文能力、数学能力等只有在语言实践中、数学实践中才能获得真正的发展，所以发展性课堂要"多实践"。就语文课堂来说，教材的重组、教学的过程、教学的方法、教学的细节，都要关注学生的语言实践。整个阅读教学的过程要成为学生语言实践的过程。

有了实践的条件不一定就是真实践。比如学骑自行车有场地，也有人指导，如果把后轮撑起来，骑在车上拼命地练，永远也学不会骑自行车；学开汽车，坐在车里，反复操练，如果车子始终没敢发动起来，车轮始终没有转起来，永远也学不会开汽车。其实学会骑车、开车是很简单的，但是如果要熟练掌握骑车、开车的技能，安全行驶，就不是一天两天的事情了，最好还要到路上去实践才行。同样的道理，语文课堂如果只有语言，而没有实践起来；数学课堂只有数学，而没有实践起来……学生的能力就很难获得发展。所以发展性课堂还要"真实践""常实践"。我觉得，多实践，真实践，常实践，可以给课堂带来高效，让学生的课外生活轻松起来，从而获得生动活泼的发展。

周振芳：发展的通道，就是要让学生有发展的经历，有深刻的体验。有一次，拿破仑被敌人追杀，一个皮草匠把他埋在一堆皮草里，敌人紧跟着追了进来，在皮草店里四处搜查。一个家伙用刺刀向埋有拿破仑的皮草里捅了几下，没发现有什么可疑之处，就都走了。过了一会儿，拿破仑的卫士赶到了，拿破仑从皮草里爬出来。皮草匠有些好奇，就问："刚才敌人用刀向皮草里捅，却没有捅到您，您是什么感觉？"拿破仑把脸一沉，生气地说："这个老家伙胆敢取笑我，来呀，把他绑起来枪毙了！"卫士们冲上来把皮草匠给绑了起来。皮草匠万万没有想到一句无心的话惹来了杀身之祸，吓得浑身颤抖。拿破仑举起手枪对准皮草匠，"砰"的一声响，皮草匠想："这下我算是活到头了。"他害怕得几乎晕过去，但过了一会儿却没感觉到疼。他很奇怪，睁开眼，这时拿破仑走过来边给他解绳子边说："我刚才的感觉就和你现在的一样！"

这样的体验才是真切的。这样的体验，靠讲，一千句话，一万句话都是讲不出来的。

4. 为学生制造发展的"障碍"

范志萍：发展性课堂教学要不断创新思路，做一个创新型、智慧型的教师。成尚荣所长说："所谓创造，朝前走几步，向后走几步，往左走几步，往右走几步，这就是创造。"我认为，发展性课堂怎么来搞，思路要宽，要有往后"走"的思路。顺畅教学，扫清障碍无可厚非，但是否还可以制造一些发展的障碍，让学生在"障碍"面前，跳一跳，跃一跃。太顺畅了不好，走些弯路，设计一些障碍，有时候更有利于发展。高速公路的设计不是笔直的，每过一段就会设计一段弯路。为什么？为了减轻司机的疲劳，让司机集中注意，避免车祸。课堂教学一味直线进行，没有"路面障碍"，没有"弯道变化"，太顺畅，会带来"开车疲劳"，进入惯性思维下的滑行状态，失去发展的原动力，弄不好还会"翻车"。

怎么制造障碍？这里有一个华应龙老师的教学案例。

师：在我们身边，计算器无处不在。那么，问一下自己，我会用计算器吗？学生齐声回答："会！"语气非常肯定。这时，华老师故作惊讶地说："你们都会了，用不着我教了？来看看这几题，你们会用计算器做吗？"前两题，学生很容易就完成了，第三题 $2345-39×21$ 出现了分歧，有 48426 和 1526 两个得数，这时学生发现其中一个得数竟比被减数还大！原来有的计算器不知道混合运算的规则——先乘除后加减。此时，学生多么渴望能越过这个障碍呀，华老师适时"抖开了包袱"——引导学生认识"记忆"和"存储"两个功能键。学生兴致勃勃地尝试着、练习着……

"现在会用计算器了吗？"老师再次追问。"会！"学生又一次自信满满。老师又出了一道题：$22222222 × 55555555 =$？学生兴奋地按键计算着。"得数是12345678877。""我怎么得了 123456787654。""我的与你们都不一样，是12345678，左下角还有个英文字母 E 呢！"哦，原来是这道题的得数太大了，计算器都装不下。正当学生万般无奈之际，华老师抛出了一个"祖传秘方"。

最后，老师第三次让学生问问自己："我会用计算器了吗？"学生虽然还回答"会"，但语气上冷静了许多。华老师及时抓住这微妙的变化，指出：这节课我们一遍遍地问自己：我会用计算器吗？同学们的回答虽总是会，但从后往前看，其实都不能算会。然而，从前往后看，确实又都会了，只是会的水平越来越高了，真是应了四个字——"学无止境"。

　　在一次次的追问中，学生经历着经验重组的洗礼，体验着知识建构的愉悦，收获着终身的幸福……而这一切的一切得益于教师精心设置的一道道障碍！

　　"课堂上既要让学生愉快，又要让学生有刻苦的体验。这样，学生在刻骨铭心的体验中寻找到一份成功的欢悦，在潜心钻研的过程中去打开智慧之门，永远充满信心、充满喜悦、充满欢乐地去学习和创造。"

特级教师薄俊生小学语文教育思想研讨会

走进课堂

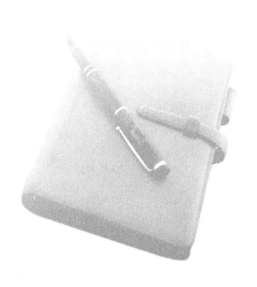

一、《水》教学实录与教后反思

【教学实录】

(一)复习回顾，导入新课

师：同学们，上节课我们初步学习了《水》这篇课文，(板书：水)了解了课文的主要内容，谁来说说课文主要写了哪几个场景？你对哪个场景印象特别深刻？

生：这篇文章先写人们到远处去挑水，接着写孩子和大人在雨天洗澡，最后写母亲舀一勺水给四兄弟冲凉。

师：老师把这三个场景写下来，(放缓语气，与学生一起说)第一个场景是远处挑水，第二个场景是雨天洗澡，第三个场景是勺水冲凉，这样说就更整齐了。(边说边板书：远处挑水、雨中洗澡、勺水冲凉)

(二)学习"挑水"，体会"珍贵"

师：作者描写"远处挑水"这一场景花的笔墨并不多，我数了一下一共才 99 个字。这 99 个字中，出现得最多的是哪类文字？

生：是表示数量的词语。

师：我请一位同学朗读第一自然段，其他同学边听边找表示数量的词语，想想你从每一个数量词中体会到了什么。

生：我从"一村子人"体会到需要喝水的人很多。

生：我从"十公里外"体会到取水的路程很远。

生：我从"一处泉眼"体会到水源很少。

生：我从"一个小时"体会到排队的时间很长。

生：我从"才挑一担"体会到取水很难。

师：谁知道作者通过这一连串表示数量的词语，想要集中表达一个什么意思？

生：作者要告诉我们，他生长在一个缺水的地方。

生：作者要告诉我们，水是村子里最珍贵的东西。

师：除了这些表示数量的词语，你还从什么地方体会到水是村子里最珍贵的东西？

生："请我喝酒不如请我喝水"这句话说明水是很稀缺的、珍贵的。一瓶酒的价钱远远高于一瓶水，而人们宁愿选择喝水也不要喝酒，可以看出人们对水的渴望。

师：作者在文中用了两个"最"字，"最珍贵的""说得最多的"。大家想想，对人的生活来说，重要的东西还有哪些？从两个"最"字你体会到了什么？

生：衣食住行都是人们生活中不可缺少的东西，样样都很重要。可是人们谈论得最多的是水，说明这里的人们最缺水，在他们看来水最重要。

生：衣食住行都是人们对物质方面的需求，除此之外，人们还有文化娱乐方面的需求，可是村里的人们已经无法顾及这些方面，说明缺水之严重，对他们来说水太珍贵了！（板书：珍贵）

师：同学们体会得非常深刻。在第一自然段中，作者通过具体的数字和村民说得最多的话，简洁而又具体地表达了水的珍贵。哪位同学愿意朗读第一自然段，大家听听他有没有将村里人"喝酒不如喝水"的感受表达出来。

（一生朗读第一自然段）

师：其实朗读是代作者说话，代文中的人物说话，要是现在由作者马朝虎向大家讲述远处挑水这个故事，他会是怎样的语气呢？自己试着练读。

（学生练读第一自然段）

师：文中的"我'已经长大了，他在回忆以前的事情，应该用怎样的语气讲述？

生：应该用回忆的口吻来讲。

生：应该用深情的语气来讲。

师：说得好！假如你现在就是作者，谁愿意再来试着讲述这段故事？

（一生用深情回忆的口吻朗读，读后其他同学鼓掌）

师：我觉得这位同学就是作者。现在大家知道朗读是怎么回事了吧？

（三）学习"洗澡"，体会"痛快"

师：刚才有同学对"雨天洗澡"这一场景印象特别深刻，接下来我们就来看看作者是如何描写雨天洗澡的情景的。哪位同学先来朗读描写雨天洗澡的句子，其他同学将描写孩子们洗澡时表现的词语画出来。

（一生读第二自然段的第4、第5句）

师：大家找到了哪些词语？

生：我找的是"光溜溜""奔跑跳跃""大呼小叫"。

生：我找的是"仰起头""张大嘴巴""去吃来自天空的水"。

师：请你抓住其中的一个词语谈谈自己的理解和体会。

生：我从"光溜溜"这个词语中体会到：难得下雨，孩子们顾不上害羞，希望全身浸泡到雨水之中，尽情享受雨水的抚摸和清凉。

生：我从"奔跑跳跃""大呼小叫"两个词语中体会到：难得下雨，孩子们像得到了最心爱的宝贝似的，沉浸在兴奋快乐之中。

生：我从"仰起头""张大嘴巴""去吃来自天空的水"体会到：长期缺水使得孩子们像享用山珍海味那样情不自禁地去接受水的滋润，品尝水的滋味。这些词语同时也表达了孩子们无比兴奋、喜悦的心情。

师：孩子们在雨中是这样的表现，大人们在雨中又有怎样的表现呢？

生：从课文中的"只是"看出，大人们除了没有像孩子们那样的无遮无挡，其他的表现与孩子们一模一样。

师：谁能用一个词语概括孩子们和大人们在雨中的感受？

生：非常痛快。（板书：痛快　遇水之乐）

生：非常惬意。

生：非常美好。

生：我觉得应该用"痛痛快快"才足以表达人们的感受。

师：是啊！对于长期缺水的孩子们来说，淋雨的感觉是那样的痛快，那样的美好，他们已经顾不上遮羞，顾不上文雅，顾不上累和脏。让我们一起来感受这样的痛快，这样的美好——

师：引读："只有在下雨的日子里，孩子们才可以痛痛快快地洗上一回澡。"

生："先是像我们这样的孩子，全身脱得光溜溜的……去吃来自天上的水。"

师：引读："只有在下雨的日子里，大人们才可以痛痛快快地洗上一回澡。"

生："大人们也加入到了洗澡的行列里来，只是他们远没有我们这样的无遮无挡……女人们则穿着长衣长裤。"

师：引读："只有在下雨的日子里，人们才可以痛痛快快地洗上一回澡。"

生："先是像我们这样的孩子，全身脱得光溜溜的……去吃来自天上的水。然后大人们也加入到了洗澡的行列里来，只是他们远没有我们这样的无遮无挡……女人们则穿着长衣长裤。"

师：这一自然段的第三句话中有一个关联词语"只有……才……"，大家想想，能不能将它改成"只要……就……"？

生：不能。因为用"只有……才……"表达的是那里的人们难得遇上下雨的时候，表达了人们缺水之苦。如果用"只要……就……"，就不能表达这样的意思。再说，只要是下雨天就会有雨水，就能够在雨中洗澡，这是非常正常的事情，讲这样的话就没有意思了。

师：说得好！作者淋漓尽致地描写人们在洗澡时的痛快与美好，目的就是要衬托人们在无水时的痛苦。（板书：缺水之苦）

（四）学习"冲凉"，体会"舒服"

师：课文第五自然段讲了一勺水从头顶流到脚板的过程，请一位同学朗读这一自然段，大家数一下共有几句话？这几句话表达了一个什么意思？

生：这一自然段共有三句话，写出了四兄弟冲凉时周身舒服的感觉。（板书：舒服）

师：请大家默读每一句话，用笔画出你认为特别生动、特别精彩的句子或词语，想想这样写的好处。

生：作者一连用了三个"滑过"，非常特别。

师：你不觉得这样写显得重复和啰唆了吗？

生：这不是啰唆，而是写得特别细腻。

生：作者写水滑过我们的脸，滑过我们胸和背，滑过我们的大腿和膝盖，这是只有那些缺水的孩子才会有的真切感受，充分表达了水的珍贵和有水的快乐。

生：母亲用一勺水给四兄弟冲凉，她能给每个孩子的实在是太少太少了，水在每一个孩子身上停留的时间实在是太短太短了，对晒得像狗尾巴草似的孩子们来说，他们多么希望水在自己的身上停留得长些，再长些，能让自己美美地享受这水的清凉。一连三个"滑过了"，正充分表达这一丁点儿水的滑动给他们留下了刻骨铭心的舒服感、满足感。

（生鼓掌）

师：请你代四兄弟表达这样的舒适感、满足感。

（一生用缓慢的语调朗读，读后全场鼓掌）

生：我觉得第二句的"听得到每个毛孔张开嘴巴的吮吸声"和"血管里的血的流动在加快"写得特别细腻生动。

师：日常生活中，我们在什么时候会用到"吮吸"这个词语？

生：婴儿需要吮吸母亲的奶水。

生：禾苗需要吮吸大自然的甘霖。

师：婴儿什么时候需要吮吸母亲的奶水，禾苗什么时候需要吮吸大自然的甘霖？

生：婴儿饿的时候、渴的时候需要吮吸母亲的奶水，禾苗遇上干旱的时候需要吮吸大自然的甘霖。

师：吮吸母亲的奶汁时你有什么感受？

生：很甜蜜，很舒适，很美好。四兄弟冲凉时，他们身上的每个毛孔就像饿极了的、渴极了的孩子那样迫不及待地吮吸着母亲的乳汁。

生：这样写，生动地表达了四兄弟沉浸在母爱般的温暖和冲凉的舒适之中。

师：那谁来说说，血管里的血的流动什么时候会加快起来？

生：运动的时候。

生：兴奋的时候。

生：激动的时候。

生：紧张的时候。

师：你从"血的流动在加快"这一句中读到了什么？

生：我读到了四兄弟因为对水的渴望得到满足而兴奋激动。

生：我读到了四兄弟因为担心水流得太快而感到紧张害怕。

生：我读到了水流仿佛流进了我的血管，流进了我的心田。

（生鼓掌）

师：这一句话，作者通过形象的语言，把四兄弟兴奋激动的心情和舒服的感受表达得丰富而奇妙，令人拍案叫绝。请你代四兄弟表达兴奋激动的心情和舒服的感受！

（一生朗读）

师：还有谁要继续交流？

生：我觉得第三句中的"抚摸"一词用得特别细腻传神。

师：有谁抚摸过你？

生：妈妈抚摸过我的脸。

生：老师抚摸过我的头。

师：说说他们抚摸的时候你有什么感受？

生：感到特别温暖。

生：感到特别舒服。

生：感到格外亲切。

生：感到特别温馨。

师：那作者写水的滑动好像在抚摸我的皮肤，你从中感受到些什么？

生：我感受到四兄弟难得有水的滋润，内心充满了喜悦和舒服。

生：这样写表达了他们对水的渴望，以及冲凉时舒服的感受。

师：刚才我们体会到了第一句话中的三个"滑过"用得好，这里的"抚摸"能否也换成"滑过"？

生：我觉得不能换。前面的"滑过"突出了水的稀缺和洗澡机会的难得，同时也表达了舒适的感受。这里的"抚摸"是把水当作了人来写，与"滑过"相比，更能表达四兄弟舒适的感受，这种感受更加真切，更加强烈，更加富有感情色彩。

师：大家体会得真好！这一段文字，像一组特写的慢镜头，三个"滑过"将水流动的过程拉长了，舒服的感觉表达得真切了；一个"毛孔的吮吸声"，一个"血的流动加快"，一个"水的抚摸"，又让周身舒服的感觉细腻丰富了起来。整段文字生动形象，将浑身舒服的奇妙感觉表达得淋漓尽致。谁再来表达兴奋激动的心情和周身舒服的感受？

（一生朗读第五自然段）

师：他是在享受水给人们带来的舒适感吗？（生直摇头）谁来享受一下？

（一生娓娓读来，其他学生不禁鼓掌）

师：谢谢大家的掌声，相信大家懂得了怎样才能表达内心的享受。我们一起来体验下这种美妙的感觉。

（生齐读第五段）

（五）回归整体，提升境界

师：同学们，文中的"我"出生在一个缺水的地方，在这样一个连生活用水都十分困难的地方，人们的生活一定极其艰难。但是，作者却用了大量的篇幅描述了村里的人们在雨天洗澡和勺水冲凉时的痛快和舒服、快乐与幸福。请你再次默读全文，想想作者为什么要这样写？

生：作者以有水之乐衬托缺水之苦。（板书：反衬）

生：同时也表达了人们对美好、幸福生活的向往和追求。

师：是啊，在全村人看来，雨天洗澡就是他们痛快而美好的日子；在孩子们看来，勺水冲凉的那一刻，就是他们舒服而幸福的时刻。但是这样美好的日子毕竟太少，这样幸福的时刻实在太短。对他们来说——

生：（读）水，成了村子里最珍贵的东西。

师：同学们，作者马朝虎自幼爱好文学，中学毕业后到一家工厂当了机修工，业余时间他把所有精力和兴趣集中在刻苦攻读和挑灯创作上，在文学上取得了很大的成就，其中一篇是我们今天学的这篇课文，《美丽的裙子》被选为高中教材，小说《丑娘》不知道打动了多少人的心，请大家回去读一读，你的心灵一定会受到震撼。

下课。

【教后反思】

2011 版课程标准在"前言"部分指出："语文课程应致力于培养学生的语言文字运用能力。""致力"就是集中力量从事某项工作。语文课程要把力量集中在"培养学生的语言文字运用能力"上。

学习语言文字的运用离不开对语言文字的理解，这里的"理解"除了指理解语言文字所表达的意思，最主要的、最关键的是理解文本、作者如何运用语言文字。叶圣陶先生在《略读指导举隅》一文中指出："无论阅读何种书籍，都宜抱着研究国文的态度。平常读一本数学课本，不研究它的叙述如何正确；读一本史地课本，也不研究它的叙述如何精当……国文功课训练阅读，独须内容形式兼顾，并且不把内容形式分开来研究，而认为不可分割的两方面。"朱光潜先生在谈论自己的阅读体会时曾说：一篇文学作品到了手，我第一步就留心它的语文……我所要求的是语文的精彩妥帖，心里所要说的与手里所要写出来的完全一致，不含糊，也不夸张，最适当的字句安排在最适当的位置。那一句话只有那一个说法，稍加增减更动，便不是那么一回事。

依据这样的认识，我在执教《水》一文时，紧紧围绕"作者如何遣词造句"展开教学，努力将理解语言内容和理解语言形式统一起来，落实本课的教学目标任务。教学第一自然段，我除了引导学生体会作者通过一连串数量词和村民说得最多的话，简洁而又具体生动地写出了水的珍贵，还特别引导学生对两个"最"字作了一番探究，理解"最"字所表达的丰富的意义和这一副词运用的贴切。在学习第二自然段时，我不仅引导学生关注孩子们和大人近乎放肆的行为，体会他们顾不上遮羞、顾不上文雅、顾不上累和脏，尽情享受雨水带来的痛快，而且抓住"只是""只有……才……"等词语，揣摩作者遣词造句的精当。尤其是在第五自然段的教学中，我着力引导学生通过对"滑过""吮吸声""血的流动加快""抚摸"等词句的揣摩，让他们感受到每一个词语和句子的细腻、生动和无可增减更动，感受文本语言的独特魅力。

在注重揣摩语言文字运用的同时，我比较重视朗读的指导和实践。按照蒋仲仁先生的观点："从朗读到背诵，在这个孕育的过程中，作者的语言经过咀嚼消化，变成读者自己的语言。阅读的时候，遇到某些词汇、某些句式、某些表达方法，不仅'似曾相识'，而且'司空见惯'，阅读能力就提高了，写作的时候，想用某些词汇、某些句式、某些表达方法，就会涌来笔端，取之左右逢源，写作的能力就提高了。"在第一自然段的教学中，我通过朗读评价适时地自然地给学生揭示朗读的实质："朗读是代作者说话，代文中的人物说话。"在第二自然段的教学中，我通过三次引读，引导学生体会孩子们和大人痛快的感受，内化文本的语言。在教学第五自然段时，始终暗示学生将自己当作四兄弟来讲述勺水冲凉的故事，再现勺水冲凉的奇妙感受，同时也在不知不觉中内化作者独特的表达方式。

二、《滴水穿石的启示》教学实录及教学评价

【教学实录】

第一课时

师：在上课开始的时候，薄老师请同学们来认识两种物体的特点。

师：（板书：水）水有什么特点？

生：水碰到石头就会碎掉。

生：水是一种液体。

师：水是一种液体，没有固定的形态，也就谈不到碎了。

师：（板书：石）谁来说说这种物体的特点。

生：石头很硬。

师：石头很硬，是一种固体。谁能说一个词语，中间带有"水"和"石"这两个字。

生：滴水穿石。

生：水落石出。

师：（板书：滴水穿石）谁知道"滴水穿石"这个词语的意思？

生：是说一滴水可以把石块滴穿。

师：知道了这个词语的意思后你有什么话要说？

生：我觉得水把石头滴穿是不可能的事情。

师：按照平常的思维来讲，水是液体，石头是固体，水能把那么坚硬的石头滴穿吗？

生：石头连我们人都很难把它弄坏，没想到水能把它滴穿。

师：石匠要想把石块凿穿，也是很不容易的事情！到底有没有这样的事情呢？请打开课本，轻声朗读第一节，想一个问题：水滴要把石头滴穿，必须具备哪几个条件？

（生读，读着读着变成了齐读）

师：请停一下。老师请同学们自己轻声读课文，现在变成了齐读。齐读有齐读的好处，比个别的读有气势，但齐读不利于自己一边读一边思考。请自由地朗读。

（生自由读）

师：自由读的时候，我发现和刚才不一样了，有的同学小脑袋一晃一晃的，小辫子一甩一甩的，你们知道这是为什么吗？

生：非常投入，非常有感情！

师：对，读书就要把自己的心放到课文中。谁来说说水滴要把石块滴穿，需要具备哪些条件？能说一个就说一个，能说两个就说两个。

生：要目标专一，持之以恒。

生：第一要有水滴接连不断地滴下来；第二要总是滴在一个地方；第三要经过

几千年几万年的时间。

师：给点掌声吧！很长的时间，课文中是怎样来表述的？

生：几百年过去了，几千年几万年过去了。

师：就几百年、几千年、几万年吗？

生：不是，可能几十万年，甚至更长的时间。

师：课文中有两个词来形容水滴接连不断地长时间地滴在同一个地方，是哪两个词？

生：锲而不舍、日雕月琢。

师："锲而不舍"什么意思？

生：比喻有恒心，有毅力，坚持不懈。

师："锲"什么意思？

生：雕刻。

师：这是一种比拟的说法，把水滴石头比拟成艺术家在创作艺术作品，一直刻下去，不肯放手。什么叫"日雕月琢"，"雕琢"什么意思？

生：雕琢就是雕刻。

师：这也是一种比拟的说法，把水滴石头比拟成艺术家在创作艺术作品，一日又一日，一月又一月，一年又一年，一直雕琢下去，一刻不停。

师：你们觉得这个故事怎么样？能不能谈谈你们的感受？

生：这是不可能的事，但是现在水滴居然能滴穿石头，这简直——

师：简直怎么样？

生：这简直不能让人相信。

师：就是不可思议。他说得好啊，前面还用了一个词语——

生：简直。

师：前面还有一个——

生：居然。

师：谁再来说，你觉得这个故事怎么样？

生：滴水穿石真是一种奇特动人的情景，真是令人难以置信啊！

师：还有谁要说？水滴容易吗？

生：这水滴要把石头滴穿是多么不容易啊！

生：滴水穿石真是世界上的一大奇观啊！

师：如果石头上有一个洞，就能说它是奇观吗？那可能是石匠凿出来的。但是当我们知道这个洞是水滴把它滴出来的，我们就称它为奇观。读一读课文中的这段话，把刚才这么多的感受通过朗读表达出来。

（生自由读课文）

师：谁愿意读给大家听？请一位没有发过言的同学读课文，我们举手的同学也给其他同学一个机会，好不好？

师请了一位不发言的学生读书：在这块石头的上方……

师：读得可以嘛，给点掌声！有些地方读得很好，当然有些地方还需要改进，但是如果请其他同学来读，可能也是这样的。听了刚才这位同学的朗读，我好像觉得水滴有时滴在了这个地方，有时滴在那个地方。（众笑）谁再来读，把这段话的意思读出来。

（生读）

师：现在滴得近一点了，但是还有滴在其他地方的感觉。

（生读）

师：滴得又近了一点。听了刚才同学的朗读，我还感觉水滴把石块滴穿好像比较容易。谁再读？

（生读。读中师穿插评价：她滴在了同一个地方。）

师：你的朗读告诉我们，水滴把石头滴穿真的不容易，从"终于"这个词我们体会得最强烈，给点掌声！

师：听了刚才同学的朗读老师还有一点感觉，好像水滴把石块滴穿没有什么稀奇的。谁再读？

（生读）

师：听出来了，真是一大奇观啊！一起读一遍。

（生齐读）

师：请大家比较一下，这句话和我们刚才读的那句话有什么不同的地方。（师在原句前面加了一句话"这个小洞是怎么形成的呢"）

生：多了一句话。

师：加了这一句话有什么好处？

生：可以引出下文。

师：还可以引起我们大家的注意，更加强调了它之所以能滴穿石块的原因。这叫什么方法？

生：设问。

师：自己提出问题，自己回答问题。注意设问的语气，再把这段话读一遍。

师：学习滴水穿石这个故事，仅仅满足于发出一些感叹够不够，还应该怎么样？

生：还要明白一些道理，更好地走好今后的人生道路。

师：你从这个故事中感悟到了什么呢？

生：做事不要半途而废，而要持之以恒，做一件事情如果看起来很难，不要不要做了，一定要做下去。

师：听课的老师和同学如果不注意的话，还以为是不要做了（众笑），但是"不要"前面还有一个"不要"，"不要不要做了"就是——

生：要做。

师：说得好，什么叫持之以恒？

生：长久地坚持下去。

师：还懂得了什么道理？

生：坚持不懈。

生：目标专一。

师：总是滴在同一个地方，多么的专一啊。水滴几百年、几千年、几万年，锲而不舍，它表现得多么有毅力，这就叫持之以恒。

师：这句话是什么意思？（出示一句话"如果我们也像水滴那样，还有什么事情做不成呢？"）

生：如果我们像水滴那样，就没有什么事情做不成的。

师：这两句话哪一句话更好？（出示对比的两句话：①如果我们也像水滴那样，什么事情都做得成。②如果我们也像水滴那样，还有什么事情做不成呢？）

生：第二句话。

师：为什么？

生：第二句是反问句。

师：反问句表达的语气更强烈一些。请男同学读第一句话，女同学读第二句话，把反问句的语气读出来，表示一定能做成。

（生读）

师：这位同学为了强调，把头一下子侧过来，表示我已经读到心里去了。一起把课文的第二自然段读一遍。

（生读）

师：请同学们自己读课文第四自然段和第五自然段，想想每个自然段讲的是什么意思？

生：雨水不能把石块滴穿，是因为它目标不专一，一会儿滴这里，一会儿滴那里。而水滴总是滴在同一个地方，所以能把石块滴穿。

生：第五自然段说做事情不要三心二意，也不要半途而废，要持之以恒。

师：请同学们默看这两段话（出示第二段和第四段），它们有什么相同的地方，有什么不同的地方？

生：第二段讲水滴目标专一，第四段讲雨水目标不专一。

师：这两种现象形成了鲜明的对比。上一段话讲水滴目标专一，能把石块滴穿，是从正面来讲，下面一段话讲雨水目标不专一，不能把石块滴穿，是从反面来讲的。第一段后面写"这是什么原因呢？"这叫什么？

生：设问。

师：这样就更强调了这段话的主要意思。一起读这段话。

（生齐读）

师：讲同一个意思，可以用不同的语言、不同的方式来说。

师：比较一下，这两段话有什么不同呢？（出示两段话：①如果我们也像水滴那样，还有什么事情做不成呢？②目标专一而不三心二意，持之以恒而不半途而废，就一定能实现我们美好的理想）

生：这两段话都是告诉我们只要不三心二意就可以把事情做成功。

师：两句话的意思是一样的，那么有什么不同的地方呢？第一句话是用怎样的方式来说的？

生：反问句。

生：第二句是陈述句。

师：第二句话中"目标专一"和"三心二意"的意思是相反的，"持之以恒"和"半途而废"的意思也是相反的。这里两组意思相反的词语对比应用，进一步强调了做事情必须要目标专一、持之以恒，才能获得成功。将来作文，也可以学着这样来写。一起读一读这句话。

（生读）

师：如果我们也能像水滴那样，我们还有什么事情做不成呢？只要我们目标专一，持之以恒，就一定能够实现美好的理想。这就是滴水穿石这个故事给我们的启示。

第二课时

师：上节课我们读了滴水穿石的故事，得到了启示。这节课我们继续深入学习课文。请读课文第三自然段，想想写了哪几个故事。读完之后，看能不能像课文那样，用几个词语把每个故事的意思写出来。

（生读）

师：讲了几个故事？每个故事用什么词语来概括？

生：第一个故事讲了医药学家李时珍编了《本草纲目》这本书。

生：李时珍翻山越岭，用了二十几年的时间，编了《本草纲目》这本书。

师：老师用课文中的一个词语当作小标题——立志学医。第二个故事能不能也用课文中的一个词语概括出来？

生：孜孜不倦。

生：自谋生计。

生：迷恋电学。

师："迷恋电学"讲出了故事的内容，就用它作小标题。第三个故事呢？

生：挥毫作画。

生：炉火纯青。

生：坚持不懈。

师：综合一下，就概括为不懈创作。用几个字概括一段内容就可以简明扼要地了解这个故事的内容。请同学们再默读第三自然段，等会儿，把三个故事讲给同学们听，看你记牢了没有。

（生默读）

师：请同桌两位同学互相讲述，每人讲一个故事给对方听。

（生讲）

师：再请同学们默读课文，想想，立志学医的李时珍、迷恋电学的爱迪生、不懈创作的齐白石，他们和滴水穿石中的"水滴"有什么相同之处？把你认为的相同之处在文中画出来。

（生自读）

师：请前后四位同学组成一个学习小组，选好一位做组长，其他三位同学每位交流一个故事的答案，组长确定发言顺序，如果需要修改补充的就作修改补充。

（生分组学习）

师：刚才大家交流得非常好。谁先来交流第一个故事。李时珍和滴水穿石中的"水滴"有什么相同的地方？

生：李时珍立志学医，翻山越岭，走遍了大半个中国。翻山越岭就说明了他走了很多的路。

师：老师提示一下，能不能表达得更加明确一些：你觉得李时珍和滴水穿石中的水滴第一个相同的地方是什么？第二个相同的地方是什么？第三个相同的地方是什么？这样说听起来就很明白。

生：李时珍和滴水第一个相同的地方是都用了很长的时间。

师：从哪里看出来的？

生：二十几年的不懈努力。

师：那个时候人的寿命都不是太长，因为那个时候各方面的生活条件还没有我们现在这样好。李时珍用了二十几年的时间去研究药学。一个人能有几个二十几年啊，而他却用了二十几年，时间够长啊！真是持之以恒！

生：第二个相同的地方是水滴一直想把石块滴穿，而李时珍一直想把生病的人治好。

生：李时珍小时候就立志学医。

师：说明他有恒心，志就是志向，志向就是目标，说明还有什么相同？

生：目标专一。

师：滴水最后滴穿了石头，李时珍呢？

生：写成了药学巨著《本草纲目》。

师：巨著是不是说书大得不得了？

生：是说书的影响大。

师：还说书的价值很大。谁说说从李时珍立志学医的故事中，你受到什么启示？

生：从小想当什么，就要持之以恒，就一定能做成。

生：要做一件事情，就要有恒心、决心、耐心，不能做到一半就不去做了。

师：是的，我们一起再来读一读这两句话。

（生读。①如果我们也像水滴那样，还有什么事情做不成呢？②目标专一而不三心二意，持之以恒而不半途而废，就一定能实现我们美好的理想）

师：你还知道李时珍做了怎样的努力才完成《本草纲目》的吗？谁知道李时珍其他的故事？

生：李时珍的父亲不希望他学医，因为行医在当时是一个让人鄙视的行业……

师：感谢他！（鼓掌）他给我们补充了非常重要的资料。从这个故事中，我们知道李时珍是从小立了志的，虽然父亲反对他，他还是坚持不懈，最后还是用自己的表现，得到了父亲的支持。知道了这个故事，我们再来读这两句话，感受一定不一样。

（生齐读）

师：真的不一样，读出了新的感受。谁来交流第二个故事。爱迪生和滴水穿石中的水滴有什么相同的地方呢？

生：爱迪生对电学迷恋、孜孜不倦。

师：迷恋、孜孜不倦说明爱迪生怎么样？

生：目标专一。

生：孜孜不倦说明持之以恒。

师：说持之以恒的还有一个重要的词语，是哪个？

生：毕生。

师：什么叫"毕生"？

生：一生。

师：爱迪生从小迷恋电学，把所有的精力都用在电学研究上面，这就叫"毕生""持之以恒"。学了这个故事，你有什么启示？

生：做事情要持之以恒、目标专一，这样才能成就事业。

师：再读这两句话。

（生读）

师：关于爱迪生迷恋电学的故事，你还知道哪些？

生：他研究电灯的时候，记了400多个笔记本。有一次一个同事来拜访他，谈到一半的时候，他突然高兴地叫了起来，说："正好借几根胡须来用用。"

师：这就叫什么？

生：迷恋电学。

师：听出来了吗？哪些具体细节说明他迷恋电学了？

生：他说借几根胡须来用用。

生：记了400多个日记簿。

师：感谢这位同学。

生：还有，开始的时候爱迪生每次实验都是失败了。助手已经放弃了，而爱迪生继续研究。

师：还有列车上的一个故事——

生：爱迪生在列车上做一个化学实验，后来烧了起来，列车长把他的耳朵打聋了。

师：这样重大的打击对他来说都不算什么，这就叫迷恋电学，这就叫持之以恒。谁再来读一读爱迪生的故事。把我们心里的话读出来。

（指名学生读）

师：学了这个故事，我们越来越深切地体会到，读——

师：齐白石的故事和水滴有什么相同的地方？

生：他到了晚年，还坚持作画三幅。

师：这说明他怎么样？

生：持之以恒。

生：齐白石从来没有停止过挥毫作画，滴水从来没有停止过滴落下来。齐白石老人坚持不懈地创作，水滴也是坚持不懈地要把顽石滴穿。

师：课文中还有一个词——数十年。在他的画室里还有一幅字：不教一日闲过。什么叫闲过？

生：没事做。

师：就是不白白地浪费每一天的时间，那就是——

生：持之以恒。

师：谁把齐白石作画的故事再读给大家听。真的非常感人哪！

（指名读）

师：还有谁知道齐白石的故事？

生：齐白石90岁寿辰的那一天，祝寿的人太多了。第二天，齐白石早饭都没有吃，就开始画画了。家人说，你已经画了5幅画，为什么还要画。他说，我昨天没有画，今天要补足……

师：这里有几个数字非常重要。

生：90，5幅。

师：这些故事太感人了。知道了这些故事，我们又一次感受到，读——

（生读）

师：除了课文中的三个故事，你还知道哪些人因为目标专一、持之以恒，最后成就了自己伟大的事业的呢？

生：法布尔。他对昆虫进行观察，写成了《昆虫记》这本伟大的著作……

师：还知道哪些人物，就说说名字吧。

生：李白。

生：徐悲鸿。

生：司马迁。

生：海伦·凯勒。

师：从这些人的故事中，你有什么体会？

生：他们都是目标专一。

生：他们都是持之以恒。

生：他们都成就了大业。

师：请看这句话，谁来读。

生：你看，古今中外所有成就事业的人，在前进的道路上，不都是靠着这种"滴水穿石"的精神，才滴穿了一块块"顽石"，最终取得成功的吗？

师：这又是一个反问句。这里"滴水穿石""顽石"都加了引号，你知道这是什么意思吗？还仅仅是指水滴把石块滴穿吗？

生：是有特殊意义的。

师：有什么特殊意义？

生：代表着一种坚持不懈的精神。

师：将"滴水穿石"和"顽石"联系起来看，还仅仅是滴穿石块吗？

生：还指克服困难。

师：再读这句话。

（生读）

师：同学们，我们中华民族是个伟大的民族，它创造的灿烂辉煌的历史文化源远流长，博大精深，成为世界文化中的瑰宝。几千年的文明史，造就了一大批伟大的人物，他们对我们中国的发展，对世界的发展做出了巨大的贡献。他们的成功都是用滴水穿石的精神得来的。水滴的力量是微不足道的，但是因为它目标专一，持之以恒，最终把顽石滴穿。李时珍从小立志学医，他走遍了大半个中国，翻山越岭，吃尽了千辛万苦，最终完成了《本草纲目》。爱迪生从小没有接受正规教育，自谋生计，迷恋电学，最终取得了一千多项专利。齐白石老人一生不懈创作，不教一日闲过，艺术达到了炉火纯青的境界。这些都给我们有益的启示。大家学了这篇课文，一定有自己的感受、想法，能不能用这句话开头，说说自己的想法。（出示：学了《滴水穿石》这篇课文，我想_____）

生：学了《滴水穿石》这篇课文，我想只要努力，只要持之以恒，就能取得成功。

生：我想只要坚持不懈，再大的困难，总是能克服的。

……

师：文中的人物都有自己的志向，你的志向是什么？你可以用上这些词语来说说你现在的想法。（出示：滴水穿石、三心二意、微不足道、日雕月琢、持之以恒、炉火纯青、坚持不懈、半途而废、孜孜不倦、接连不断、锲而不舍）

生：我想，我学唱歌要持之以恒，而不三心二意，要坚持不懈，而不半途而废。如果每天练练嗓子，就能达到炉火纯青的地步。

……

师：课后，请同学们把自己新的想法——读后感写下来。

【教学评价】

一节实实在在的好课

沈春媚

这是我第一次听薄校长执教《滴水穿石的启示》。这真是一节实实在在的好课，说"实实在在"可能老土了一点，但的确没有哪个词语能够比它更好地形容这节课。听完课，还没来得及细细咀嚼梳理，就开始了评课活动，个人意见已汇总到年级，却得知还要另作发言，为免赘述，情急之中，把任务推给了学生。发展性课堂，学生是发展的主体嘛。

说是学生评课，其实只在匆匆忙忙奔赴会议室的途中在学生那儿停留了三四分钟。学生的话虽是零碎的只字片语，但他们的热情和真挚，总是能带给我们深深的思考。于是评课中偷懒引用了他们的话，乱发了一通议论，还是要记下来。因为有思考总是好事，它会不断地给我的教学于矫正，于提高。

开始评课了，第一位同学站起来就说："我觉得这节课上得非常好，我以后一定会目标专一、持之以恒。""停，停！"喊停的是英语沈老师，"不要拍马屁！"沈老师当然是玩笑话，因为我班的孩子天真到还不懂拍马屁，但这样的评价就是所谓的泛泛而谈了，绝谈不出个性，更谈不上具体。大家笑了，于是开始认真起来。

学生语录一："我觉得老师是在对我们循循善诱，他的每一句话，每一个问题，都在启发我们进行思考，不是随便说的。"

我的思考一：发展性课堂评价应有的功能是什么？

发展性课堂教学的评价功能应该不仅仅是激励。比如，在评价过程中，我们还要关注情商方面的发掘，可以针对学生发言的创新精神、心理素质、态度习惯等方面进行评价，培养学生良好的思维品质及素养。又如，评价的语言要丰富，"对""很好""真能干，真聪明"这些比较空泛的评价已满足不了学生的口味。评价多元性是课堂开放性的一种表现，是落实对学生三维目标建构的要求。让我们看这一段评价。

师：读得可以嘛，给点掌声！有些地方读得很好，当然有些地方还需要改进，但是如果请其他同学来读，可能也是这样的。听了刚才这位同学的朗读，我好像觉得水滴有时滴在了这个地方，有时滴在那个地方。（众笑）谁再来读，把这段话的意思读出来。

（生读）

师：滴水滴得近了一点，但是还有滴在其他地方的感觉。

（生读）

师：这次有没有滴在同一个地方？

生：有！因为"总是"读得特别响。

师：是啊，我们要表达一个意思，就要把表示那个意思的词读出来。可是我听了还有一个感觉：滴水穿石好像也没有什么稀奇的。怎样读才能告诉大家，这是一大奇观呢？

（生再读）

师：读得真好！真的是奇观啊！一起读一遍。

孩子们觉得老师这种善意的评价很幽默，同时也知道自己该怎么做了。这样的评价语言诱发了学生进一步思考问题，发展学生的思维，对语言文字的赏析、品味也落实在了实处，在关键之处的巧妙点拨，其实教会了学生如何读书。

学生语录二：我觉得老师在这节课上给我们信心，总是在表扬我们，同学们的发言也很积极，一步一步得到了提高。

我的思考二：发展要重过程。

发展性课堂的重要特点之一是建构性。本课在小组合作学习之后，薄校长让学生交流三位名人与水滴的相同之处，得出李时珍、爱迪生、齐白石之所以成功，是因为他们目标专一、持之以恒。学生讨论、交流相同点，补充李时珍、爱迪生、齐白石的其他故事，这样的过程就是一个丰厚、真实、有序、自主的建构过程。

新课程标准要求课堂教学要整体考虑"知识与能力、情感与态度、过程与方法"的综合。但往往在一些老师的课中很难扎实地落实。而在这节课中，学生却一步一步经历着"参与—建构—生成"，这个过程虽然时间不长，却为学生创设了开放式的言语交际环境，让学生对课文的语言文字经历一个"感知—感受—感悟"的过程，同时在平等融洽的对话环境中培养了学生积极的情感和态度。

如果换一种说法，这个过程其实就是：三个故事中，你能从哪些地方读出"目标专一、持之以恒"的精神？但是，薄校长以另一种方式，举重若轻地让学生自然地进入了建构过程。什么是"理解"？在这节课中，他引导学生在已有旧知的基础上逐步提高，同时激活生活体验与原有语言的相似块，将重点词句的理解与学生自己的表达相结合，深化学生对文本语言的感悟和课文主题的理解。他步步推进地让学生感受了作者巧妙的表达方式，如反问句、陈述句，如正写、反写，做到训练和感悟并举，阅读与写作相连，从而实现真正意义上的"主动发展"。

这样的过程，哪怕是艰难的，哪怕是并不完善的，但却是学生真正受益的。其实在课前我甚至没有和学生进行任何预习，课文也只在两天的早读中各读了一次。这是一节完全"原生态"的课，课中有一个环节得提一下，一个男孩解释"锲而不舍"非常流利：锲原来的意思是雕刻，锲而不舍的意思是一直雕刻不放弃。薄校长表扬他：你解释得非常到位，一定是查了字典。其实，这些孩子课前完全没有查过字典，他们的这种认知，完全是基于旧知，在本课的基础上生成的。

学生语录三："杨红樱的《五三班的坏小子》这本书中有一个严老师，上课非常闷，我们都不喜欢，我觉得薄校长上课非常有趣，活泼。"

我的思考三：发展性课堂重内涵。

其实薄校长应该不是一个有趣、活泼的人，但是为什么学生觉得他非常有趣、活泼呢？那是这节课带给学生的回味。同时也带给我们这样的思考：我们要追求的是外在的"活跃"还是内在的"有趣、活泼"。在中国的武侠小说中，少侠初出道时用的是锋利无比的宝剑，等到他武艺精通时却用钝剑，因为锋利对他来说已经不重要了，他的内功变得雄厚。等到他四十来岁成为大侠的时候，他只用一根木棍，而最厉害的人手中则是没有兵器的。

我想，在教学的艺术中，我们不断地在追求着，而最后回归本原的，还是从学生实际出发的：在深入钻研文本的基础上，设计最有利于他们发展的教学，真正扎扎实实地提高学生的语文能力和素养的朴素的教学，所以，是向外寻找形式的花哨，还是向内修炼教学艺术的提高，这是一个方向。

本课中就有这样一个朴素而有趣的设计。

在读第一个故事的时候，出示：

如果我们也像水滴那样，还有什么事情做不成呢？

目标专一而不三心二意，持之以恒而不半途而废，就一定能实现我们美好的理想。

读第二个故事的时候，出示的话变成了：

如果我们也像水滴那样，＿＿＿＿＿＿＿＿＿＿＿＿＿？

目标专一而不＿＿＿＿＿＿＿＿＿，持之以恒而不＿＿＿＿＿＿＿＿＿，就一定能实现我们美好的理想。

在读第三个故事的时候，是这样的：

＿＿＿＿＿＿＿＿＿＿＿＿，＿＿＿＿＿＿＿＿＿＿＿＿＿？

＿＿＿＿＿＿＿＿，＿＿＿＿＿＿＿＿，＿＿＿＿＿＿＿＿。

这个有趣的设计，背后是什么？投影上的字越来越少，而学生心里的东西越来越多。这种转化，便是我们要探究的内涵。

说了这么多，其实也就是学生零碎地说了两三句，于是"恐吓"他们：反正校长不在，你们就再说点缺点吧，于是他们又开始七嘴八舌：

学生：我觉得他读得太大声了。

学生：那是因为用了话筒。

我的思考：在整节课中，每次齐读，薄校长都是和学生一起读的，因此学生感到声音太响了。但是，我非常认同和学生一齐读的做法。我们经常出去听课，但很少，且基本没有哪个老师会和学生一起读完全书。我觉得，这是一个老师真正地把自己放在和学生同等位置上，设身处地地从他们的角度出发，带领他们一起成长之时才会有的举动。教育不是凌驾，而是平视中的发现。

最后一点感想，与"头号美女"的博文呼应一下：这些是我看到的最天真的孩子，感谢你们，生活在你们中间真的很幸福。

导水的功夫　穿石的效果

——薄俊生《滴水穿石的启示》"发展性课堂教学"解读

周振芳

星期五下午，有幸观摩了薄校长《滴水穿石的启示》一课的教学，收获很大。什么是发展性课堂教学？如何进行发展性课堂教学？《滴水穿石的启示》为我们作了最好的诠释。

第一，"发展"需要良好的情绪状态。

课前，师生进行了互动对话，老师问学生："如何帮帮老师？"学生说："要活跃"

"表现好""声音响""认真听""读得好"……短时间的互动交流活跃了课堂气氛，激发了学生良好的情绪状态，而且这种状态一直保持到课堂结束。

在接下来的教学中，在学生朗读时，在学生回答问题时，教师不失时机地利用课前"谈话"："认真听""读得好""思维活跃"……所用之处，学生心领神会，果然"好"起来，"活跃"起来，精彩起来，整堂课如水一样灵动、活泼、生动。

第二，"发展"是在一定的平台上进行的。

发展需要凭借，学生语言的发展包括对语言的理解和运用，需要为他们设计练习平台。这堂课的教学中，教师深入钻研教材，精心设计训练，让语言的理解运用同步发展。

一个填空：滴水穿石，真是_____啊！

这个填空题给了句式的规定，情感的提示，如同开了一条渠，把学生精彩的话语"导"了出来：不可思议啊、让人不敢相信啊、千年难得一见啊、实属罕见啊、让人另眼相看啊……"啊"字既是情感的提示语，又是思维的启动器。一字之中见容量。

多组比较：如，读第一节中一段话。先出示了部分，教完后补出前面的一个问句。让学生进行比较，体会有了问句的好处。再如，第二节第一句和第四节的比较，让学生明白同一个意思可以从正反两方面去写。比较是一种手段，借此手段，帮助学生理解了表达方式的多样性，积累了语言表达的方法，学生的语言能力得到了有效的发展。

第三，"发展"是一个过程。

课堂教学，应该使学生的"知识、情感、思维、自我意识"都得到发展，而发展离不开过程。在这堂课上，老师循循善诱，耐心细致地指导学生，一遍又一遍地让学生读，让学生说，学生的表现越来越精彩。

如，第一节的理解——

师：细细读这一节，想想滴水穿石需要具备哪几个条件。

生：要有很长的时间，还要一直在滴，而且滴在同一个地方。

师：能不能这样讲：要把石头滴穿，必须具备这样几个条件：第一、第二、第三。

生：要把石头滴穿，必须具备这样几个条件：第一目标要专一，要持之以恒……

师：能不能用第一节的内容来讲？

生：要把石头滴穿，必须具备这样几个条件：第一要"接连不断"地滴，第二要滴在"同一个地方"，第三要长时间，"几百年""几千年""几万年"。

师：是的，要把石头滴穿，必须要不断地滴，要滴在同一个地方，还要长时间地滴。

语文姓语，语文学科有其自身的特点。说出三个条件，或许并不难，但说出三个条件从语文的角度来看，还要考虑怎样说。因此，要在理解的基础上进行合理的表达。在这里，教师从说的形式和内容上对学生进行了提示，让学生说得规范得体。

再如第一节的朗读——

师：谁来读一下这一节？

（第一生读）

师：你们说，他与平时的表现一样不一样？

生：不太一样，今天有点紧张。

师：老师觉得好像"水滴"——

生：没什么了不起的。

师：谁来读得"了得起"？哪个地方读好了就"了不起"了？

（第二生读）

师：好，了不起了。但老师觉得水滴一会儿滴在这个地方，一会儿滴在那个地方。谁再来读一读。

师：现在有没有滴在同一地方，从哪里看出来？

生：他把"总是"强调了。

师：对！重读什么，就是强调什么。

师：还有一点点感觉——水滴把石头滴穿不怎么稀奇。怎样读？再来。

（第四生读）

师：把"奇观"读出来了，把意思读出来了！

（第五生主动要求读）

师：明白了吗？怎样读？我们照着他的方法读。

"教师的强是使不强的学生强起来，使不会的学生会起来。"一遍又一遍地朗读，一遍比一遍有提高，直到最后一个学生主动要求朗读。这需要过程，但这个过程不是简单地重复，而是变化中的提高。教师对学生的朗读进行了指导：技术性的指导（重读什么词），形象化的指导（滴在一个地方），策略性的指导（先肯定，再要求）。我们不仅看到了精彩的结局，更看到了精彩的过程。

第四，"发展"是开放的系统。

发展性课堂是开放的，空间在教室，内容在教材，但是它常常在突破时空的限制，进行开放性的拓展。在本课的教学中，薄校长引导学生进行了这方面的拓展。

如，教学中补充了一幅字："锲而舍之，朽木不折。锲而不舍，金石可镂。"并让学生说一说。由于这幅字与课文所讲道理有相通之处，学生无师自通，老师稍稍点拨，学生就理解它的意思，而且明白了语文就在我们的生活之中。

再如，在教学第三节时进行了大量的补充拓展。第三节中出现了三个人物：李时珍、爱迪生、齐白石。教学中，让学生讲讲这三位名人的故事。师生共同补充，丰富了教学，充实了教材。教材丰厚起来了，教学丰满起来了。

第五，"发展"性视野下的教材观。

教材是教学的凭借，教学内容来自教材，教学设计依据教材。但是教学不是教材的复演，而是对教材的创造和发展。发展性课堂教学中，教材也是可以发展的。在这堂课上，我们看到了全新的《滴水穿石》。教学中对教材进行了"变序"，把第一、第二节与第四、第五节联系起来，由两头到中间。"两头"突破悟出道理，中间展开内容，加上课后练笔深化认识，形成了一个完整的教学过程。

"变序"的基础是对教材的钻研，"变教材"是为了更好地"用教材"。"教材要像煎饼师傅手中的面团一样任你拿捏。"没有对教材深入的研读，也就无法解构、重构教材。

第六，"发展"性视野下的策略和方法。

学习完"两头"后，屏幕上出示了一段话："目标专一而不三心二意，持之以恒而不半途而废，就一定能够实现我们美好的理想。"学完第一个故事后，回到这句话让学生读。当学完第二个故事后，再读这句话，但这句话有了变化，成了填空题："目标专一而不_____，持之以恒而不_____，就一定能够实现我们美好的理想。"学完第三个故事后，再回到这句话，但只剩下三条横线了。随着教学的深入，黑板上的内容越来越少，而学生头脑中的东西越来越多，这"越来越多"的过程就是学生身上看得见的发展。

　　还有，第三节中的几个小故事。教学所采用的方法可以说是相同的，都包含了这样几个基本的环节：找人物与"滴水穿石"相同的地方，读课文、读屏幕上的字，说故事、说自己。但在具体运用的时候，灵活处理，进行了新的排序和组合。组合产生了变化，避免了教学的单调重复，使三个故事的教学同中有异，异彩纷呈。

三、《最大的麦穗》教学实录及教学评价

【教学实录】

师：今天，我们来学一篇课文，（指黑板）一起读。

（生读黑板上的课题）

师：题目中的关键词是哪一个？

生：最大的。

师：能不能通过你的朗读让大家感受到它的重要。

（生读）

师：向她学习，一起读。

（生齐读）

师：你们课前读了几遍课文？

生：（有一遍，有两遍，还有三遍四遍）

师：不得了，我们班同学学习的主动性很强，积极性很高。为了能在这么多的老师面前有更出色的表现，老师建议大家再做一次准备，怎么样？

（生自由地读课文）

师：同学们读书的时候老师在仔细观察，发现有的同学读书时小脑袋一晃一晃的，你知道这是为什么？

生：说明他读得很认真。

生：说明他读得很专注。

生：说明他读得很投入，很有感情。

师：对，读书就要这样，把自己的心放到课文里去。下面，谁愿意把课文读给

大家听，把你自己对课文的理解通过朗读表达出来，让每一位同学都来欣赏欣赏。

师：谁来读第1、第2自然段？

（生读）

师：一天，苏格拉底带领几个弟子来到一块长满沉甸甸的麦穗的麦地边，对弟子们说了这样一句话，（出示苏格拉底说的第一次话）谁来当一回苏格拉底，说说这句话？其他同学都当苏格拉底的弟子，听明白老师说的意思。

（生读）

师：弟子们，听明白了吗？听明白什么了？

生：老师让我们去摘最大的麦穗，而且不能回头。

师：他听懂了两层意思，一层是"摘一个最大的麦穗"，一层是"只许进，不能退"。

师：从"只许进，不许退"中，你能知道些什么，体会些什么？

生：不能半途而废。

生：不能反悔。

师：也就是说，对于任何一株麦穗，有没有重新选择的机会？

生：没有。

师：朗读其实就是代文中的人物说话，文中的人物想要表达什么意思，我们就应该怎样朗读。读的同学要准确地把文中人物的意思表达清楚，听的同学要领会表达的意思。

师：谁能再来代苏格拉底说这句话，把这句话讲得更明白，让弟子们听得更清楚？

（指名读）

（齐读）

师：哪位愿意读课文的第3、第4自然段？

师：听了这位同学的朗读，你觉得弟子们摘麦穗时表现得怎么样？

生：弟子们摘麦穗时表现得非常认真，非常专注。

生：非常用心。

师：从哪些地方可以看出来？

生："看看这一株，摇了摇头，看看那一株，又摇了摇头。"

生："经过了很长一段时间。"

生："埋头向前走。"

师：那谁再来读 3、4 两个自然段，把弟子们的专注、用心充分表达出来，让大家都来感受一下。

（生读）

师：大家感受到了吗？给点掌声！

师：弟子们这样认真地寻找麦穗，到头来却两手空空，你想想，那时弟子们的心情会怎样？

生：非常后悔，后悔没有摘大的。

生：有点难过。

生：失望。

生：懊恼。

生：惋惜。

师：谁来读第 5 自然段，让大家感受一下弟子们的这种心情。

（生读）

师：弟子们两手空空地来到麦地的尽头，老师对他们进行了开导，说了这样一段话。

（出示：人的一生也仿佛在麦地中行走……）

师：你觉得苏格拉底会怎样对弟子们说这段话？

生：会语重心长地说。

师：这位苏格拉底语重心长，真是一位优秀的长者。请你语重心长地说这一番话。

（生读）

师：你觉得苏格拉底还会怎样说这段话呢？

生：苏格拉底是非常严肃地说这番话的。

师：这位苏格拉底非常严肃，是一位严厉的长者。请你严肃地说这一番话。

（生读）

师：谁还有不同的理解？

生：苏格拉底是非常平和地说这番话的。

师：这位苏格拉底态度平和，很注意教育方式，既使弟子们接受了教育，又保护了他们的自尊心。请你态度平和地说这番话。

师：还剩下最后一段，愿意读的同学一起读最后一段。

（生读）

师：这一段里有两个关键的词语，意思正好相反，你能找出来吗？

生："不失时机""错失良机"。

师："不失时机"是什么意思？

生：不放弃当时的机会。

师："错失良机"呢？

生：错失自己的大好前程。

生：把一个好的机会错过了，失去了。

师：这篇课文谈论的中心话题就是"机会"两个字。老师请大家来默读课文，思考这样三个问题。谁来读一下？

（1）弟子们那么认真地寻找最大的麦穗，到头来却两手空空。他们的机会在哪些时候一次次地失去了？他们为什么会一次次地错失良机？

（2）弟子们能摘到整个麦地里那唯一的最大的麦穗吗？他们如何才能摘到属于自己的最大的麦穗呢？

（3）"追求应该是最大的，但把眼前的一穗拿在手中，这才是实实在在的。"你能用生活中的事例说明这个道理吗？

师：问题都听明白了吗？请大家默读课文，从课文中寻找答案。

（学生自读思考）

师：大家可以动动笔，在答案处圈点，做到不动笔墨不读书。

师：弟子们的机会在哪些时候一次次地失去了？

生：弟子们摘了几穗，又随手扔掉了，他们扔掉的就是最大的麦穗。

师：在随手扔掉之间把机会失去了。

生：看看这株，摇了摇头，看看那株摇了摇头。

师：他们在摇头之间把机会失去了。

生：埋头向前走，在任何时候都在失去机会。

生：他们在挑挑拣拣之中失掉了机会。

师：所有这些反映出弟子们当时是怎样的心理？

生：他们觉得机会还有很多。

师：他们为什么会一次次错失良机？他们是怎么想的？

生：他们总认为最大的在前面，没有必要过早地定夺。

生：他们总以为机会还很多，完全没有必要早早地定夺。

师：刚才读3、4两个自然段，我们着力表现的是弟子们摘麦穗时的用心和专注，通过刚才的讨论，你觉得现在读这两段应该要着重反映弟子们的什么？

生：反映他们一次次地错失良机。

生：犹豫不决。

师：那谁再来读3、4两段？

（生读）

师：弟子们能摘到整个麦地里那唯一的最大的麦穗吗？

生：能。

生：不能。麦地中肯定有一穗是最大的，但未必能找到它。即便是找到了，也未必能作出准确的判断。

师：这位同学很会读书，能够从课文中找到依据。

师：苏格拉底说的话回答了这个问题（出示苏格拉底的话）。要说好苏格拉底的话，要让大家听明白苏格拉底说的话，朗读时，你觉得要特别注意哪几个词语？

生：肯定、未必。

生：即使……也……

生：因此。

生：还有"但"。

师：谁能用苏格拉底的话来回答这个问题，让大家听明白苏格拉底说的意思！

（生齐读）

师：那么，弟子们如何才能摘到那属于自己的最大的麦穗呢？

生：他们只要见到颗粒饱满的麦穗就不失时机地摘下它，因为颗粒饱满的是最大的。

生：虽然追求应该是最大的，但把眼前的一株拿到手中才是最重要的。

师：有总比没有好。把眼前的一穗拿在手中，对于我们来说，就是我们所能得到的最大的麦穗。这就是课文最后一句告诉我们的道理。（板书：眼前的一穗）

师："追求应该是最大的，但把眼前的一穗拿在手中，这才是实实在在的"，生活中你有没有遇到过这样的事？

生：今天的上课，面对同学、老师，我想也是一个绝好的机会，如果好好把握这个机会，向同学老师展示自己的风采，也是很实实在在的。

师：这个最大的麦穗被你摘到了。

生：学校组织踢毽子比赛，由于怕这怕那，我没有报名，而比赛的结果，连冠军的成绩还不如我。唉……

生：大队部改选，我认为自己能力不够，打消了竞选的念头，后来就后悔了，我并不比别人差，如果竞选成功的话，我的小学生活一定会更加灿烂。

师：如果我是苏格拉底我一定收你为徒。

生：记得上周，老师让我们回去制作一件手工艺品，我花了不少工夫，又是做陶制品，又是做模型，一心想做件最棒的，可做出来又觉得不满意，一气之下，我把它们全扔了。到了学校，看见同学们都带了他们的作品，只有我两手空空，真是后悔！

师：谈谈你听说过的其他人的事。

生：我的表哥大学毕业出来找工作，他不是嫌这个工作工资少，就是嫌那个工作太辛苦，总想找个最好的，很不现实，现在还待在家里。

师：你把我们今天学的课文带回去，给你表哥读读。

生：我的大伯本来是做羊毛衫生意的，由于他能吃苦，大生意做，小生意也做，所以生意特别好。几年后，他就积攒了一笔钱，造了大厂房，现在……

师：你大伯抓住机遇真不赖！你理解课文也不赖！

……

生：学习时，我们喜欢做难的题目，不做简单的题目。实际上，只要多做简单的题目，说不定难的题目就会做了。

师：打好基础才能解难题。生活中还有很多这样的事情，比如找工作，做股票，做生意……都要把握机会。

师：苏格拉底的弟子们毕竟接受了老师多年的教诲，他们与我们班同学一样，悟性特别好，领会的能力特别强，听了老师的这一番话以后，领悟出了刚才大家领悟到的道理。请大家各自朗读课文第 7 自然段，代弟子们把悟到的道理说出来，让人一听就把这个道理听明白。

（生读）

师：（相机打断点拨）这两个"也"字强调得好，把在麦地中寻找最大的麦穗与在生活中寻找人生目标的相似之处给突出出来了……

师：这里的"则"字停顿得好，使两种思想、两种行为形成了鲜明的对比……（板书：不失时机）

师：这里"才"字上扬得好，让人一听就能抓住这段话的精髓。

师：同学们，让我们铭记这段哲理，用它来指引我们今后的人生道路，把这段话记在脑子里。

师：记住了吗？全部记住是不可能的，请记住的同学一起把这个道理说出来，注意这三个关键词。

（出示：也……也……，有的……有的……，……才……）

（生在词语的提示下背诵）

师：读到这里，你认为课题中的"麦穗"仅仅是指麦穗吗？

师：课文学到这里，你有什么话要对大家讲？自己准备一下。

师：我们来开展一次 3 分钟演讲，看谁能抓住机会，在这么多的同学和老师面前展示一下自己的风采？

师：对"不失时机，抓住机遇，把握当前"这样的道理，许多人都有深刻的体会，下面是一些名人讲的名言，谁来读一下？

（生读）

（出示①机会来的时候像闪电一样短促，完全靠你不假思索地去把握。——巴尔扎克；②机会是每个人都有的，但许多人都不知道他们已碰到它。——达尔文；③机遇只垂青那些懂得怎样追求它的人。——查理·艮科尔）

师：我建议同学们课后也把自己的名言写下来，来说明学了这篇课文以后懂得的道理。同学们，我们应该追求远大的目标（板书），但我们更要抓住机遇（板书），把握当前（板书），只有这样"一穗一穗"地积累起来，我们才能得到一堆闪光的金子，才能获得最大的成功。

板书：

最大的麦穗　　　不失时机　　　眼前的一穗
　　　　　　　├─────↓─────→

远大目标　　　抓住机遇　　　把握当前

【教学评价】

一个教材，三种演绎

——《最大的麦穗》一课三教给我们的启示

顾丽芳

《最大的麦穗》是一篇非常富有哲理的课文，对于成人来说，要想深入透彻地把握课文主旨与全部内涵，也不是轻而易举的。作为苏教版小学语文六年级教材，对于小学生，对文本的理解感悟达到怎样的程度，如何达到这些课堂目标，给上课的老师提出了挑战。三位老师用自己的课堂分别对这些问题作出了自己的回答。

课堂回眸

片段一：（常州实小 蒋老师）

师：听了苏格拉底的话，你有什么想法，说一说。

生：我对"最大"一句话有体验。我们要有远大的理想，但要把握身边的机会，只有这样才不会虚度光阴。

生：抓住机会，把当前的任务好好地完成。

生：人的一生就像在麦地里行走，机不可失，时不再来。

生：人在行走，寻找自己的理想，有人东张西望就会错失最好的机会。

师：我们一起来读一读这句话好吗？

（生齐读"人的一生就像在麦地里行走……"）

师：我们要寻找理想，我们必须抓住每一次机会。有时一句名言会影响一生。我们要牢牢地记下。让我们再来读一读。

（生齐读苏格拉底的话）

师：许多人像苏格拉底一样感叹机遇。〔出示①机会是每个人都有的，但许多人

都不知道他们已碰到它。——达尔文；②机会来的时候像闪电一样短促，完全靠你不假思索地去把握。——巴尔扎克]

师：同学们，希望你们好好利用它，记住，机会不会来敲第二次门。

片段二：（苏州园区二实小　凌老师）

师：苏格拉底在用麦地模拟人生，用麦穗模拟机会，你能否用上这些词谈谈你对人生的看法呢？自己先说说。

（出示：这麦地里（肯定）有一穗是最大的，但你们（未必）能碰到它；（即使）碰见了，（也未必）能作出准确的判断。（因此）最大的一穗就是你们刚刚摘下的）

生：人生肯定有许多机会，但你们未必能碰到它，即使碰到了，也未必能作出准确的判断。因此我们要把握好每一次机会，好好地拿在手中。

师：你能不能根据老师的板书来说说自己的追求呢？同桌交流一下。

生：我想成为一名老师。但我未必能成为一名最好的老师，即使我从现在开始努力也未必能成功，因此要抓住每一次机会。

生：我想考上清华大学，但我未必能考进这个学校，即使我从现在努力也未必能成功，但我会把握自己的机会。

生：我想成为服装设计师。

生：我要成为有名气的老师。

师：让我们再来读他的话，把你的理想与追求读出来。

（生读）

师：你们读懂了这句话，那么弟子们呢？

（出示：苏格拉底的弟子们听了老师的话，悟出了这样一个道理：人的一生仿佛也在麦地中行走，也在寻找那最大的一穗。有的人见到了颗粒饱满的"麦穗"，就不失时机地摘下它；有的人则东张西望，一再错失良机。当然，追求应该是最大的，但把眼前的一穗拿在手中，这才是实实在在的）

师：谈谈上了这节课后你的收获。

生：人生有许多机会，我们要好好把握。

生：人生是没有回头路的。

生：人的一生只有一次。

生：人的一生是不断前进的，我们的人生有许许多多的机会，不要让机会白白地浪费掉。

生：把握每一次机会，不让人生白白地浪费。

师：老师也给你们带来了一株最大的麦穗。这是我们园区第二实验小学的校训：志远、行进。老师把这四个字送给你们，愿你们在人生的道路上志远、行进。

片段三：（常熟实小 薄俊生）

师："追求应该是最大的，但把眼前的一穗拿在手中，这才是实实在在的"，生活中你有没有遇到过这样的事？想一下。

生：今天的上课，面对同学、老师，我想也是一个绝好的机会，如果好好把握这个机会，向同学老师展示自己的风采，也是很实实在在的。

师：这个最大的麦穗被你摘到了。

生：学校组织参加踢毽子比赛，由于怕这怕那，我没有报名，而比赛的结果，连冠军的成绩还不如我。唉……

生：大队部改选，我认为自己能力不够，打消了竞选的念头，后来就后悔了，我并不比别人差，如果竞选成功的话，我的小学生活一定会更加灿烂。

师：如果我是苏格拉底我一定收你为徒。

生：记得上周，老师让我们回去制作一件手工艺品，我花了不少工夫，又是做陶制品，又是做模型，一心想做件最棒的，可做出来又觉得不满意，一气之下，我把它们全扔了。到了学校，看见同学们都带了他们的作品，只有我两手空空，真是后悔！

师：谈谈你听说过的其他人的事。

生：我的表哥大学毕业出来找工作，他不是嫌这个工作工资少，就是嫌那个工作太辛苦，总想找个最好的，很不现实，现在还待在家里。

师：你把我们今天学的课文带回去，给你表哥读读。

生：我的大伯本来是做羊毛衫生意的，由于他能吃苦，大生意做，小生意也做，所以生意特别好。几年后，他就积攒了一笔钱，造了大厂房，现在……

师：你大伯抓住机遇真不赖！你理解课文也不赖！

……

生：学习时，我们喜欢做难的题目，不做简单的题目。实际上，只要多做简单的题目，说不定难的题目就会做了。

师：打好基础才能解难题。生活中还有很多这样的事情，比如找工作，做股票，做生意……都要把握机会。

　　师：苏格拉底的弟子们毕竟接受了老师多年的教诲，他们与我们班同学一样，悟性特别好，领会的能力特别强，听了老师的这一番话以后，领悟出了刚才大家领悟到的道理。请大家各自朗读课文第7自然段，代弟子们把悟到的道理说出来，让人一听就把这个道理听明白。

　　（生读）

片段反思

　　片段一的蒋老师，通过让学生自读苏格拉底的话，然后交流自己的阅读感受，在学生自主交流的过程中，老师顺势点拨，从而引导学生感悟"抓住机会，把握当前，机不可失，时不再来"。

　　片段二的凌老师，在引导学生理解了苏格拉底将人生的哲理寓于捡麦穗之中的意图之后，紧扣苏格拉底的一段话，以其中的"……肯定……未必，……即使……也未必，…… 因此……"这些关联词语为抓手，让学生用这些词语谈谈自己对人生的看法，将语言的运用与人文目标的落实有机融合，让学生感悟："人生的最大目标未必都能实现，抓住当前的机会是最为关键的。"

　　片段三的薄校长，在学生理解了苏格拉底的话以后，通过"'追求应该是最大的，但把眼前的一穗拿在手中，这才是实实在在的'，生活中你有没有遇到过这样的事"将话锋一转，引导学生提取自己生活中与苏格拉底的话含义相近的"相似积累"，在学生交流"面临难题""面对课堂转瞬即逝的发言机会""在班干部竞选过程中把握机会"等问题的时候，老师适时点拨：找工作，做股票，做生意，都要把握机会，然后自然地呈现名人关于"机会"的名言，如此将文本语言的理解通过各种活生生的生活事例在学生头脑中构建起"抓住机遇，把握当前，才能获得最大的成功"的新的意义。此时的"最大"，已经从"绝对的最大"迁移为对每个人来说的"相对的最大"，从而实现了文本主旨的有机激活与有效提升。

　　三位老师的课堂给了我们不小的启示：一堂理想的语文课，老师对教材深入把握、准确定位是基础、是前提。有了"深入"，还要能"浅出"，让学生在老师的引领下不知不觉地理解、领悟、构建。相对而言，片段一中学生交流的内容似乎显得简单、浅显了一些，老师对于学生课堂生成的东西引导点拨也基本与学生所能感悟到的内容在同一个层面，因此这一目标达成给人的感觉是"少到位"；片段二中，老师给了学生理解和感悟文本的"语言的架子",即规定学生用苏格拉底话中的一些关联词语来联系生活说自己的看法,这样的设计初衷应该是非常好的,意在体现工具性、人文性的融合。但事实上,看似具有一定坡度的语言形式的提供反而限制了学生的思维,课堂上学生的回答就有些"套用语言形式"之嫌,对文本内在意义的挖掘不够深入,语意与生活事例的结合显得少紧密,因此给学生留下的印象难免就有些"浮在表面";片段三的教学中,老师引导学生在理解了文本意义之后,很自然地唤起学生的生活相似积累,学生交流的大量生动的例子(正反两方面)之中,经过老师充实、点拨与提升,学生对苏格拉底的话在自己的头脑中不断构建起丰满的意义,只有这样构建起来的意义才能在学生的脑海里心灵上刻下深深的印记。

这里,笔者只是就课堂而课堂,无意褒贬上课老师。课堂总是遗憾的艺术,但三位老师用自己的思考和实践给了我们非常珍贵的启示:"深入"是"浅出"的前提,"浅出"也是另一种"深入"的表现,只有深刻解读教材,才能准确把握教材,正确定位教学目标,才能预设科学合理的课堂教学环节,生成理想高效的课堂。

四、《特殊的葬礼》教学实录

师:同学们,我们以前是在这个大教室上课吗?

生(齐):不是。

师:那么今天我们到这里来上课跟以前有哪些不一样的地方,告诉大家听听。

生:这里教室大而且比较凉快。

生:还有很大的屏幕。

生:还有听课老师的座位。

师:平时后面有那么多听课老师吗?

生(齐):没有。

生:在班级里没有喇叭,在这里有喇叭。

师:对,班级里没有扩音设备,因为这里大,怕后面的老师听不见,所以配备了一套扩音设备。

生:这里面的灯很多。

生：这里还有人为我们拍照。

师：还有拍照的，特别隆重。是的，我们今天上课跟以前上课确实有很多不一样的地方。因为是初次见面，我们先来做一个"猜猜看"的游戏好不好？

生（齐）：好。

师：请听题——什么鱼不能吃？

生：是不是死鱼啊？

师：死的鱼都不能吃吗？

生（齐）：不一定。

师：有时候爸爸妈妈买了鱼，买的时候活的，买到家里就死了，还吃吧？

师生（齐）：还吃。

生：我猜是木鱼。

师：对，木鱼不能吃。木鱼是什么样的，有没有见到过？

生（齐）：木鱼是敲的。

师：第二个谜语，请听题——什么池里不能有水？

生：我认为是电池不能有水。

师：电池里有了水就不能用了。第三题稍微难一点——什么布不能做衣服？

生（齐）：瀑布。

师：一讲到瀑布我们就联想到一首千古传诵的诗歌，是哪首？

生（齐）：《望庐山瀑布》。

师：我们一起来朗诵一下，好不好？朗诵跟背不一样，背只要把声音念出来就可以了，朗诵还必须得怎么样？

生（齐）：有感情。

（生齐朗诵）

师：真好，今天老师就跟大家一起来学习一篇跟瀑布有关的课文，请大家看老师在黑板上写字——"礼"。

师：给"礼"字组个词。

生：礼品。

生：葬礼。

生：礼物。

生：礼貌。

师：请大家再来看老师写个字——"葬"，一起读。

生（齐）：葬礼。

师："葬"是个生字，你准备怎样把它记住？

生：我先写一个草字头，然后写一个死，最后再横、撇、竖。

师：下面那个部首老师告诉大家，叫弄字底。

生（齐）：弄字底。

师：草字头，中间一个死，下面一个弄字底，就读葬。看了"葬"的字形，你能不能猜出这个字是什么意思？

生：就是有人死了的意思。

师：有人死了的意思，是吗？

生：就是有人死了要把他埋起来的意思。

师：对，就是处理死者遗体的意思。大家再来看一下，这个"礼"字有三个意思：①大家共同遵守的仪式；②表示尊敬的言语或动作；③礼物。你觉得葬礼中的"礼"是什么意思？

生：大家共同遵守的仪式。

师：那么葬礼是什么意思呢？

生：我觉得应该就是为死掉的人埋葬时的仪式。

师：埋葬的时候举行的仪式，说得真好。在处理死者遗体的方式上，世界各民族中有土葬、火葬、水葬、天葬、洞葬、树葬、悬棺葬、壁橱葬、食葬等多种形式。中国的葬礼一般是在火葬之前召开规模大小不等的追悼会。追悼会的主要程序有奏哀乐、向遗体或遗像致哀、有关人员致悼词、向死者家属表示慰问等。我们有没有谁参加过葬礼的？是不是这样的？

师：下面请同学再来看老师写字。一起读。

生（齐）：特殊。

师：给"特殊"找一个近义词。

生：特别。

师：也就像我们今天到这里来上课感到——

生（齐）：非常特别。

师：特殊的"殊"是个生字，你准备怎样把它记住？

生：我准备先写一个歹徒的"歹"字，再写一个"朱"字。

师：对，歹字部朱字边就是"殊"。今天学的课文的题目就是"特殊的葬礼"。看了这个题目以后，你想知道些什么或者你有什么问题要提出来？

生：我的问题是特殊的葬礼是为谁准备的？

生：我的问题是为什么说这是特殊的葬礼？

生：为什么要举行这次葬礼？

生：这个葬礼有什么特殊的意义？

生：这个葬礼有哪些人参加？

生：特殊的葬礼是怎样举行的？

生：谁主持了这个葬礼？

生：在哪里举行了这个葬礼？

师：说得真好。请同学们打开课文，课前大家都预习了课文，对吧？

生（齐）：对。

师：预习的时候做了哪些事情，告诉大家听听。

生：标了自然段号。

生：有不懂的词语还查了字典。

生：把比较喜欢的词语画了下来。

生：还画好了课后的词语。

生：我们还预习了绿线内的字。

师：好，真好！下面老师来考考大家，请大家看一下这些词语你是不是会读了。

生：拉丁美洲、特殊、葬礼、滔滔不绝、减少、下旬、慕名而来、教授、重演。

师：读得好不好？

生（齐）：好。

师：我们要不要表示一下？（鼓掌）大家一起读。

生（齐）：拉丁美洲、特殊、葬礼、滔滔不绝、减少、下旬、慕名而来、教授、重演。

师：下面这些词语就比较难读一些，哪位来读？

生：汛期、昔日、奄奄一息。

师：一起读。

生：汛期、昔日、奄奄一息。

师：这篇课文写的事情发生在国外，国外的人名、地名都比较拗口，我们来看看这些词语会不会读。

生：巴拉那、菲格雷特、赛特凯达斯。

师：把最后一个再读一遍。

生：赛特凯达斯。

师：好，自己读一遍。

生：巴拉那、菲格雷特、赛特凯达斯。

师：我们课前读课文了吗？

生：读了。

师：觉得自己能够把课文读好的请举手。（集体举手）每个同学都能读好，都有自信，非常好。下面老师请三位同学来读，请一位同学读课文的第一段，一位同学读课文的第二段到第六段，还有一位同学读第七、第八两段。其他同学干什么？

生：听。

师：听的时候有哪些事情要做？

生：跟着默读。

师：还有吗？

生：还有思考问题。

师：我们还有一件事情要做，那就是注意这三位同学读得怎么样，待会儿我们可以提出自己的看法，好不好？

（三位学生读课文）

师：好，请大家发表意见。

生：我认为李天成多了一个字"了"，我建议他以后要慢慢读，看清题目别缺字漏字，也别多了一个字。

师：说得真好，不仅发现了同学的问题，而且为他提出了建议。

生：季雨心到下一自然段的时候要停顿一下，她没有停顿，我建议她以后读到下一段的时候要停顿一下。

师：段落间稍微有个间歇，说得真好。

生：陆一成读得非常好，她不仅声音甜美，而且读出了七、八两段的意思。我觉得我们应该向她学习。

师：这个同学真好，她不仅可以发现别人的不足之处，更重视发现别人的优点，给别人鼓励。

师：同学们，读书是学习语文第一要紧的事情，我们只有把课文读得正确、流利了，有感情了，才可能读出意思来。我特别注意了这两位女同学，她们读书的时候头一摇一摇的，小辫一甩一甩的，你知道这表示什么意思？

生：看得出她们读的时候非常有感情。

生：她们还非常投入。

师：下面请同学们默读课文，回答刚才一个同学提出的问题：这一次葬礼有哪些特殊的地方？（学生默读课文）很多同学拿出笔在书上做标记，这个习惯很好。读好的同学请你再读、再想，如果找到两处，那可能还有第三处，找到第三处可能还有第四处，没有找到第四处的先把手放下。

师：下面我们就来交流，发现一处的请举手。

生：这个葬礼是为一条瀑布举行的，是赛特凯达斯瀑布，不是为人举行的。

师：好，说得很清楚，被葬的对象很特殊——不是人而是一条瀑布。发现两处的请举手。

生：这个葬礼是在拉丁美洲的巴拉那河上举行的，主持人还是巴西总统菲格雷特。

师：你说了两点，第一点说的是什么很特殊？

生（齐）：地点。

师：一般的葬礼是在室内举行的，而这一次偏偏在一条河上举行。第二，这次葬礼的主持人非常特殊，是一位什么样的人物？

生（齐）：总统。

师：是巴西总统菲格雷特。能够说出第四处的肯定是了不起的。

生：我在第七段中看到参加这个葬礼的人数非常多，而且是来自世界各地的。

师：出席这次葬礼的人很特殊，来自世界各地，其中还有一批是专家、教授。好，有没有找到第五处的？

生：葬礼是在人死了以后举行的，这条瀑布奄奄一息还没有死掉，就举行葬礼，很特殊。还有第六处是人们搞完葬礼应该是很伤心的，但是他们还告诉了我们一个保护环境，爱护地球的道理。

师：鼓掌(学生鼓掌)真好！他一下说了两点——送葬的对象很特殊，葬礼的意义很特殊。我们大家为自己鼓掌(学生鼓掌)，你们理解得比老师还要好，比老师还要多，真了不起！

师：请同学们默读课文第一段，然后看老师在屏幕上投影出来的一段话，比较一下，这两段文字有什么不同的地方。

生：屏幕上的没有破折号。

师：还有没有不同？

生：还有"主持"前面少了"亲自"。

师：我们一起来研究这两个不同的地方。先研究"亲自"，为什么要加"亲自"两个字呢？听老师说两句话，大家看有没有问题："今天这位同学亲自来上课。"

生：他应该来上课，不需要用"亲自"。

师：请听第二句："王阿姨今天晚上亲自到电影院看电影。"

生：不对，她是喜欢才去看电影的。

师：那课文中的"亲自"是表示什么意思？

生："亲自"就是指身份特殊的人，他完全可以不去做某件事，但他还是特地去做了。

师：总统亲自主持表示什么？

生：表示总统是自愿去的。

生：表示总统很重视这件事。

师：对，总统很重视这件事情，这就说明这一次葬礼非常特殊。什么时候需要用"亲自"呢？一个非常特殊的人，在一个特别重要的场合做了他不常做的事情，那才可以用"亲自"，所以"亲自"可以乱用吗？

生(齐)：不可以。

师：下面研究破折号，请一位同学读屏幕上最后一句话，一位同学读第一段的最后一句话，大家要听出不同来，然后知道这个破折号用了以后有什么好处。

生：这个葬礼是为赛特凯达斯瀑布举行的。

生：这个葬礼是为一条瀑布 ——赛特凯达斯瀑布举行的。

师：听出来了吗？用了破折号有什么好处？

生：它可以把这条瀑布强调一下。

师：对，突出了被葬的对象是瀑布而不是我们一般的人，所以这个破折号用得好不好？

生（齐）：好。

师：谁来读课文第一段，把这次葬礼的特殊的地方通过你的朗读告诉大家，让大家一听就觉得这次葬礼确实太特殊。如果听得出这样的意思来，你就朗读得很好。

（生朗读课文第一段）

师：大家听出刚才说的特殊的意思了吗？请你朗读课文第一段。

（生读）

师：满意了吗？

生（齐）：满意。

师：满意了就要表示一下。（学生鼓掌）我建议大家拍手不要这样拍，这样拍没有感情，如果觉得真好的话那就很自然地鼓掌。你听到大会场里是这样拍手的吗？（众笑）拍手也要表达真情实感。她读得不错，哪几个地方读得特别好，一个是"亲自"，还有"一条瀑布 ——赛特凯达斯瀑布"。我们一起来，准备好。

（生齐读课文第一段）

师：刚才同学们已经说了这次葬礼最特殊的就是那个被葬的对象。请同学们默读课文第三段，想一想第三段当中可以用哪一个词语来概括它的意思。

生：可以用"雄伟壮观"。

师：同意吗？

生（齐）：同意。

师：这里面作者用了哪些具体的词语来写赛特凯达斯瀑布的雄伟壮观。

生：用了咆哮而下，滔滔不绝，一泻千里。

师：老师把它们写在黑板上。第一个是咆哮而下，第二个是滔滔不绝，第三个是一泻千里。作者用这三个词语来写瀑布的雄伟壮观，是不是重复了呢？我们一起读一读体会一下。

生：咆哮而下，滔滔不绝，一泻千里。

师：请同学们来看这样一段话，看了这段话也就知道，为什么说这些词语不是重复的堆砌。(老师读屏幕上的一段话)这三个词语分别写的是这里的哪一个内容呢？哪一句话写的是"咆哮而下"？

生：我认为是瀑布总宽 92 米，总落差 114 米，跌落的声响一直传到 40 公里以外的地方。

师：哪一个写的是"滔滔不绝"？

生：它是世界上流量最大的瀑布群之一，实际由 18 个瀑布组成，平均流量达每秒 13200 立方米。

师：还有哪里写的是"一泻千里"？

生：我觉得应该是总落差 114 米。

师：所以这三个词语分别是从声响、流量、落差三个方面来写瀑布的雄伟壮观，它们是不重复的。同学们想欣赏一下过去的赛特凯达斯瀑布那雄伟壮观的景象吗？

生(齐)：想。

(生看屏幕)

师：说说你的感受吧。

生：我十分惊讶，我刚才看到瀑布往下流，往下看的时候是一片白蒙蒙的。

师：白茫茫的一团雾气。

生：瀑布从上面掉下来的时候，水都溅起来了。

生：我感觉这些瀑布势气冲天。

师：不是"势气"，是"气势"。

生：我觉得水流的声响轰鸣。

生：我觉得它们冲击力肯定很大。

师：请你来读这一句话。看你有没有感受，如果有的话你一定能把这一段话读得很好。

(生读)

师：你们觉得她读得可以吗？表示一下，(学生鼓掌)谁再来读？

(生读)

师：好像赛特凯达斯已经不行了。谁最有信心，把手举得最有力？

(生读)

师：比刚才好多了，刚才读出来的像一条小水沟，现在读出来的像一条平缓流淌的大河，但还不是瀑布。谁再读？

（生读）

师：很有气势，一起来读。

（生齐读）

师：同学们，如果我们现在把赛特凯达斯瀑布看作是一个人，那这个人应该是一个怎样的人？

生：我认为赛特凯达斯瀑布现在是一个年轻力壮的人。

师：你能不能看着刚才那一段话，把它比拟为一个年轻人？

生：赛特凯达斯瀑布像一个人，他的声音洪亮，钢碴似的胡须布满了面颊，他全身肌肉发达。

师：总的意思不错，你把书上的内容再看一下，写了它的声响，写了它的流量，还写了它的落下的情景，你能不能从这些方面来说？

生：赛特凯达斯瀑布像一个强壮有力的青年，他声音洪大，强壮有力。

师：没有关系，说得不错，我们经常这样练肯定会说得很好。这个年轻人他热血沸腾，昂首挺胸，阔步向前，然后在悬崖处纵身一跃。他发出的威猛的吼声，气吞山河，一直传到 40 公里以外。

（生鼓掌）

师：同学们，如果你是一个巴西人，看到赛特凯达斯瀑布雄伟壮观的景象，你的心情会怎样？

生：我会感到非常自豪。

师：你想，自己的祖国有这样雄伟壮观的瀑布，怎能不自豪呢？谁能把自豪的感情表达出来？

（生读）

师：如果你是一个生态学环境学的专家，看到刚才这样雄伟壮观的景象，心情会怎样？

生：我会非常兴奋的。

师：这些专家最喜欢看到的就是这样的景象，他怎能不兴奋呢？那你能不能把你兴奋的心情表达出来。

（生读）

师：真好，我们向她学习，一起来诵读这段文字，把它记在脑海里。

（生齐读）

师：赛特凯达斯瀑布曾经是一位年轻人，那么几年以后又是什么样的情况呢？请同学们默读课文第五段，把课文中描写赛特凯达斯瀑布现在的情况的句子找出来。

生：它在群山之中无奈地低下了头，像生命垂危的老人，奄奄一息，等待着最后的消亡。

师：下面这个句子是一种什么样的句子？

生：是拟人句。

师：把赛特凯达斯瀑布当作一个老人来写，这样合适吗？为什么？

生：我认为是合适的，因为赛特凯达斯瀑布几年以后逐渐枯竭了，再也见不到昔日的壮观气势了，所以它像生命垂危的老人。

生：我认为说它无奈地低下了头是合适的，因为瀑布周围的许多工厂用水毫无节制，浪费了大量的水资源，沿河两岸的森林被乱砍滥伐，又造成了水土大量流失。大瀑布的水量因此逐年减少，这是它不能控制的，是由人造成的。

师：它低下头不是自己愿意的，它是没有办法低下头的，所以说是"无奈"。

师：为什么说是像生命垂危的老人呢？

生：说它像一个生命垂危的老人，是因为没有以前那么大的流量，只能像平常那种不是很有名的瀑布慢慢地流下来了。

师：自然和人一样，都是有生命的。当水枯竭的时候，瀑布也就走到了尽头。所以说它是生命垂危的老人。为什么说是奄奄一息呢？

生：奄奄一息的意思是气息微弱，说它是奄奄一息的老人，就是说它快要死了，在等待最后的消亡。

师：大家想一下，现在的水很少很少，用一个词语叫"时断时续"。人奄奄一息的时候是怎样喘息的？也是时断时续的。两者像不像？

生：像。

师：所以说它奄奄一息，这段文字写得真好！下面我们就来看一看现在的瀑布的样子。

（播放幻灯片）

师：听到同学们"哇哇"的声响，我知道大家有很复杂的心情。你们现在的心情怎么样?

生: 我的心情很沉重。原来一泻千里的壮观景象,现在再也见不着了。

生: 我的心情很沉重。原本下面的河很大很大,而现在只有一个小小的水塘了。

生: 我非常伤心,因为瀑布马上快要没了。

生: 我也很伤心,因为原本瀑布是飞流直下,非常壮观。而现在变得像一条小河一样了。

生: 我的心情很糟糕。因为原来的瀑布是一泻千里,现在就像老人一样了。

生: 我很痛心! 这里有些瀑布已经枯竭了,还有些瀑布只有一点点水流下来。

生: 我的心情非常的悲哀,因为本来是滔滔不绝的瀑布,现在又变成了生命垂危的老人,不舍得。

师: 那谁来读课文的第五段? 把你们刚才说的"痛心""难过""悲哀"等的心情告诉大家。

(生朗读)

(鼓掌)

师: 她把自己的心情准确地表达出来了,还有谁也想表达一下?

(生朗读)

师: 我们一起来表达。

(生齐读)

师: 是什么原因,使赛特凯达斯瀑布从一个朝气蓬勃的年轻人变成了一个生命垂危的老人呢? 请大家看第四段,用自己的话来说一说。

生: 是因为瀑布周围的工厂用水毫无节制,浪费了许多水资源。还有河边的森林被乱砍滥伐,森林没有了,水土就会大量流失,所以瀑布会逐渐枯竭。

师: 你想对谁说些什么话?

生: 我想对那些工厂的人说,你们不能那样做! 这条瀑布因为你们而失去了昔日的壮观气势,如果你们还要浪费大量的水资源,将会使这条瀑布完全枯竭!

生: 我要对那些乱砍滥伐树木的人说,你们为了自己的利益,乱砍滥伐树木,水土大量流失,大瀑布的水量因此减少,你们这样做是很自私的。

师: 做很自私的事是会遭到报应的,是不是啊? 同学们,刚才两位同学的发言都表达了一种保护环境的责任感。是的,还有一批人和刚才两位同学一样,有保护环境的责任感。我们齐读课文的第六自然段！

（生齐读）

师：请一位同学来读课文的最后两段。大家看一下，这两段讲了什么？

（生朗读）

师：大家看出来了吗？这两段主要告诉我们什么？

生：写了科学家们号召人们积极行动起来，要保护生态，保护我们人类赖以生存的地球。

师：讲得非常好！讲到了这一段最核心的思想。这一段写了生态学、环境学的专家，巴西总统，还有爱护自然生态的人们去参加这个葬礼。巴西总统在这个葬礼仪式上发表了饱含深情的讲话，大家猜一猜，总统会在这个讲话中讲到哪些内容呢？

生：我认为总统会讲到大瀑布为我们带来欢乐和骄傲的事情，还会讲到以前游客有多么的多。

生：总统还会讲到让我们一起来保护环境，不要让大瀑布的悲剧再重演了。

生：他还会说到那些乱砍滥伐的人和工厂里用水毫无节制的人。

生：他还会说到大瀑布以前的壮观景象。

师：嗯，总统很可能会说到这些内容。好，同学们，如果你就是巴西总统，如果你就是参加这个葬礼的生态学、环境学专家，如果你就是参加这个仪式的地球村的一般村民，你会说些什么呢，请大家准备一下。

（生准备）

师：好，哪一位同学愿意当一回刚才说的这三种人？

生：女士们，先生们，今天我们怀着沉痛的心情为赛特凯达斯瀑布举行隆重的葬礼。昔日的赛特凯达斯瀑布无比壮观，滔滔不绝，一泻千里。它曾经给巴西和世界人民带来欢乐和骄傲。如今的它失去了昔日的壮观气势。我们要大声疾呼，保护生态自然，爱护我们赖以生存的地球吧！赛特凯达斯瀑布，相信经过全体人民的共同努力，你一定会获得新生，再现昔日雄伟壮观的气势，全世界人民也一定会因为你的无限风光而获得无穷的欢乐，感到无比的自豪！

师：（鼓掌）真好！

生：女士们，先生们，朋友们，今天，我们怀着无比沉痛的心情在巴拉那河上为赛特凯达斯瀑布举行隆重的葬礼。昔日的赛特凯达斯瀑布从悬崖上咆哮而下，滔滔不绝，一泻千里。它曾经给世界人民带来了无尽的快乐和骄傲。如今它已经逐渐枯竭，像一个生命垂危的老人，奄奄一息。我们要大声疾呼，保护环境，爱护地球。赛特凯达斯瀑布，相信经过全体人民的共同努力，你一定会获得新生，再现昔日雄伟壮观的气势，全世界人民也一定会再次为你的无限风光而感到无比欢乐，感到无比自豪！

（生鼓掌）

生：今天，我们怀着无比沉痛的心情为赛特凯达斯瀑布举行隆重的葬礼。赛特凯达斯瀑布曾经是世界上流量最大的瀑布，汹涌的河水从悬崖上咆哮而下，滔滔不绝，一泻千里。它曾经给我们带来了许多的欢乐。如今的它已逐渐枯竭，在群山之中无奈地低下了头，像生命垂危的老人，奄奄一息，等待最后的消亡。我们要大声疾呼，让我们一起行动起来，保护自然生态，爱护我们赖以生存的家园，使大瀑布的悲剧不再重演！

师：不管是菲格雷特总统，生态学、环境学的专家，还是其他的所有人，都表达了这样的愿望：保护自然生态，爱护我们赖以生存的家园。有一首名为《同在蓝天下》的歌，表达了与人们同样的愿望，共同的心声。请同学们读一下这首歌的歌词。

（生读）

师：想不想知道我们的歌手是怎样通过自己的歌唱来表达心声的？

生：想！

师：我们来欣赏一下，欣赏是为了铭记。

（播放歌曲《同在蓝天下》）

师：同学们，歌词的作者可以用诗一般的语言表达保护环境、爱护地球的心声，歌坛的歌手可以用饱含深情的演唱来表达保护环境、爱护地球的心声，那我们同学们能不能用语文的方式来表达这样的心愿呢？

生：能。

师：你给大家提示一下，用什么样的方式？

生：可以用朗读的方式，而且是要深情的。

生：可以用写作的方式。

生：可以写一篇保护环境的文章。

生：可以用写诗的形式。

生：可以用画图的方式。

师：画图的方式当然也可以，但最好用语文的方式。比如说，设计保护环境的广告语，比如说，我们可以在班级里办个保护环境的小报，让我们在课后立刻行动起来！同学们，我们同住一个家，我们同在蓝天下，伸出你的手，伸出我的手，把所有美丽还给自然。我们同住一个家，我们同在蓝天下，献出你的爱，献出我的爱，让赛特凯达斯瀑布的悲剧不再重演！

师：下课，谢谢同学们！

五、《我不是最弱小的》教学设计及教学赏析

【教学设计】

[教学理念]读为主线，读中感悟，读中体验，读中发展语言。

[教学目标]

1. 能正确流利、有感情地朗读课文。

2. 学会本课生字，理解由生字组成的词语。

3. 会用"芳香扑鼻""闷热"造句。

4. 理解课文内容，教育学生向萨沙一家人学习，自觉保护弱小者。

[教学过程]

第一课时

1. 课前谈话

(1)同学们，请大家看老师在黑板上写一个字——聊。

(2)这个字大家认识吗？谁来为"聊"字找个朋友？

(3)聊天就是几个人之间一种随意的谈话。聊天的时候，既要动口，还要用耳，所以看看它是什么偏旁？

(4)下面我们就来聊聊天，好吗？

(5)谁愿意告诉大家，平时你的爸爸妈妈是如何照顾你的(衣、食、住、行)？

(6)是的，爸爸妈妈就是这样无微不至地照顾我们的！那么，你知道爸爸妈妈为

什么这样照顾你吗?(因为在爸爸妈妈眼里自己还小,各方面能力不强,还因为爸爸妈妈关爱自己。)

(7)在爸爸妈妈照顾你的时候,你有没有想过什么?

2. 入题、解题

(1)刚才大家所说的情况反映了我们中国学生的生活实际,那么同样是四年级的学生,国外的孩子又是怎样看待家长的关爱?怎样看待自己的能力?怎样对待他人的遭遇?今天我们就来学习一篇苏联教育家苏霍姆林斯基的作品——《我不是最弱小的》(板书,"弱"用彩色粉笔书写)请大家伸出自己的小手,与老师一起写课题。

(2)这里的"弱"字是个生字,你能把它记住吗?(指出右半部分比左半部分略微大一点)

(3)谁能为"弱小"找一个意思相反的词语?

(4)下面,请同学们朗读这个题目,回答老师提出的三个问题,看看谁的朗读水平最高,表达的意思最准?

①谁不是最弱小的?

②我是不是最弱小的呢?

③我不是怎样的人?

自己先试着读读看。

(5)通过刚才朗读题目回答问题,我们明白了,要表达不同的意思,即使是同一句话,朗读时的语气语调也会不同。

(6)看了这个题目,你想知道些什么?

3. 初读课文,感知内容

(1)下面就请同学们把课本翻到第 76 页,自己朗读课文,遇到生字看看课后的生字表,读完以后为每一小节标上序号,回答刚才提出的问题。

(2)自读、交流,板书:父亲、母亲、托利亚、萨沙、蔷薇。

(3)"蔷"和"薇"是两个生字,怎么记?写的时候要注意什么?(这两个生字都是形声字,上小下大,草字头占整个字高的 1/4)

(4)请大家翻到生字表,看看还有哪些生字也是形声字?

(5)出示形声字,谁来读一下:闷、附、蔷、薇、滂、沱、娇、纤。(点击"滂"出示"滂沱大雨",点击"纤",出示"娇嫩纤弱")

（6）书写上下结构的字要注意上小下大，那么书写左右结构的字要注意什么？（左窄右宽）把这里的八个生字和刚才学过的"聊""弱"两个生字在课后练习2上描红。

（7）请同学们默看课文，根据板书的五个人和物，说一说在他们之间发生了一件什么事情。

（8）都准备好了吗？老师先请三位同学来朗读课文，大家一边听，一边在脑子里再次思考：（指板书）他们之间到底发生了一件什么事情？（你读第1节，你读第2节，你读第3～8节）

（9）谁能看着板书说说他们之间发生了一件什么事情？

4. 精读课文，体会感情

（1）我们在刚才朗读课文题目的时候知道，朗读时不同的抑扬顿挫、轻重缓急，表达的意思各不相同。老师告诉大家，我们朗读课文，其实是在代课文的作者、课文中的人物说话。代作者说话，就是作者要表达什么意思，你的朗读就要表达出这样的意思；代文中人物说话，就是文中人物想表达什么意思，你的朗读同样要表达出这样的意思。因此课文读得好不好，就反映了我们有没有体会、理解作者和文中人物的真实感受、想法。下面就请大家自己朗读课文，等一会儿你可以代作者来介绍蔷薇、雷雨，可以代妈妈、萨沙来说话，看看谁能成为作者或课文中的人物的知音，好吗？

（2）学生自读课文。

（3）在交流之前我们先约定一个规则：关于某个人或事物的句子放在一起交流，同意吗？

（4）现在，谁愿意代作者或文中人物来说话？你喜欢读哪句就读哪句。

①关于野蔷薇的。

林中旷地附近长着一丛丛野蔷薇，一朵花刚刚开放，粉红粉红的，芳香扑鼻。

A. 有没有愿意代作者介绍野蔷薇的？还有谁愿意介绍野蔷薇的？你们这样朗读这句话，想让大家感受些什么？

B. 大家听了他们的朗读有什么感受？

C. 看来，你们已经成为了作者——苏霍姆林斯基的知音，听了你们的介绍，我们真的感觉到森林里是那么美好：蔷薇花色彩鲜艳、芳香扑鼻、充满生机，是多么惹人喜爱啊！

D. 让我们一起代作者介绍蔷薇花。

滂沱大雨已经冲掉了几片花瓣，花儿低垂着头，因为它娇嫩纤弱，毫无抵抗能力。（提示：课文还有写蔷薇花的句子吗）

A. 谁来代作者介绍雨中的野蔷薇？谁再来介绍一下？你们这样朗读这句话，想让大家感受些什么？

B. 大家听了他们的朗读有什么感受？

C. 看来，你们也已经成为了作者——苏霍姆林斯基的知音，听了你们的朗读，大家都有了这样的感受：雨中的蔷薇花花叶凋落，孤立无助，毫无生气，是多么弱小可怜啊！

D. 请男生朗读描写雷雨前的野蔷薇的句子，女生朗读描写雷雨中的野蔷薇的句子。

E. 读了这两段话，你们有什么感受，有什么想法？此时你最想做的是什么？（同情、保护）

F. 是啊，每一个人，每一株花草，都有着属于自己的生命，当一个生命受到打击、摧残的时候，任何人都会给予同情，都会伸出援助之手。你们的感受、你们的想法就是作者的感受、作者的想法。

G. 一起把这两段描写蔷薇的句子读一下，把自己的心读进去。

②关于雷雨的：突然雷声大作，先是飘下几滴雨点，接着大雨如注。

A. 蔷薇花的这种变化都是由什么造成的？

B. 请你代作者介绍雷雨，你这样朗读，想让大家感受些什么？

C. 大家感受到了雨下得很大吗？

D. 我们一起代作者介绍雷雨。

E. 你们从哪个词语感受到了雨下得很大？

F. 大雨如注的"注"是什么意思？

G. 大雨如注的意思呢？

H. 课文中还有哪个词语也是形容雨下得很大？（滂沱大雨）

I. 除了课文中的这两个词语，你还知道哪些形容雨下得很大的词语呢？（倾盆大雨、疾风暴雨、疾雨乱点、雨声如雷、风雨如磐、风雨交加）

J. 这样的大雨一般出现在什么季节？

K. 你们还知道形容雨小的词语吗？（细雨如丝、蒙蒙细雨、毛毛细雨、和风细雨、雨轻如纱）

L. 这样的小雨一般出现在哪个季节？

M. 是啊，"润物细无声"就是写春雨的。希望同学们在今后的学习中多积累描写景物的词语。

N. 齐读这句话，让所有听课的老师一起感受一下这仿佛从天上灌下来的大雨。

O. 在野外遇上了这样的大雨，萨沙一家人最需要的是什么？

P. 充满生机、惹人喜爱的野蔷薇在滂沱大雨的冲击下，叶片凋落，毫无生气，弱小可怜，急需人们伸出援助之手加以保护；一家四口在如注的大雨中，最急需的也是可以用来挡雨的工具。在只有一件雨衣的情况下，人们将会作出怎样的选择，为什么要作出这样的选择？我们下节课继续学习。

5. 课堂练笔

课文中有描写雨景的句子，但还是比较概括，大家能不能从老师下面提供的词语中，从同学们刚才交流的词语中，选择几个，以"夏日，萨沙来到森林度假……"为开头，写一段描写雨景的话？

闷热　聊天　雷声大作　大雨如注

附近　纤弱　滂沱大雨　芳香扑鼻

1. 学生写作。

2. 三人交流。

3. 结语：看了大家描写的雨景，我们越发感到每个人和蔷薇都急需挡雨的工具。

第二课时

1. 交流雨景

(1)描写雨景的话都写好了吧？谁愿意来交流交流？

(2)评价：听了你的描写，听了你的朗读，我们大家对这场滂沱大雨更有身临其境的感觉，更感受到了每个人对雨具的急需，对雨中的蔷薇花产生了更多的同情。下面我们继续以朗读代作者、代文中的人物说话。

2. 朗读感悟

(1)我们已经通过朗读代作者介绍了蔷薇，介绍了雷雨，接下来我们就要代课文中的人物说话了。课文中哪几个人物说了话？

(2)萨沙的话与妈妈的话是不能分开的，因为这是他们的对话，因此我们把他们俩的话放在一起来研究。

（3）谁来说说萨沙说了几次话？每次说了什么？请你读给大家听听。

（4）出示萨沙的三次说话：

萨拉问道："妈妈，爸爸把自己的雨衣给您，您又把雨衣给了我，你们干吗这样做呢？"

"这么说我就是最弱小的了？"萨沙反问道。

"现在我该不是最弱小的了吧，妈妈？"萨沙问道。

（5）自己试着代萨沙说这三次话，联系上下文思考一下萨沙在每次说话时心里是怎么想的。

（6）代萨沙把话说好，等于是把自己当成了萨沙。哪位同学愿意当一回萨沙，说一说他第一次说的话？

A.（问朗读的学生）萨沙，你说这话的时候心里是怎么想的？（不解，不明白）

B. 你说，"你们干吗这样做呢？"你的爸爸妈妈是怎样做的呢？

C. 我看不出这有什么奇怪呀？

D. 哦，怪不得萨沙要不理解、想不通了，哪位萨沙再把自己心中的疑问说一遍？

E. 与萨沙类似的情况，你在生活中有没有遇到过？

F. 为什么萨沙的爸爸妈妈和你们生活中的爸爸妈妈都要这样做呢？

G. 板书：每个人都要保护比自己弱小的人。（彩色）

H. 这是妈妈说的一句话，妈妈会怎样对萨沙说这句话呢？

I. 请你语重心长、和蔼可亲地说这句话。

（7）哪位也愿意当一回萨沙，说一说他第二次说的话？

A.（问朗读的学生）萨沙，你说这话的时候心里是怎么想的？（不服气、不承认）

B. 萨沙，你为什么不服气呀？

C. 好，真是有志不在年高，人小志气大！萨沙，听了你说的，我才相信你还真有不服气的道理，请你再把不服气的话说一遍，让大家听得清楚一点。（评价：你不仅把自己的想法反映在说的话里，而且把自己的想法写在了自己的脸上）

（8）哪位还愿意当一回萨沙，说一说他第三次说的话？

A. 你是怎样证明自己不是最弱小的？

B. 为了证明自己不是最弱小的，你在保护蔷薇花的时候，表现得怎么样？（认真、郑重其事）

C. 请你郑重其事地介绍一下萨沙保护蔷薇的经过。

D.（问朗读的学生）萨沙，你说这话的时候心里又是怎么想的？（自豪、兴奋）

E. 请你再次把第三次说的话说一遍，让大家充分感受你此时自豪、兴奋的心情。

（9）好样的萨沙，小小年纪，就在强者面前不甘示弱，保护了遭到风雨摧残的蔷薇花，他的一言一行都是值得我们学习的。下面，就让我们再来读一读萨沙和妈妈的对话。

A. 我们各自先准备一下，读课文第 3~8 节。

B. 同桌两位同学，一个当妈妈，一个当萨沙，练习一下。

C. 请三位同学来代萨沙、妈妈和作者说话，谁愿意？

D. 哪些同学能不看书，上台把萨沙和妈妈的对话演一演？有个小小的要求：提示语和课文第 7 节都不读，只讲对话，我们怎样解决这个问题。

E. 他们表演得怎么样？

（10）萨沙用自己的行动证明了他不是最弱小的，他把关爱献给了比他更弱小的野蔷薇。生活中，你遇到过比你更弱小的人吗？你是怎样关心、爱护他们的？

3. 想象倾诉，"链接"生活

（1）遐想三四十年后的景象。

人们常说"时光如梭""岁月如流"，假如时光已经过了三十年，还是这么一家子，还是在这样的日子里，还是在这样的森林里，出现在我们眼前的又会是怎样的情景呢？

（2）同桌交流一下。

（3）谁来把你想象的故事讲给大家听听？

（4）评点小结。

时光往往会令许多事物发生变化，也许原来的强者若干年后会变成弱者，而原来的被关爱者又变成了主动关爱别人的人，但不管怎样，唯一不变的是要有这样的意识——"我不是最弱小的"，我要伸出援助之手，去"保护比自己弱小的"……

（5）齐读课题，并把创编的故事写下来。

A. 现在，谁愿意再来用心说说这句话（指课题）？

评价：你肯定不是最弱小的！你确实不是最弱小的！相信你不是最弱小的！你

不仅不是最弱小的，而且是强大的！

B. 我们大家都不是最弱小的——大家一起说！

C. 这是萨沙的心声，是萨沙全家人的心声，也是我们四(2)班全体同学的心声，而且应该成为所有人的心声。〔板书：四(2)班全体同学〕

D. 让我们一起自豪地说出我们共同的心声！

E. 课后，请大家把刚才想象的三十年以后的故事写下来。

板书：

我不是最弱小的

每个人都要保护比自己弱小的人

——父亲、母亲、托利亚、萨沙

四(2)班全体同学

······

【教学赏析】

一堂基于对话的读书习字课

——特级教师薄俊生《我不是最弱小的》教学赏析

陆　平

江苏省特级教师薄俊生老师以其独到的教学构思和精湛的教学艺术，执教了《我不是最弱小的》(苏教版小语教科书第八册第14课)这一课，追求与学生的平等对话，指导学生学习读书习字，彰显了新课程的教学理念——"语文教学应在师生平等对话的过程中进行"(《语文课程标准》)。

1."聊聊天"对话：学读题

师：(板书：聊)这是什么字？(生读)能组个词吗？

生：聊天。

生：闲聊。

师：什么旁？

生：耳朵旁。

师：聊天的时候，要用耳朵听，在一起说说家常。现在就让我们来聊聊天。平时，你们爸爸、妈妈是怎样照顾你的？

生：爸爸、妈妈会问我学习怎么样，叫我好好读书。

生：爸爸、妈妈问我在学校过得开心不开心。

师：爸爸、妈妈为什么会这样关心你呢？

生：因为爸爸、妈妈爱我们。

生：因为我们是弱小的。

师：中国的爸爸、妈妈是这样关爱我们小朋友的。外国的小朋友，他们受到怎样的对待呢？今天，我们学习苏联教育家苏霍姆林斯基写的一篇文章——《我不是最弱小的》。（师板书）

师："弱"是个生字，你是怎么记住的？

生：两个"弓"加" 〉 "。

师：请你给"弱小"找一个意思相反的词。

生：强大。

（出示：①谁不是最弱小的？②我是不是最弱小的？③我不是怎样的人？）

师：按照这三个问题提示，自己读课题，读出不同的意思。

（自由读后，指名读，重音分别为：我不是最弱小的；我不是最弱小的；我不是最弱小的）

师：同样一个题目，我们可以读出不同的意思。读了这个题目，你还有什么问题？

生：谁不是最弱小的？

生：谁更弱小呢？

生：谁比萨沙强大呢？

师：请大家自由读课文，要求：①给课文各自然段标上序号；②思考上面三个问题。

生：萨沙不是最弱小的。

生：蔷薇花更弱小。

生：父亲、母亲、托利亚更强大。

[赏析] 从生字"聊"字入手，采取与学生轻松聊天的方式，娓娓而谈，导入新课；紧扣课题，以三个问题提示，指导学生读出不同的逻辑重音，体会所表达意思

的不同；然后质疑问难，整体初读课文。

2. 析音形对话：悟规律

师：你怎么记住"蔷薇"这两个字呢？

生："蔷"和"薇"字都是上下结构的字，上面都是草字头，"蔷"字下面是"墙壁"的"墙"的右边部分，"薇"字下面是"微笑"的"微"。

师：很好！你用自己会的字来帮助学习新的字。你发现"薇"字一部分表示意思，一部分表示声音，这样的字叫什么字？

生：形声字。

师：看看生字表，还有哪些字也是形声字？

生：闷、附、薇、聊、滂、沱、娇、纤。

（师出示并指名读：滂沱大雨　娇嫩纤弱）

　　　　　　　　　pāng　　　　　xiān

师：你猜猜老师为什么特地把这两个字的音注出来？

生：这两个字是形声字，但容易读错。

师：真准确。在写这两个字的时候要注意什么？

生：这两个字都是左右结构的字。写的时候，占的位置不一样，左窄右宽。

师：对！现在请大家用钢笔描红，完成课后第2题。（生描红，师巡回指导）

［赏析］中年级学生有了一定的识字能力，教者引导学生依熟字"墙"和"微"来记生字"蔷"和"薇"；在刚学了《听爷爷说汉字》，了解形声字知识的基础上，让学生从本课生字表中分辨出形声字，进一步运用了"汉字造字规则"，但同时注意到"规则"中音旁所表音与现代汉语中实际读音不一致的情形，特别揭示出"滂"和"纤"字，帮助正音；引导观察字形特点，当堂执笔习字。

3. 代介绍对话：展花容

师：默读课文，想一想：课文写了父亲、母亲、托利亚、萨沙和蔷薇这五个人或物之间发生了什么事？争取讲得简洁、完整些。

生：一家人到森林中去游玩，突然下雨了，父亲把雨衣给了母亲，母亲又把它给了萨沙，萨沙把雨衣盖在蔷薇上。

师：我们朗读课文就是代作者和课文中人物说话，把作者要说的意思通过我们的朗读表达出来，把文章中人物的思想感情通过我们的朗读体现出来。现在就请大

家代作者或课文中的人物说话。（生自由朗读）

师：刚才老师从同学们的表情、姿势中看到大家读得非常投入！现在谁想代作者介绍蔷薇花。（指名读，出示句子："林中旷地附近长着一丛丛野蔷薇……芳香扑鼻"，再指导朗读）

师：这一句话介绍了蔷薇花怎么样啊？

生：从"一丛丛"，我看出蔷薇花很多。

生：从"刚刚开放"，我看出蔷薇花很可爱。

生：从"粉红粉红"这个词语，我看出蔷薇花很鲜艳；"芳香扑鼻"告诉我们蔷薇花很香。

师：朗读时如果能把这些意思介绍出来，你就是作者了。请大家自由练读，代作者介绍。

（生读）

师：文中还有描写野蔷薇的句子吗？

生：有的，雨中的蔷薇花。

（生自由练读，再指名读）

师：你这样介绍，是为了介绍什么？

生：我要表现蔷薇花很弱小。

生：我要表达心里的难过，为蔷薇而感到伤心。

（生齐读）

师：这时，你想些什么？最想做什么事？

生：我感到很伤心，蔷薇花再也美不起来了。

生：我要想办法保护它。如果我有一把雨伞的话，就给它。

生：我想用衣服为蔷薇花遮雨。

［赏析］蒋仲仁先生说："朗读就是代作者和课文中的人物说话。"薄老师深谙前辈语文教育家的思想精髓，并把朗读之"真经"巧妙地传授给学生。课堂上，学生找出了描写野蔷薇的句子，入情入境地朗读着，与作者、与文本展开对话，抓住相关词句，在代作者介绍的过程中，体会雨前野蔷薇花绽放之美，通过与雨中花儿之孱弱相比较，自然勾起学生的恻隐之心，阅读教学走进了儿童的精神世界。

4. 扮角色对话：悟情思

师：每个人、每株花都有生命，当生命受到打击后，人们就会伸出援助之手。文中哪几个人说了话？

生：萨沙和妈妈。

师：他们两个人之间的对话是不能分的。萨沙说了几次话？

生：三次。

师：请代萨沙说这三次话，自己想想，萨沙是怎么想的？（生自由读）

师：（指名读第一句话后）说这句话时，你是怎么想的？

生：我说这句话时，心里觉得很奇怪。

生：我想到，妈妈很疼爱我。

生：他们一个关心一个。

师：请说得再明白、再奇怪些！（再指名读，齐读）

师：你们的父母、萨沙的父母为什么这样做？

生：他们疼爱我们。因为我们弱小，所以要保护我们。（板书：每个人都要保护比自己弱小的人）

师：（出示句子）妈妈是怎样说这句话的？

生：语重心长。（齐读）

师：请小朋友们代萨沙说第二次说的话。（生自由读）

师：（指名读后）请问萨沙说这句话时，你是怎么想的？

生：不服气。（齐读）

师：萨沙是怎么做的？表现得怎样？

生：萨沙给蔷薇披上雨衣，表现得很强大。

生：他表现得很勇敢，很有志气。

师：请代作者介绍萨沙是怎么做的。（指名读）这时，萨沙的心情怎样？

生：萨沙感到很自豪，甚至比父亲还强大。

师：谁愿意代萨沙说最后一句话。（指名读第9自然段）请连贯地介绍萨沙和妈妈的对话。（生自由读第3～8自然段；分角色读；表演）

师：（复现导入阶段读题"三要求"，生读板书）这仅仅是萨沙的心声吗？

生：这也是父亲、母亲、托利亚和蔷薇的心声。

生：这是我们全班同学的心声。

生：这也是外国人的心声。

师：这甚至是全人类的心声。

［赏析］教师给予引导和恰到好处的评价，学生融入身心，他们代萨沙说话，体会人物三次讲话时的内心活动，感受人物由"奇怪"到"倔犟"，再到"自豪"的心理变化过程；代妈妈说话，体会长辈的语重心长；分角色朗读，同学间分组表演，通过角色转换，进一步体验到人类自身的内在力量。

在相互尊重、信任、平等的基础上，薄老师与学生以语言等符号为文本，以代作者、代文中人物介绍为手段，进行了精神层面上的多向交流、沟通与理解；学生披文入境，在与老师、与文本的对话中，学生不仅得到了读书、习字等语文能力的历练，也经历了愉快的精神旅行。教学终了时，学生发自肺腑地齐声说出"我不是最弱小的！"孩子们，不，课堂内所有人的心都震撼了。

六、《掌声》教学谈及教学赏析

【教学谈】

《掌声》课文内容很简单，但表达的思想感情却很深刻，是促进学生认知、语言、情感、行为发展的好教材。

(一)激活生活经验，促进学生认知发展

理解和运用语言的能力与学生的认知能力紧密相关，而认知能力是与生活经验联系在一起的。生活经验丰富了，他们的认知能力也就相应地提高了。语文的外延就是生活的外延。当语文教材所呈现的内容与学生的生活经验高度统一的时候，语文学习才能变得更加容易，语文教学才能更有成效。因此，在课堂教学中，教师要善于激活学生原有生活经验，帮助学生建立认知通道，以便更好地学习语言和发展语言。在《掌声》教学的初始阶段，我将教师、学生、听课者作为教学资源，唤起旧有的和生成的生活经验，为教学的步步深入展开奠基铺路。课前我与学生聊天，让

学生从谈对我的了解开始，谈姓氏，谈待人接物的礼节，当学生把热烈的掌声送给你我的时候，我引导学生说说掌声的含义。学生在现场的交际情境中对掌声的含义有了感性的理解，为学习课文奠定了基础。

(二)选点展开想象，促进学生语言发展

发展学生的语言能力是个日积月累的过程，要以一篇篇教材中的具体语言因素为凭借，通过教师的精心设计，引导学生细心揣摩作者遣词造句的用意，悉心体会词句所要表达的思想感情。在教学过程中引导学生紧扣精心筛选出的语言训练点激发想象，丰富感受，发展语言。在本课教学中，我选择了"默默地坐""立刻低下去""慢吞吞站起来""热烈持久""经久不息"等关键词语作为教学的重点和线索，引导学生学习语言。先让学生找到小英"坐"和"站"等动作的词语，引导学生体会如此普通的动作里的独特之处，再联系"默默地""立刻""慢吞吞"等词语体会小英当时自卑、忧郁、感伤、孤独等心情，进而感受小英向往健康、向往优秀但又自卑忧郁的复杂心情。这样既紧扣文中的关键词语激发想象，深入体会小英的内心世界，准确理解了课文内容，对内容的理解又帮助学生领悟到了运用语言表情达意的方法，经过长期训练，将有助于提高学生语言理解和表达的能力。

(三)强化主体感受，促进学生情感发展

阅读活动实际上是读者通过与作者和文本的对话达到对作者和自我的双重发现，最终达到知识的传递、情感的生发、精神的升华。因此，成功的阅读教学应该高度重视学生在与文本对话以后产生的主体感受。主体感受的生发需要一个学生与文本中的人物同位思考乃至换位思考的过程。引导学生"设身处地"是实现同位或换位思考的有效途径。课上，我引导学生读懂"掌声"，学生经过设身处地的体悟，"假如我们就是小英班上的同学，当小英刚刚站定的那一刻，骤然间响起了一阵掌声，你想通过掌声告诉小英什么呢？""当小英结束演讲的时候，班里又响起了经久不息的掌声。如果你就是小英班上的同学，你想通过掌声告诉小英什么呢？"学生们设身处地，与小英班上的同学进行"同位思考"和"换位思考"，读到了掌声背后包含着的对小英的肯定、鼓励、尊重、关爱、赞美等丰富的内涵。

(四)沟通课堂内外,促进学生行为发展

学生完成了对语言形象的感受,还只是停留在对事物表面的了解,接下来的目标就是要体会作者或作品的"言外之意",领悟作者透过作品传递出来的立场观点、思想感情,并努力将正确的思想观点引向生活,指导实践,促进行为的发展,实现"教书育人"的目的。《掌声》教学接近尾声的时候,我播放了一首《爱的奉献》,引导学生思考,除了用掌声把爱送给别人,还可以用怎样的方式? 学生的回答丰富而生动,鲜花、笑脸、拥抱、美好的语言、友爱的双手……都是很好的方式,他们在交流的过程中分享着自己对爱的理解与感悟。

这样的教学,由教材内容延伸到生活内容,由个别事物拓展到一般事物,由"他"及"我",由"知"到"行",目的是要让"爱"的种子在学生的心田里生根,在学生的生活中开花,在人生的旅程上结出美好的果实。

【教学赏析】

1/8 和7/8

沈春媚

薄老师的《掌声》一课洋溢着浓浓的情,师生完全投入了课文所营造的情境之中,文中的班级成了现实的班级,文中的"小英"移情为现实的"我"。在教师的引导下,普通的文章被读得更有味了。而印象最深的,是贯穿全文的"冰山原理"的运用。

著名作家海明威认为:一部作品好比"一座冰山",露出水面的是 1/8,而有 7/8 是在水面之下,写作只需表现"水面上"的部分,而让读者自己去理解"水面下"的部分。对我们的语文教学来说,那 1/8 露出水面的,便是教材呈现给我们的原始文本,而 7/8 的咀嚼和品味,则是由我们师生共同完成的,如何找到冰山,感受到"水面下"的部分,便是我们发展性课堂的一种策略。本课找到了这样的 1/8 和 7/8,并让它成为学生语言实践的基点,情感体验的主线。

薄老师找到了三个"她在想什么?"的体验点,果然,1/8 之下的 7/8 异常丰富和精彩。

师:当她默默地坐的时候,她在想什么?

生：同学们看到我一条腿残疾了，一定会笑话我。

生：如果我的腿正常，那该多好啊！

师：当全班同学的目光一齐投向那个角落，小英立刻把头低了下去的时候，她在想什么？

生：现在同学们都在看着我，万一他们哈哈大笑，我会羞死的。

生：我是上去呢，还是不上去，上去吧，我怕别人嘲笑我，不上去，又怕老师……

生：我的腿已经有残疾了，万一讲得又不好，那真是太难为情了！

师：当她犹豫了一会儿，慢吞吞地站起来的时候，她又在想什么？

生：还是上去吧，如果上去了，说不定同学们不会笑话我的。

生：要是能让我在自己座位上讲，那该多好呀！

师：是啊，内心既想上去，又不敢上去，这叫——矛盾。

最是真情能动人，打动学生纯真透明的心灵。我们经常说要与文本对话，其实每个人都知道，对话的最高境界是情感的互通。薄老师引导学生与文中人物：小英及同学们展开充分对话，让学生以小英的角色参与到课文的学习中来，进行移情体验，达到了心与心的交流，情与情的融通，语言表达的一体。

师：如果我们就是小英班上的同学，你想通过掌声告诉她什么？

生：虽然你的腿有残疾，但我们不会嘲笑你，而会鼓励你。

师：这是对小英的——尊重。

生：不管你外表怎样，你都是我们的同学，我们会帮助你，尊重你。

生：不管你讲得怎样，我们都会把掌声献给你。

师：这是什么？——信任。

师：当小英结束演讲，你想通过掌声告诉小英什么？

生：你的演讲太棒了！

生：以后还要这样尝试，不尝试怎么知道自己不行？

生：勇敢地面对，你就是最棒的。

语言实践的冰山，也许更来源于课文本身所传达的一种情感，教师通过这种情感成功诱发了学生的情感体验，切实唤醒了学生的心灵感悟，与文中的人物达到了情感和语言双重的共鸣，咀嚼着文字，又蒸腾着情感。看到1/8，感受7/8，也是我们理想的发展性课堂的一种状态。

阅读是塑造"人"的过程

顾善海

阅读教学需要心中有人，教学从人出发，最后才能促进人的发展。特级教师薄俊生老师用《掌声》向我们诠释了这一阅读教学的真谛。

1. 三个动作——从看画人到画中人

教学伊始，薄老师引导学生做一个看画人。学生在文本阅读中找到了描写小英动作的三个词语：坐、低、站，在头脑中完成了小英的三幅速写图。接着，薄老师引导学生探究课文在三个动词的前面还加了什么词。学生在阅读中找出了三个词语："默默地""立刻""慢吞吞"。这样，坐、低、站三幅速写图逐步具体起来，逐步有了个性，变成了三幅写真图。到此，学生在阅读中塑造出了小英这个人物的外在形象。

小英这个人物内心世界的塑造是通过阅读文本，想象小英的内心活动来实现的：小英默默地坐在角落里的时候，她在想什么？小英低着头，她在想什么？小英慢吞吞地站起来的时候，她在想什么？对于每次内心活动的想象，老师总是不断地给予引导，让想象不断地深入，使得小英的内心活动不断丰富，小英这个人物的形象也就不断地丰满起来。通过这些内心活动的想象，学生就成了小英的化身，变成了画中人。

三个动作的教学过程是从文字阅读变成形象塑造的过程，这是阅读的第一个阶段。

2. 两次掌声——从画中人到鼓掌人

学生对掌声的感悟有一个逐步深入的过程，首先老师引导学生在阅读中明确两次掌声的不同，第一次掌声"热烈、持久"，第二次掌声"经久不息"，再讨论"热烈、持久"和"经久不息"的掌声分别是什么样的，然后联系课文内容具体感受掌声的含义，引导学生从画中人变成鼓掌人。

比如，感受第二次掌声，薄老师这样引导："当小英结束演讲的时候，班里响起了经久不息的掌声。如果你就是班上的同学，掌声要告诉小英什么呢？送给小英什么呢？""老师请一位同学读第 4 段，把同学们对小英的尊重、鼓励、赞美，把小英的感激、喜悦、自信充分表达出来。"

两次掌声的教学过程是从阅读理解到情感共鸣的过程，这是阅读的第二阶段。

3. 一个"爱"字——从鼓掌人到信念人

学会鼓掌，还仅仅停留在这篇文章的阅读收获上，感受"鼓掌"的内在思想才能受益终生。薄老师的人生引领是从阅读文本开始的。

首先，学生通过阅读文本和想象小英以后的各种表现，感受掌声带给小英的变化，让学生感受掌声对人一生的重大影响。学生明白了要珍惜别人的掌声，也要把自己的掌声送给别人。随后，在老师的引领下，学生还明白了，不仅可以通过掌声把关爱送给别人，还可以通过歌曲、礼物、笑脸、语言等把关爱送给别人。薄老师的点拨引导把一切都凝聚在了一个"爱"字上。这样学生不仅学会了鼓掌，还具有了"爱"的信念，学会了生活，获得了成长最宝贵的精神财富。

一个"爱"字的教学过程是从阅读文本到人格升华的过程，这是阅读的第三阶段。

七、《狼和鹿》教学实录及教学赏析

【教学实录】

师：小朋友读过很多的书，有连环画，还有一些儿童文学作品，"森林"两个字有没有听说过啊？谁能说说森林里有什么样的动物？

生：森林里有温驯可爱的驯鹿。

师：能不能再增加一个词，森林里有温驯可爱而怎么样的驯鹿？

生：森林里有温驯可爱而美丽的驯鹿。

生：森林里有活泼而可爱的小鸟。

生：森林里有活泼而可爱的松树猴。

生：森林里有凶残而贪婪的狼。

生：森林里有雪白而活泼的小白兔。

生：森林里有茂盛而翠绿的叶子。

师：你说的是植物。

生：森林里有威武而凶猛的狮子。

执教《狼和鹿》

生：森林里有勤劳而可爱的松鼠。

师：时间到了，我们开始上课。

师：一起看屏幕（出示鹿图）。它是什么呢？

生：鹿。

师：喜欢吗？谁能说说喜欢的理由。

生：鹿可爱而温驯。

生：鹿很美丽。

生：它看起来不是很坏。

师：看起来不是很坏，实际上它坏不坏？

生：不坏。

生：鹿很活泼。

生：它不会伤害别的动物。

师：不会伤害别的动物，就是说这是善良的鹿。

生：鹿很聪明。

师：鹿是一种惹人喜爱的动物，它有细长的四肢，短小的尾巴，褐色的皮毛，有的鹿还有条纹和花瓣，雄鹿的头上还有非常漂亮的角。鹿不仅可爱，还很善良，我们知道的九色鹿就象征着见义勇为、恪守信用的美好品质。所以我们觉得鹿非常的可爱。

师：再来看（出示狼图），这是什么？你看过或听过哪些关于狼的故事呢？

生：狼吃鹿。

生：狼来了。

生：小红帽。

生：小山羊和狼。

生：三只小猪。

师：所有这些故事，你看了之后，你觉得狼怎么样？

生：凶恶。

生：凶残。

生：凶残而贪婪。

生：凶暴。

生：可怕。

生：残暴。

生：残忍。

生：可恶。

师：鹿很可爱，狼很可恶。谁能说说含有"狼"的一些词语。

生：狼奔豕突，鬼哭狼嚎。

生：狼狈为奸。

生：狼心狗肺。

生：狼烟四起。

生：狼吞虎咽。

生：引狼入室。

师：太可怕了。老师也准备了一些词语。一起读一读。

（出示：杯盘狼藉、狼子野心、狼心狗肺、狼狈为奸、狼吞虎咽、鬼哭狼嚎、声名狼藉、如狼似虎）

师：（生读时，师打断）读得干脆一些，可能不太熟悉，先看一遍。不要拖腔拖调。

师：同学们，今天有很多老师在听课，希望我们一起狼狈为奸，把课上好，好不好？

生：好。

师：好不好？

生：……

师：老师再讲一遍，今天有很多的老师在听课，希望每一位同学和老师一起狼狈为奸，把课上好，好不好？

生：不好。

师：为什么不好？

生：因为你说狼狈为奸。

师：狼狈为奸什么意思？

生：狼狈为奸是说一些坏人做坏事。

师：我们是不是坏人？我们是好人，好人专干好事，所以刚才这句话中的"狼狈为奸"最好换一个什么词就好了。

生：合作。

生：齐心协力。

师：最近，我们三点二十分之后，都要进行课外活动，活动内容非常丰富，有过独木桥、踩高跷、跳山羊，虽然这些活动很难，但是同学们个个如狼似虎、跃跃欲试，对不对啊？

生：对。

生：不对。

师：到底对不对啊？

生：对。

师：大多数的同学都说对，说不对的请举手。

生：如狼似虎的意思就是像狼一样凶残，像老虎一样可恶。

师：能不能用在这里？我们凶残吗？我们很善良，所以不能用如狼似虎，倒是可以换一个词语，这个词语中也有一个"虎"字。

生：生龙活虎。

师：听了同学们的交流，老师得出一个结论，不光同学们不喜欢狼，而且绝大部分人都不喜欢狼。为什么呢？他们把所有的坏人坏事都跟谁联系在一起啊？

生：狼。

师：狼真的很可恶。今天，我们一起来学习狼和鹿的故事。谁来把课题读一下。

生：18，狼和鹿。

师：其他读得都很好，老师有一点建议，这个"18"应该读成"第18课"，谁再来读课题？

生：第18课，狼和鹿。

师：一起来读读。

（生读）

师：请同学们打开第101页，自己大声地朗读课文，遇到不认识的字，看看课后的生字表。

（生读）

师：都读完了吗？老师有些不相信，同学们读的速度都一样快，一道停下来了。下次把没有读完的，就只管读完，知道了吧？不要受别人的影响。刚才这位同学读得最快，还有的同学读得慢一些，没有关系。读得慢的，他读得很认真啊。还有的同学啊，老师虽然没有听到他怎么读的，但是我知道他读得非常认真，非常好，像这位男同学，像这位女同学，还有其他同学，头一摇一摇的，有的甚至身子都在使劲，这告诉我们什么？

生：他们读得很有感情。

生：很入神。

生：很投入。

生：全神贯注。

生：聚精会神。

生：说明他们已经投入到故事的情节中去了。

师：我们读课文，就是要专心致志，就是要投入，就是要把自己的全部身心投入到故事中去，这样我们就能更好地把故事读好。书读得这么好，谁能把这些词语读给我们听。

生：凯巴伯、葱绿、捕杀、其他、消退、悲惨、传染、一旦。

师：下面的难度大一点，谁要是能读得好，说明课文中的生字新词你都能读好了。

生：贪婪、毒手、大约、提防、哀嚎、血泊、繁殖、灌木、蔓延、妖魔、威胁、毁灭、祸首。

师：我看见，你读词的时候，眼睛眯成一条缝，是不是看不太清？要保护视力。谁有什么意见？

生：他没有把词语的意思读出来。

师：读词，不能只发出声音，要把意思读出来。怎样才能把意思读出来呢？要把意思融进声音里，把意思写在脸上，我们一起来读。

（生读）

师：三(6)班的同学很了不起，这些词语很难，但到同学们的嘴里就不难了，而且还读出意思来了。同学们啊，我们汉字啊，非常地美观，同时又是非常地严谨，我们书写的时候一点都不能出错，不然的话就会成为一个错字，或者成为一个别字。请大家看看这些字，你觉得哪些字不能多一点或者少一点。

（出示：凯巴伯、葱绿、捕杀、其他、消退、悲惨、传染、一旦）

生："葱绿"的"葱"中的一点不要忘记。

师：爸爸妈妈做菜，都要用葱，葱要切成一小段一小段的，放进锅里烧。这里的一点就好比是一小段葱掉在锅里，大家可以用这样一句话来记，叫做"葱花点点"。

生："捕杀"的"捕"，不要掉了一点。

师：就是右上角的那个点。

生："消退"的"退"，一点不能写成捺。

师："传染"的"染"要注意什么呢？

生：上下结构。

生：上面是个"九"，不是"丸"。

师：这个字怎么记住呢？也可以用一句话来记：染坊里不卖丸药。我们汉字讲究音形义相统一，有的字一听它的意思就能想出它的字形来。下面老师说个谜语，看谁能猜出来是什么字？太阳从地平线上升起。什么字？一起说。

生：旦。

师：范写。"旦"字写的时候，下面的地平线要写得长一些，舒展一些才好看。下面请大家打开课本在书本上面描红。

师（巡视）：写字姿势很端正。这位同学字写得好，描出来的字跟书上的字一模一样。这位同学又快又好，这是最了不起的。很多同学字写得都很好，现在没有时间了，不然的话，老师还要展示展示。写字很重要，学语文，先要把字写好。

师：谁能根据括号里的注音，给这个字组个词？

出示：提（dī）　泊（pō）　着（zháo）　只（zhī）　倒（dào）　提（tí）　泊（bó）着（zhe）只（zhǐ）　倒（dǎo）

生：提防，提起。

生：湖泊，停泊。

师：泊，文中还有一个什么词？

生：血泊。

生：着落，提着。

师：课文中（zháo）有一个什么词？

生：着火。

生：一只，只要。

生：倒立，倒闭。

师：课文中有个什么词？

生：反倒。

师：谁能把这些句子读给大家听？自己先练一遍。

出示句子：

1. 那时森林里大约有四千只鹿，它们要时刻提防狼的暗算。

2. 在青烟袅袅的枪口下，狼一只跟着一只，哀嚎着倒在血泊中。

3. 整个森林像着了火一样，绿色在消退，枯黄在蔓延。

4. 到1942年，凯巴伯森林只剩下了八千只病鹿。

5. 狼吃的多半是病鹿，反倒解除了传染病对鹿群的威胁。

师：谁来读给大家听。

（生读）

师：能把句子读好了，多音字就没有问题了。读好了句子，课文就能读得更好。谁来读课文的第1自然段？

生：一百多年以前，凯巴伯森林一片葱绿，生机勃勃。小鸟在枝头歌唱，活泼而美丽的鹿在林间嬉戏。

师(打断)： 先停一下，等会儿再请你读。有些地方为了读出自己的理解，可以读出变化来，有些地方要读得干脆，就像平时讲话一样。谁再来读？

（生读）

师： 你头脑中的森林是什么样的？

生： 茂密。

师： 声音响一点，老师们都伸长了脖子在听。

生： 树木很茂密。

生： 有五彩缤纷的花朵。

生： 百花齐放。

生： 绿树成荫。

生： 有许多可爱的小动物。

生： 树木郁郁葱葱，花朵五颜六色，小草亭亭玉立。

师： 森林里不仅生长着茂密挺拔的树木，而且生活着许许多多的动物，一派生机勃勃的景象。谁再来读读这两句话，读了以后，要让人看到大森林是一望无际的，看到动物们嬉戏的场景。

（生读）

师： 这位同学很投入，在努力把自己理解的意思告诉大家。读书就是要这样，要把自己当成作者，当做一个讲故事的人，把自己看到的情景告诉给大家，把自己体会到的喜怒哀乐告诉给大家。而且要把这些理解表现在自己的脸上，融进自己的声音里，这样听的人才能明白你要告诉他的意思。谁还想读？其他同学是不是眼前能看到景象呢？刚才男生读得好，女同学怎么样？

（女生读）

师： 刚才读的这位同学继续读下去。

生(读)： "但鹿群的后面，常常跟着贪婪而凶残的狼，它们总在寻找机会对鹿下毒手。那时森林里大约有四千只鹿，它们要时刻提防狼的暗算。"

师： 把"贪婪"这个词再读一下。

（生读）

师： 这里说狼对鹿下毒手，进行暗算，想想看，狼会对鹿下怎样的毒手，进行怎样的暗算？和你以前读过的那些故事联系起来。

生：它会咬鹿，还会把鹿杀了。

师：听不出怎么"毒"。

生：它会趁母鹿不注意，把小鹿偷走。

师：这就叫暗算。

生：狼趁鹿群休息时，突然冲进鹿群，把小鹿咬死，再拖到狼群中去分享。

生：有一两只鹿在河边喝水，狼群就会把它们咬死，然后再分享。

师：怎么分享？

生：狼一个接着一个扑上去，咬了鹿的肉吃。有的小狼咬不动，大狼就会咬下来给小狼吃。

师：有点毒，还不够毒。

生：狼一起扑上去，把鹿的内脏全部撕碎，再把内脏全部翻出来吃。吃完后，把骨头叼出来慢慢吃。

生：扑上去，先咬断鹿的喉咙。

师：大家对"毒手"理解得很好，暗算还不够，刚才说到了一点，还能不能更"暗"一点。

生：一只鹿在喝水，一大群狼扑上去，把它拖到洞里，慢慢把它给全部吃掉。

师：你是又暗又毒。鹿是可爱的，可是在鹿的后面跟着一群贪婪的狼，你心里觉得怎么样？

生：很难过。

师：谁来读读这几句话，把刚才的理解告诉大家。

（生读）

师："暗算""毒手"读得非常好。

生："它们总在"回读了一下。

生：我也想读。

师：你要读，有个要求，要比他读得好，有信心吗？

（生非常投入地读）

师：读得很好。为了读进去，把字都读漏了。（生笑）书越读越好了，第 2 自然段谁来读。

（生读"当地居民恨透了狼……"）

师：请你先坐下。狼对人们喜爱的鹿下毒手，进行暗算，人们会说什么？

生：狼太可恶了。

生：狼实在是太贪婪凶残了。

生：这只狼真是贪婪而凶残。

生：我要把狼群全部消灭。

生：我要把狼皮扒了。

师：还要抽了筋。

生：我要为鹿报仇雪恨。

师：接着读下去。

生：他们组成了狩猎队，到森林中捕杀狼。枪声打破了大森林的宁静。在青烟袅袅的枪口下，狼一只跟着一只，哀嚎着倒在血泊中。凯巴伯森林的枪声响了 25 年，狼与其他一些鹿的天敌，总共被杀掉了六千多只。

师：读得很努力。狼一只跟着一只，哀嚎着倒在血泊中，这是一个怎样的场面？用一个词语来说。

生：血淋淋的场面。

生：悲惨的场面。

生：凄惨的场面。

生：血腥的场面。

生：吓人的场面。

生：残忍的场面。

师：鹿是一起倒下去的吗？一只一只，用了 25 年。谁能再读读这段话，把刚才悲惨的、凄惨的、血腥的场面读出来。谁觉得自己读得最好，就把手举得最高！

（生读）

师：掌声，真好。凄惨、悲惨的场面就在我们的眼前，还让我们感受到了 25 年。第 3 自然段谁读。

（生读"凯巴伯森林从此成了鹿的王国……"）

师："王国"是什么意思？

生：说的是那里都是鹿。

师："鹿的王国"还可以怎么说？

生：鹿的天地。

生：鹿的世界。

生：鹿的天堂。

生：鹿的乐园。

生：鹿的家。

生：鹿的王国的王国。

师：从哪里看出成了鹿的王国？

生：十万只。

师：原来是四千只，十万是四千的多少倍？

生：25倍。

师：增加的速度实在是太快了。下面请同学们听我读下面的话，听了以后要发表意见的，不听好是讲不出来的。

师（读）：它们在这里生儿育女，很快，鹿的总数就超过了十万只。可是，随着鹿群的大量繁殖，森林中闹起了饥荒。灌木、小树、嫩枝、树皮……一切能吃得到的绿色植物，都被饥饿的鹿吃光了。仅仅两个冬天，鹿就死去了六万只。到1942年，凯巴伯森林只剩下了八千只病鹿。

师：听了之后，有什么话要说？

生：鹿太多了。

生：把整个森林都毁灭了。

师：怎么没人给我提意见啊？

生：中间漏了两句话没有读。

师：漏的句子讲的是什么？

生：原因。

师：实际上，"整个森林像着了火一样，绿色在消退，枯黄在蔓延。"和前面的意思是一样的，"紧接着，更大的灾难降临了。疾病像妖魔的影子一样在鹿群中游荡。"和后面的意思也是一样的。既然是一样，那又为什么要写呢？有什么好处呢？听老师再读一遍。

生：把凯巴伯森林的重要写了出来。

生： 不写的话，凯巴伯森林闹起了饥荒，死了那么多只，什么原因都不知道。

师： 老师是这样理解的，前面和后面的内容只是一般的叙述，当中的三句话抓住了森林、鹿变化的特征，让我们看到了这样的景象：鹿大量繁殖以后，森林不再那么葱绿了，而是逐渐变得枯黄了；森林不再像从前那样茂盛了，而是逐渐变得枯萎了；森林不再像从前那样茂密了，而是逐渐变得稀疏了；鹿也不再像从前那样活泼、健壮了，而是逐渐变得疾病缠身、奄奄一息了；鹿群不再像从前那样成群结队、热热闹闹了，而是逐渐变得三三两两、冷冷清清了。我们平时写文章，也可以这样，在一般叙述的基础上，还可以再具体描写。谁来把这些句子再读一下，让大家看得见这些情景？

（生读）

师： 真的是非常地哀伤，非常地失落。把这几句话记在脑子里。

（生读记）

师： 一起读第 3 自然段。

（生读）

师： 最后一个自然段谁来读？

（生读）

师： 很努力，就是漏掉了一个字。人们做梦也不会想到，不会想到什么？

生： 不会想到他们捕杀的狼居然是森林和鹿群的功臣。

生： 不会想到狼吃掉的是病鹿，吃掉以后鹿也不会得传染病了。

师： 跟"功臣"意思相反的是哪个词？

生： 祸首。

师： 人们还有什么没想到？

生： 人们没有想到他们特意要保护的鹿，一旦在森林中过多地繁殖，倒成了破坏森林、毁灭自己的"祸首"。

师： 两样事情没有想到：①狼是保护森林和鹿群的"功臣"；②那么美丽、活泼的鹿居然是破坏森林、毁灭自己的"祸首"。第 4 自然段中还有一些词，这些词就是表示没有想到的意思，是哪些词？

生： 居然。

生： 反倒。

生：倒。

师：在几十年时间中，凯巴伯森林，包括生活在里面的鹿、狼、人们发生了一些变化。请再读读课文，把森林、狼、鹿、人们发生的变化找出来，画出来。等会儿，用"居然"这个词语告诉我们。

（生自主读画）

师：你找到了哪处变化，就说那个方面的内容。

生：可是，随着鹿群的大量繁殖，森林中闹起了饥荒。灌木、小树、嫩枝、树皮……一切能吃得到的绿色植物，居然都被饥饿的鹿吃光了。

生：仅仅两个冬天，鹿居然就死去了六万只。

师：鹿死去的速度居然比当年鹿增加的速度来得还要快，一年就死去了3万只。

生：凯巴伯森林的枪声响了25年，狼与其他一些鹿的天敌，居然被杀掉了六千多只。

师：我帮你再改一下。凯巴伯森林的枪声响了25年，狼与其他一些鹿的天敌，总共被杀掉了六千多只，人们居然对狼恨到这个程度，他们比狼还要狠毒。

生：人们做梦也不会想到，他们捕杀的狼，居然是森林和鹿群的"功臣"。

生：人们特意要保护的鹿，一旦在森林中过多地繁殖，居然成了破坏森林、毁灭自己的"祸首"。

生：凯巴伯森林原来一片生机勃勃，居然被糟蹋得绿色在消退，枯黄在蔓延。

师：原来人们捕杀狼，是为了让鹿过上幸福的生活，现在居然让它们过上了生不如死的生活。这么多的居然，概括起来说，就是两句话：狼居然成了功臣，鹿居然成了祸首。人们本来以为狼是可恶的，鹿是可爱的，而事实上，森林中不能没有鹿，也不能没有狼。没有了鹿，森林里就缺少了一份美丽和生机；没有了狼，鹿就要大量繁殖，就会闹饥荒，就会疾病缠身，所以它们都是我们的朋友。

师：如果狼群、鹿群和人们一样有思想的话，请同学们选择一个开头，把狼群、鹿群、人们的想法说一说。听老师读一下。

（出示：看到整个森林像着了火一样，绿色在消退，枯黄在蔓延，疾病像妖魔的影子一样在鹿群中游荡，人们如梦初醒……

看到整个森林像着了火一样，绿色在消退，枯黄在蔓延，疾病像妖魔的影子一样在鹿群中游荡，鹿群恍然大悟……

看到整个森林像着了火一样，绿色在消退，枯黄在蔓延，疾病像妖魔的影子一样在鹿群中游荡，狼群感慨万分……）

生： 人们会想，原来狼群是森林的功臣，它吃掉一些病鹿，鹿群就不会发展得太快，森林就不会被毁灭得太惨。

生： 人们会想，我们保护的鹿，居然是破坏森林、毁灭自己的祸首。

师： 能不能再从狼的角度去想，从鹿的角度去想。

生： 我会想说。人们如梦初醒，我们当初要保护鹿的时候，就没有想到这一点，鹿倒成了罪魁祸首。鹿群恍然大悟，当初我们认为狼非常可恶，可是我们现在大量繁殖，闹起了饥荒，食物不够，我们反倒死得更多了。狼感慨万分，它想，你们当初想杀掉我，你们怎么没有想到这一点呢？你们杀掉我，鹿群大量繁殖，破坏森林，那么就不能维护生态平衡了。

师： 给点掌声。三个方面都想了，而且想得很准确，最后说到了哪个词？（生态平衡）如果你当时是美国总统，你就不会下这个命令了。我们推选你当美国总统。

（生笑）

师： 森林中的动物是这样一种关系，能够保持生态平衡。其他的动物、植物、人们之间的关系是不是这样呢？举个例子说说看。

生： 小草喜欢朝露，它可以给小草滋润。小草不喜欢朝霞，朝霞一出来，就把朝露赶跑了。这两个东西是分不开的，没有朝霞，朝露也不会出现。

师： 老师讲一个故事，同学们听完后，请用上"功臣、祸首、居然、反倒"来说说。（讲述《蛇与庄稼》的故事）有一年，有个地方发生了海啸……

生： 蛇看起来是很坏的，但比起田鼠来，还是好的，蛇可以当保护庄稼的功臣。田鼠糟蹋了庄稼，变成了祸首。

师： 这里真正的功臣是谁啊？

生： 老农。

师： 听了狼和鹿的故事，听了蛇与庄稼的故事，你有什么话要说？

生： 做事情的时候要考虑周全，不然以后要后悔的。

生： 狼保护了食物链的安全，它把鹿吃了，保护了森林的生态平衡。

生： 做事情，眼光一定要长远，如果只看眼前的话，到时候就会后悔。

生： 做事情不能只看表面，狼表面上看是在吃鹿，实际上它吃的是病鹿。

生：狼看起来很可恶，但是当它灭绝之后，你就会觉得它是很重要的。

生：我们要看长远利益，不能看一时的得失。什么东西都不能缺少，比如说狼没了，就破坏了生物链的平衡，蛇没了，也破坏了生物链的平衡。

师：给点掌声。老师看了两个故事后，也想了很多。狼和鹿的故事中说鹿是祸首，到底谁是祸首？

生：人们。

师：人既可以成为功臣，又可以成为祸首，说明生态环境好还是不好，决定因素是谁？

生：人。

师：所以人要善待动物，善待植物，善待整个自然。善待自然，就是善待我们自己。我们同学人人要争当善待自然的卫士。我们要马上行动起来噢。

（出示要求：

1. 请你任选一题写一段话。

(1)当一回小小宣传员：请你为凯巴伯森林的入口处设计一块警示牌，把想要告诫人们的话写下来。

(2)当一回总统助理：如果罗斯福总统还没有下达灭狼命令，如果你是他的总统助理，你准备怎样说服他取消这项政策呢？把你要说的话写下来。

2. 读一读《鲇鱼效应》，说说自己的想法。）

【教学评论】

课堂，可以如此地简单，而又如此地美妙

——赏析薄俊生校长执教的《狼和鹿》

张清运

安安静静地听完课，感慨油然而生：薄校长的课堂，是如此地简单，却又如此地美妙。再安安静静地问自己："简单"和"美妙"本应是一对矛盾，为什么现在却能如此和谐地共生于我的心间？细细回味，"简单"源自于薄校长课堂平实的外在呈现，而"美妙"则源自于薄校长课堂丰厚的内在意蕴。正是这"矛盾"的和谐统一，带给了我深深的思考和意想不到的收获。

1. 似小溪，更像大海

小溪自源头来，清澈明净，缓缓流淌，不疾不徐地把滋润带给沿途的生命。薄校长的课，从勾连学生已有生活——对狼和鹿的认识开始，先呈现学习材料，再不吝时间，扫除阅读障碍，接着，逐段读讲，在读读、讲讲、说说、议议中启发想象，丰满文本内容，树立语言形象，学会运用语言，最后，通过拓展阅读，开阔学生视野，深化思想认识。课堂教学的整个过程，"明"如小溪，"静"如小溪，"润"如小溪。

"明"如小溪：这两堂课的教学目标（包括了知识和技能、过程和方法、情感态度和价值观这三个维度的目标）非常明晰，它们没有停留在教师的备课本上，都能在课堂上逐一得到落实；"静"如小溪：老师的语言平静，课堂的氛围安静，学生的内心宁静，用苏霍姆林斯基的话来讲，那是一种"灵敏的寂静"；"润"如小溪：学生所有的获得，都在不知不觉中，没有半点的"强灌"和"非自我性"，课堂带给他们的是生命成长中如食甘饴的快乐。

达到"课如小溪"已是一种境界。而薄校长的课，不仅达到了这样一种境界，更在这小溪般的外在呈现中，拥有了大海一样的内在意蕴：深邃——在价值观念的建立上，没有停留于让学生明白"生态需要平衡"这一步，而是借助文本中"祸首""功臣"两词，借助拓展阅读，让学生明白，人有时候可以成为真正的"祸首"，有时候可以成为真正的"功臣"。这样的课堂，是一堂语文课，因为它紧紧围绕语文的目标展开，紧紧依靠语文的手段来达成对人生意义的认识。但这样的课堂又绝对不是一堂一般意义上的语文课，它是一堂为孩子精彩生命的"成人"课（薄校长在回答"发展性语文是什么"的时候，讲到这么一条"为成人而非成事"，就此借用"成人"这一词）。

2. 似平淡，实为浓烈

在如火如荼的新课改浪潮中，各级各类的公开课如汹涌的潮水，一方面，濯洗着固存在我们老师头脑中的陈旧观念；另一方面，也让我们在其中迷失了方向。很长一段时间中，我们看语文课的眼"高"了：教师需要有激情四溢的情感，教学需要有精致华美的课件，学生需要有兴致勃勃的表演。似乎只有这样，才可以称得上是好的语文课，优秀的语文老师。而今天，薄校长用自己的课堂，响亮地告诉我们："平淡"并不就是"乏味"。在执教《狼和鹿》的这两堂课上，薄校长没有慷慨激昂的言辞，有的只是类似于"读书就是替作者、替文本说话，把看到的、听到的、想到的融入自己的声音里，读给别人听，让别人听清楚、听明白"这样朴实真切的语言；也没有花里胡哨的课件，有的只是两张图片和几页生字词、文字灯片而已；更没有热热闹闹的游戏表演，有的是充满课堂的师生、生生、生本或亲切、或严肃、或天真、或智慧的对话。从"没有"中我们看到的是"平平淡淡"的课堂外表，而在那"有"之中，是课堂内蕴中溢出的一股股浓浓烈烈的、专属于发展性语文的"气味"：扎扎实实的字词训练，不管是生字词音、形、义的教学，还是对文本重点词语的细嚼慢品，都非常地扎实、到位，出色完成了构筑语文大厦的奠基工程，也是学生发展的基础工程；形式多样且富有层次的朗读，把朗读和理解、和想象、和说话巧妙地糅合在一起，真正做到了以读代讲、以读促悟，以读树立语言形象、以读积累内化语言。伴随着朗读深入学生心田的不只是语言，还有思想，学生的发展印迹清晰可见；依托对文本的理解，利用"居然""功臣""祸首"进行说话练习，不但起到加深对内容的理解的目的，更让学生在说话过程中实现对文本语言的再造，实现了由语言理解向语言表达的发展；课堂上引入课外阅读材料，和文本学习相互补充，相互印证，既拓展了学生的阅读视野，又培养了学生的快速阅读、快速提取语言信息的能力。这正是教给了对学生发展一生有用的语文（薄校长语）。

3. 似平常，实蕴智慧

贯穿薄校长课堂始终的是朗读和对话这两种基本而又常见的教学手段，平平常常的方法却上出了让人眼前一亮的不平常的课，透出的就是真正的教育智慧。智慧地解读文本——站在更高的文本价值高度审视教材，敏锐地捕捉散落在文本的重点和难点，精心设计话题，通过朗读和对话化解难点、领悟重点；智慧地引领学生——让学生调动已有的知识积累，想象狼对鹿会下怎样的"毒手"，会怎样的"暗算"，人们会怎么"恨透"这群狼，当学生通过想象把平面的、生硬的文字变成立体的、生动的形象和画面时，披文入情入境自然也就水到渠成了；智慧地设计训练——第3节描写森林遭受到破坏的三句话，让学生在比较中体悟语言描述的魅力，培养了学生对语言的感受能力，引导学生树立起关注语言表达的意识；智慧地呈现精要——板书是课堂教学的精要之呈现，薄校长利用"课文中还有哪个词语所表达的意思和'居然'一样是表示'想不到'的"这个问题，巧妙地引出"反倒"和"倒成"两个词语，完成了一个精妙的板书，令人拍案叫绝！

记得薄校长曾这样说过：公开课也应该要上成课前不需要大量准备，课后不需要重新补教的课。我想，薄校长做到了。

我又想，薄校长能在这样重要的公开教学活动中，毫无顾虑地抛弃哗众取宠的华丽外表，追求课堂内在的充盈丰满，那一定是把语文教育视作为一项发展人的事业来做了。所以，在最后，我想用一句话来概括我对薄校长教学风格的认识，那就是——"事业化而非演艺化"。

八、《古今贤文》教学设计

［教学目标］

1. 熟读课文，能背诵课文中的句子。

2. 联系生活实际，理解课文内容。

3. 体会团结合作力量大，真诚相待情谊深的道理。

［教学过程］

（一）读课文，谈感受，解课题，知大意

1. 请同学们把课本翻到第 83 页，自己轻声朗读课文，遇到不认识的字看看生字表，问问同学。

2. 请同学们再读课文，争取读准每一个字音，读通每一句话。读后想想：这篇课文中的句子，有没有你原来已经看到或者听到过的？

3. 谁愿意把原来已经看到或者听到过的句子读给大家听听？

4. 你还喜欢课文中的哪个句子，也请你读给大家听听。

（读的过程中校正字音，指导朗读，重点：涨；处；砌；海内存知己，天涯若比邻；君子之交淡如水，小人之交酒肉亲）

5. 这篇课文与我们过去学过的课文相比，有许多不同的地方。谁愿意完整地朗读课文？其他同学仔细听，认真想，相信大家会发现这篇课文的许多优点。

6. 听了同学的朗读，你发现这篇课文与其他课文相比有哪些特点？（教师可以点手指以示语言工整，可以重复每句最后一个字的读音以示押韵）

（1）语言工整。（2）押韵。（3）阐明做人的道理。

7. 这篇课文语言工整，读来朗朗上口，更能给人启发教育。因此，课本将它称为什么？

（板书：贤文）

8. 贤文就是教我们怎样做人的好文章。这篇课文中的句子，有的是古代流传下来的，有的是后人提炼整理出来的，因此，课题在"贤文"前面又加了哪两个字？（板书：古今）。因为课文是谈合作的，所以后面的括号里又用"合作篇"来表示课文的内容。"△"表示这是一篇略读课文，我们用一节课把它学完。

(二)利用关联信息，解决疑难问题

刚才在读书的过程中，大家有没有遇到不懂的句子，提出来与同学讨论讨论。（可以提示：能不能用课文中的其他句子进行解释。）

(三)反复练读，熟读成诵

1. 这么优秀的诗文，如果能够把它记下来，变成自己的东西，那对丰富自己的语言，提高自己的修养，会有很大的好处。大家想把它记下来吗？

2. 那好，请大家用三分钟时间试背课文，待会儿告诉大家，你记住了几个句子。比一比，谁记住的句子多。

3. 我们来交流一下，能记住三个句子的同学请举手。能记住四个的？五个的？六个以上的？估计自己是全班记得最多的请站起来。

4. 这几位同学真了不起！但是，我们全班这么多同学就他们几个背得出，是不是就好了呢？为什么？（一花独放不是春，万紫千红春满园）

5. 不过，光靠一个人要背出全文是很困难的，这就像课文中所说的——（独脚难行，孤掌难鸣。一块砖头砌不成墙，一根木头盖不成房）

6. 是呀，一块砖头砌不成墙，一根木头盖不成房。下面，我们以小组为单位，合作开展一次背诵比赛。老师指定一位同学开始背诵课文，当这位同学遇到困难时，下一位同学接下去，到背完全文，用时最少的小组获胜。大家再准备一下。

7. 比赛开始。我们用秒表计时。

8. 现在大家能不能再用课文中的句子说说自己的想法？

9. 教师根据比赛成绩和学生的回答，奖给各组一张书签。（三个臭皮匠，赛过诸葛亮。人心齐，泰山移。一根竹竿容易弯，三根麻绳难扯断。一花独放不是春，万紫千红春满园）

（四）创设交际情境，指导运用，加深理解

1. 看了大家刚才的比赛，薄老师有很多感触。我想用课文中的一句话作为赠言送给大家，与大家共勉！（出书签：人心齐，泰山移）写赠言有一定的格式，请看薄老师送给大家的赠言：先在左上方写上对方的名字或称谓，换行空两格写赠言，最后在右下方写上自己的名字。

2. 同学们，如果我们人人选课文中的一句话作为赠言送给班上的同学或是自己的亲戚朋友，那将是一件非常有意义的礼物。大家想想，课文中哪句话送给谁最合适？想好以后，就把它写在你准备的空白书签上送给他。开始。

（教师巡视，提示：a. 写字姿势；b. 句子写好的同学，可以配上相应的图案，使别人更容易理解你的意思。）

3. 交流：

（1）你准备把这张书签送给谁？你怎样把书签送给他呢？请你和××同学一起上来，为同学们示范一下。

（表扬：字写得真漂亮！图也画得不错！提示：①两人刚见面应该怎么样？②还要讲清楚为什么送这句话。③特别要把句子读好。）

（2）再请两位上来做个示范。

（3）班上有多少同学想同学送书签？下面就请大家像刚才四位同学那样把写有赠言的书签送给你想送的同学。

（4）薄老师了解到，这位同学想把写有赠言的书签送给远方的亲戚，大家为他想想办法，怎样完成这件有意义的事情？

（五）作业

同学们，在关爱别人的时候，你可不要忘了关爱自己呀。薄老师建议，大家可以在课后选一句自己最喜欢的话，写在你的书签上，让它时时提醒自己，与同学、与他人相处，要互相团结，互相合作，互相帮助。

九、《剪枝的学问》教学设计

[教学目标]

1. 正确、流利、有感情地朗读课文。

2. 理解课文内容，了解"剪枝"是为了得到更多更大的桃子，懂得"减少"是为了"增加"的道理。

3. 根据创设的情境复述课文内容，内化课文语言。

4. 理解关键词语。

[板书设计]

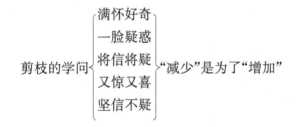

[教学过程]

第一课时

1. 出题质疑，激发学习心向

(1)板书：剪枝的学问。齐读课题。

(2)谁知道，学问是什么意思？

(3)看了课题，你觉得学习这篇课文应该解决哪些问题？（剪枝是怎么回事？剪枝有什么学问？）

(4)同学们真会动脑筋。会提问是一种重要的本事。我们班的提问能手还真不少。

2. 初读课文，整体感知课文内容，自由反馈获取的信息

(1)出示生字：这是课后列出的生字，哪些你已经认识了？是怎么认识的？

(2)出示新词：谁来把这些新词读给大家听听？

(3)你在预习的时候读了几遍课文？

(4)觉得自己已经能把课文读好的同学请举手。

(5)看来，我们班的读书能手还真不少。那谁愿意读给大家听听？

(6)为了能把课文读得更好，大家是不是需要再准备一下？那好，请同学们自己轻声朗读全文，做到不添字、不少字、不错字、不回读、不读破句。开始。

(7)大家读得真认真！下面，请5位同学读课文。

其他同学干什么呢？大家都当评委，等会儿评一评他们读得是否正确、流利。

(8)出示：疯 zhǎng、养 fèn，谁再来把这两个词语读一下？

(9)长、分都是多音字，谁来用它们另外的读音组词？

(10)同学们要成为真正的读书能手，还应该在读了课文以后了解课文的内容。下面请大家认真默读课文，等一会儿告诉大家，读了课文后你知道些什么？比比谁知道的内容多。

3. 抓住关键词语，引导质疑问难

(1)同学们真是读书的能手。刚读课文就知道课文的内容，真了不起。下面，老师还要请5位同学朗读课文，哪些同学愿意？

(问指名的学生：你有没有信心比刚才的同学读得更好些)

(2)一生读第1节。

一生读第2节。读第2节第1句时，老师叫停，说"这里有一个词语，满怀好奇（板书：满怀好奇）。满怀好奇描写的是'我'的心理活动。下面几段课文还有这样描写'我'心理活动的词语，看看哪个同学能找出来"。

一生读第3节。（板书：一脸疑惑 将信将疑）

一生读第4节。

一生读第5节。（板书：又惊又喜）

(3)请同学们读老师写在黑板上的词语。

(4)看了这些词语，同学们还能提出哪些问题？

(5)同学们都是提问的能手。

4. 学习生字新词，指导规范书写

(1)出示生字：剪枝　咔嚓　挥　疯　靠　仿佛　胖娃娃　减

这些生字中，有没有你已经能记住的？是怎么记住的？同桌相互交流交流。

（2）谁来说说"嚓"字怎么记？写的时候要注意些什么？

出示田字格：嚓，学生说后教师描红，讲述：宝盖头下右边是两点，左边是横撇。

（3）其他的字都比较好记，但要写得美观就不那么容易了。你认为哪几个字写的时候容易变形，影响美观？怎样写才能保持它们的美观？

（4）出示田字格中的"靠"，学生说后教师描红讲述："告"和"非"各占上下半格，"告"的"一"要写得长些。这个规律可以这样记忆：上下结构竖要短，一横长些才匀称。这里还有哪个字也可以用这句话来指导书写？

（5）请同学们在老师发下的描红练习上把每个字描写一遍。

（6）出示词语。请同学们在老师发下的抄词练习上把每个词语抄写一遍，看看谁是写字能手，可以把每个字写得既正确又美观。

（7）选两位同学的作业在视频仪上展示、评价，重点看"嚓""剪""靠"。

第二课时

1. 默写生字新词

（1）视频展示仪上出示词语。刚才，同学们把生字新词写得既正确又美观。那么，大家有没有把它们记在脑子里呢？老师要考考大家。请大家用 30 秒钟的时间快速记忆一次。

（2）请拿出本子准备听写：冬天，王大伯挥舞剪刀"咔嚓，咔嚓"剪枝；来年夏天，桃子挂满枝头，仿佛胖娃娃的脸。

（3）出示句子，学生相互批改，交流，订正。

2. 以读代解

（1）上一节课，同学们抓住描写"我"心理变化的词语提出了一些很好的问题：我为什么满怀好奇？我为什么一脸疑惑？我为什么将信将疑？我为什么又惊又喜？

（2）下面就请同学默读课文，从课文中找出这些问题的答案，用笔在书上画出来。看看谁是解题的能手？

①我对什么满怀好奇？

A. 这里的"总是"表示什么意思？（前年种出的桃子？去年？今年？每一年的气

候条件又各不相同，他家的桃子都是又大又甜。）

B. 这说明王大伯的确是一位远近闻名的种桃能手，这也是"我"满怀好奇的原因。

C. 谁来读课文的第1节。

D. 他读得怎么样？谁再来？

②我为什么一脸疑惑？

A."一脸疑惑"是一种怎样的表情？谁能做给大家看看？问表演的学生：这样的表情表示什么意思？

B. 我对什么想不通？

C. 谁来有感情朗读我着急地说的话？（想尽快地阻止王大伯这种行为）

D. 评价：注意，这里连续用了两个问号（板书），表示十分疑惑，十分着急。谁再来读王大伯说的话。

③我对什么将信将疑？

A."将信将疑"是什么意思？

B. 我"疑"的是什么？

剪下的枝条真的光吸收营养不结果实？

留下的枝条真的能结更多更大的桃子？

C. 我为什么又有点相信？（a. 王大伯是远近闻名的种桃能手；b. 王大伯说话时笑了笑，充满了信心）充满信心还可以怎么说？

D. 谁来读王大伯说的话，让人听了有点相信。

④我为什么惊，又为什么喜？读我所见的丰收情景，读出喜悦的心情。

⑤请刚才回答问题的同学站起来让大家看看。你们都是解题能手。

（3）请同学们再把课文完整地朗读一遍，读后说说剪枝有什么学问？

（板书：减少是为了增加）

（4）这就是剪枝的学问。

（5）请读课文最后一句。如果当时听了王大伯的话我是将信将疑，那么现在看到了这丰收的景象，我对王大伯的话又是怎样呢？能不能也用一个词来概括。

（板书：坚信不疑）

（6）课文的第4节写得很美，也很重要。

①请同学们自己朗读，读后说说从中体会到了什么。

②听同学朗读这一段，大家闭上眼睛想象课文描写的情景。

③这么优美的文字，我们试着把它记下来。

④哪位同学已经记住了，背给大家听听。

3. 创设情境，整合重组，开展语言实践

(1)王大伯种桃出了名，参观者络绎不绝，王大伯应接不暇。大家想想怎样才能帮助王大伯解决这个难题？那你愿不愿意为王大伯当一回义务讲解员呢？

那我们该怎样向参观者讲解王大伯的种桃经验呢？大家准备一下，待会儿介绍给大家听。

(2)请同桌相互练习一下。

(3)现在，我们听课的老师就是新来的一批参观者，谁愿意为他们作一次讲解？(发小帽，拿小旗)

①解说员与参观者初次见面应该怎样？

②评点：用自己的语言、条理清楚，转换角色

(4)还有哪些同学愿意当义务解说员？愿意的自己到这些参观的老师前面为他们讲解。

4. 小结全课，布置作业

(1)同学们，今天我们学习了《剪枝的学问》这篇课文，从中我们知道了剪下多余的枝条是为了来年收获更甜更大的桃子，懂得了减少是为了增加的道理。

(2)为了进一步推广王大伯的种桃经验，课后请大家把王大伯的经验写下来。写的时候还可以去找一些资料，使王大伯的经验总结得更完善，老师将择优推荐给报社发表。大家怎么跟我联系呢？(写信)我的通信地址是：常熟市实验小学，邮编是215500。我的电子信箱是×××。我盼望着同学们的来信。

十、《给予是快乐的》教学设计

[教学目标]

1. 能熟练地有感情地朗读课文。

2. 整体把握课文内容。

3. 较充分地体会在给予别人快乐的同时自己也得到快乐。

[教学设计]

(一)课前谈话，唤起学生的生活经验

1. 同学们，薄老师初次与大家见面，我们先来交流交流，好吗？

2. 我们来交流一下最近一段时间各自生活中发生的快乐的事情，好吗？谁先来？

3. 学生交流。

4. 同学们的生活真快乐，连薄老师听后也为大家感到快乐。

(二)出题解题

刚才，同学们交流了各自生活中发生的好多快乐的事情。得到长辈的关怀是快乐的，得到同学的帮助是快乐的，取得学习的进步是快乐的。那么，还有什么也是快乐的呢？今天，我们学习的这篇新课文将给我们新的启迪。

1. 出题，指读：给予是快乐的

2. "给予"的"给"是个多音字，在这里读"jǐ"，读的时候要注意，齐读"给予"。

3. 谁能说说与"给予"意思相反的词语。

4. 齐读课题。

(三)初读课文，整体感知课文内容，自由反馈获取的信息

1. 同学们在课前已经预习了课文。你在预习的时候读了几遍课文？

2. 觉得已经能把课文读好的同学请举手。

3. 看来，我们班同学个个是读书的能手。那谁愿意读给大家听听？

4. 请 A 同学读第 1～7 小节，请 B 同学读第 8～13 节。其他同学都当评委，等会儿评一评他们读得是否正确、流利。

5. 读课文的目标之一是要了解课文内容。下面请大家认真默读课文，等一会儿交流你所了解的内容。

6. 下面，我们进行交流。哪位先来？

（四）朗读、品味、感悟

1. 课文读得正确、流利了，对课文内容也有所了解了。接下来我们还要做更高要求的工作。这项工作就是通过朗读深入体会故事中人物的思想感情，并通过朗读把人物的思想感情充分地、准确地表达出来。

2. 人物的语言往往是最能表达人物的思想感情的。所以，先请大家默读课文，把小男孩和保罗说的话用笔画出来。

3.（出示对话投影）谁愿意把两人说的话读一遍？其他同学听听他读得怎么样。

4. 大家认为，这位同学读得怎么样？

5. 怎样才能把小男孩和保罗说的话读好，把他们的思想感情充分地、准确地表达出来呢？薄老师告诉大家一个方法：用心去读课文，从课文的语言文字中去体会人物的内心活动、思想感情。所以，请大家先动手圈画能反映人物内心活动、思想感情的词语、句子、标点，再轻声练读这些话。

6. 请前后两桌同学围成学习小组，先由一张桌上的两位同学朗读小男孩和保罗说的话，另一张桌上的两位同学当评委，对他们读得好的地方作出肯定，对不足之处提出改进意见，并说出肯定或改进的依据。然后再交换进行。

7. 哪一桌愿意读小男孩和保罗说的话？其他同学准备评点。

8. 请大家进行评点。可以肯定优点，也可以提出改进意见，并说说理由。

（结合评点理解关键词句，指导朗读，体会感情）

板书：

惊讶（不是）获取（而是）给予

又错了（不是）炫耀（而是）关爱

9. 请同桌再次相互练读对话。

（五）分角色朗读全文

1. 刚才，我们做的是分解练习。下面请大家把这些话放到课文中去，朗读全文，进一步体会人物的思想感情，并把这种思想感情准确地表达出来。

2. 我们请三位同学分角色朗读课文。

3. 从你的朗读中可以看出，你对课文的体会比刚读课文时更深了一层。

(六)交流学习成果

1. 请大家谈谈通过这堂课的学习，你有些什么收获。说的时候用上"懂得"这个词语。

2. 这篇课文值得体会的地方还有很多。下节课我们进一步学习。

十一、《天火之谜》教学设计

[教学目标]

1. 能正确、流利、有感情地朗读课文，复述课文。

2. 学会本课 9 个生字，只识不写绿线中的 2 个生字。会用"推测""不足为奇"造句。

3. 按分好的段落，选用课文中的语句段落概括段意。

4. 凭借具体的语言材料，感受富兰克林勇于探索、敢于试验的精神。

[教学设计]

第一课时

1. 课前谈话

(1)谁能用这个字组词——"谜"？（谜语、谜面、谜底）

大家喜欢猜谜吗？

(2)那好，下面，我们就先来猜几个谜语，这些谜语的谜底都是自然界中的物体或现象。

①有个老汉年岁大，天刚发亮就出发，有朝一日不见它，准是天阴雨刷刷。（太阳）

②星夜挂着一张弓，世上没人拉得动，上弦下弦有规律，待到弓满已月中。（月亮）

③一个球儿圆又大，能看能摸不能打，两头寒冷中间热，谁也不能离开它。（地球）

④空中银光一条线，划过宇宙和人间，霎时跑了千万里，眨个眼睛看不见。（闪电）

⑤大哥把灯照，二哥把鼓敲，三哥撼大树，四哥用水浇。（猜四种相关联的自然现象）

2. 出题解题

(1)今天，薄老师要和同学们一起学习一篇与刚才这些谜语的谜底有联系的课文——《天火之谜》。

(2)大家都预习过课文了吗？

(3)当你第一眼看到这个课题的时候，你的脑子里产生过哪些疑问？（这里的"天火"是什么东西？"天火之谜"到底是个怎样的谜？这个谜是谁解开的？又是怎样解开的呢？）

3. 初读课文

(1)这些问题，有的，我们可能已经通过预习解决了，有的可能到现在还没有解决，到现在还是个谜。谁来说说，要解决这些问题，解开这些谜，最好的办法是什么？

下面，就让我们先认真地、轻声地朗读课文。读准课文中的每个字音，读通课文中的每个句子，把握不准的字音可以看看生字表。

(2)检查生字新词的读音。

①出示新词：雷暴、爆炸、揭开、钥匙、不足为奇、上帝、推测、毙杀、骤然、欣喜若狂、冷嘲热讽、安然无恙、怒发冲冠。

这些词语，哪些你已经认识了，读给大家听听。

②指读"钥匙"，谁再来把这个词语读一下？（"匙"在词语中读轻声）

③到现在，觉得自己已经能把课文读好的同学请举手。

④谁愿意读给大家听听？

⑤下面，请6位同学读课文。其他同学干什么呢？大家都当评委，等会儿评一评他们读得是否正确、流利。

⑥评议（师指出：朗读课文，要做到不错、不添、不漏、不读破句、不回读）

⑦你们觉得哪几节课文比较难读？请大家再认真地读一遍。

4. 再读课文

(1)学好课文必须正确、流利地朗读课文，但光做到这一点是不够的，我们还要读懂课文的内容，还要对不理解的地方提出问题。下面，请同学们默读课文，一边读，一边想，等一会儿告诉大家，你读了课文以后，知道了些什么？读了课文以后，有哪些问题要提出来向大家请教？

(2)交流。

①读了课文以后，你知道了些什么？(抓住重要的内容用语言强化或者板书，相机介绍富兰克林的身份。富兰克林是杰出的科学家、政治家、文学家、外交家，是人类历史上最多才多艺的人之一)

②读了课文以后，你还有什么问题要提出来吗？(简单的可以当场请学生解答)

板书：

25 天火之谜

可怕的东西	(早就)	观察
解开这个谜	(大胆)	推测
发明避雷针	(决定)	实验

5. 学习第一段

(1)下面，我们再来一段一段地读课文。先请同学们轻声朗读课文第一段，读后想想，你从中感受到了什么？

(2)我们可以从哪些地方看出雷暴很可怕？

(3)让我们从下面的录像资料中感受一下雷暴的可怕吧！(放录像)

看了录像，你有什么感受？

(4)谁再来朗读第一段课文，把刚才看录像时的感受放到课文中去。

(5)指名交流读，评议。

(6)如果用课文中的一句话概括这一段的意思，你觉得用哪句话最合适？

6. 学习生字新词，指导规范书写

(1)出示生字：

这些生字你准备怎么记住它们？同桌相互交流交流。

("炸、讽、揭、拴、钥、匙、震"都是形声字)

（2）谁来说说"暴"字怎么记？写的时候要注意些什么？

（3）出示田字格中的"暴"，学生说后教师描红讲述：下面是"水"，五笔写成，互不相连，末画是点，不能写成"水"。

（4）请同学们在课文后面的描红练习上把每个字描写一遍。

（5）出示词语。请同学们在老师发下的抄词练习上把每个词语抄写一遍，看看谁是写字能手，可以把每个字写得既正确又美观。（"安然无恙、怒发冲冠"两个词不要写）

第二课时

1. 学习第三节

（1）过渡：上一节课，同学们通过反反复复地读书，读通了课文，读懂了一些内容，提出了一些问题，并且学习了课文的第一段，相信大家都有收获。这堂课，我们继续学习下面的课文。

（2）通过刚才的学习，同学们读懂了富兰克林解开天火之谜，经过了三个重要的阶段（观察、推测、实验）。看了这三个词语，你还想知道些什么？（富兰克林观察到了什么？他根据观察得到了一个什么结论？他为什么还要进行实验？他是怎样进行实验的？）

（3）学习语文的方法有很多，其中的方法之一是把自己想象成课文中的人物。大家愿不愿意当一回富兰克林？能当富兰克林是很光荣的，他是大科学家，政治家，文学家，外交家。——现在大家都是富兰克林了 。

"富兰克林"们，你们好！

（4）请各位"富兰克林"默读作者为你们写的第三段课文，用"＿＿"标出"你观察到的现象"的句子，用"～～"标出你推测后得到的结论的句子。用"。。。。。。"标出你为什么要进行实验的句子。

（5）出示句子"由此，他大胆地推测，雷暴就是人们熟知的放电现象"。

①谁来读这句话？

②请问富兰克林，你为什么能够大胆地作出这样肯定的推测呢？谁来读课文中的有关句子？

③富兰克林，你这样大胆地肯定雷暴就是放电现象，主要是你发现了雷暴和放

电现象之间的共同点，但我刚才好像对两者之间的共同之处感受不是很深。谁再来朗读这一部分，让我更深地感受两者确实差不多。

④对，只有这样表达观察的结果，富兰克林才会大胆地作出这样肯定的推测。（强调了相似或相同）

⑤一起读。

⑥"富兰克林"，这里的"……"表示什么意思？

⑦哪位"富兰克林"把你观察到的更多的现象讲给大家听听。（运动都极其迅速、都能被金属传导、都能发出爆炸声或噪声、都能在水或冰中存在、通过物体时都能使之破裂、都能熔化金属、都能使易燃物燃烧、都放出硫黄气味。）

⑧你怎么会观察到这么多的现象？（早就开始观察，体现了科学家的品质。）（科学家就是科学家，能够观察到常人不注意的现象。）

⑨谁来说说"推测"是什么意思？

⑩谁来把你从观察到推测的过程说一遍？

⑪师：用语言来表述推测的过程，这就叫做——推论。这位富兰克林先生刚才就是在推论。

(6)我有话要问富兰克林，你为什么在推测以后还要进行实验呢？（人们不相信、冷嘲热讽。）

①富兰克林，一般的人不相信，你听到他们说了些什么？自称有学问的人冷嘲热讽，你又听到他们说了些什么？

②相机指出：这就叫"冷嘲热讽"。

③听到了这么多的议论，富兰克林，你是怎么想的？

（科学家有科学的态度，有科学的勇气，了不起）

(7)读第3节下面部分。

2. 学习课文第四节

(1)刚才，我们把自己想象成富兰克林，出色地完成了第3节的学习任务。下面，我们换一种方法——用过电影的方法学习课文的第4节，再现富兰克林进行风筝实验的情景。谁来朗读课文第4节？

其他同学闭上眼睛，将富兰克林风筝实验的经过在脑子里过电影，等一会儿把你印象最深的电影镜头讲给大家听。

（2）交流。

①留给你印象最深的电影镜头是什么？

②配简笔画。

③看到这种景象，你有什么感受？读给大家听听。（当时的环境怎么样？看到麻绳带电时，你的心情怎么样？当你看到富兰克林的手指靠近钥匙，听到"啪"的一声，看到蓝色的火花，感到一阵发麻时，你心情又怎么样？）

（3）同学们刚才的无形电影拍得不错。下面，我们来进行一次比赛，好不好？老师将全班同学分成两大组，我们以大组为单位，合作开展一次讲故事比赛，把富兰克林风筝实验的故事讲给大家听。各组推荐一位同学开始讲故事，当这位同学遇到困难，下一位同学接下去。到讲完故事，动用人数少的小组获胜。大家要不要再准备一下。

（4）比赛开始。

（5）同学们的故事讲得不错。大家有没有发现（指简笔画），富兰克林做实验的风筝与我们平时放的风筝有什么不同之处，你能看出来吗？

（6）围绕这些不同之处，你能提出哪些问题？

（7）这些问题现在不作解答，大家可以在课后自己去寻找答案。我们从自己提出的问题中体会到了什么？

①风筝实验精心设计，包含着丰富的科学原理。②危险大。（补充材料：1753年7月26日，俄国科学家利赫曼为了证明富兰克林的推论，在实验操作时，不幸被一道电火花击中身亡）

（8）正因为风筝实验学问大，危险大，所以富兰克林在钥匙放电后有怎样的表现？

（9）你理解"欣喜若狂"的意思了吗？读富兰克林喊的话。

（10）富兰克林的风筝实验精心设计，充满危险。体会到这些以后我们再读课文，读出来的味道肯定与刚才的不一样。谁来读给大家听？

3. 学习第五节

（1）齐读。

（2）风筝实验震惊了世界，"震惊"是什么意思？不同的人受到震惊后的表现肯定都是不一样的。你想象一下，什么样的人知道风筝实验成功后会有什么样的反应？

（一般的人，有学问的人，西方人，中国人）

（3）随机理解"无稽之谈"。

（4）编书的叔叔将第 2～5 节并为一段，如果也用课文中的一句话概括第 2～5 节的意思，你觉得用哪一句话最合适？

4. 学习最后一节

（1）读。

（2）如果也用课文中的一句话概括这节的意思，你觉得用哪一句话最合适？

5. 推荐名言

（1）出示富兰克林的头像和文字介绍。

这就是真正的、杰出的科学家富兰克林。

富兰克林是人类历史上最多才多艺的人。他是商人，是科学家，是文学家，是政治家。1790 年 4 月 17 日，富兰克林与世长辞。在他出殡的那一天，为他送葬的人数多达两万，充分表达了美国人民对他的痛悼之情。人们用两句话概括了他对人类文明的贡献："从苍天那里取得了雷电，从暴君那里取得了民权。"美国第一任总统华盛顿这样对他高度评价："在我的一生中，能让我佩服的人只有三位：第一位是本杰明·富兰克林；第二位是本杰明·富兰克林；第三位是本杰明·富兰克林。"

（2）出示富兰克林的名言。

富兰克林之所以能够取得这样的伟大成就，赢得人们如此的崇敬和喜爱，与他平时的勤奋和努力是紧密地联系在一起的。他讲过很多名言，其中的两句是：

"你热爱生命吗？那么别浪费时间，因为时间是组成生命的材料。"

"经常使用的钥匙是锃亮的。"

①谁来把这两句话读一遍？

②读了这两句话，你懂得了什么？

（3）从他身上，有我们学不完的东西。老师建议大家从有关网站上学习了解有关富兰克林的更多故事。

6. 造句

（1）推测。

①谁来把课文中带有"推测"这个词语的语句读给大家听听？

②在学习课文时，我们已经体会过"推测"的意思，谁再来说说？

③下面，我们做两个练习：

A.　_____，我推测晚上要下大雨。

B. 2 月 28 日上午，我听到大街上传来一阵"劈啪劈啪"的鞭炮声，我推测_____。

(2)不足为奇。

①谁来把课文中带有"不足为奇"这个词语的语句读给大家听听？

②"不足为奇"是什么意思？

③下面，我们做两个练习：

A. 放风筝对我们来说是一件不足为奇的事情，可谁知富兰克林的风筝实验却_____。（从无奇到有奇）

B. 在学习《天火之谜》这篇课文以前，我们对雷电现象充满了好奇，学习了课文以后，对此就感到_____。（从有奇到无奇）

7. 作业

(1)用"推测"和"不足为奇"造句。

(2)把"风筝实验"的过程讲给自己的家人或朋友听。上网查找有关富兰克林的资料，下节课我们将举行一个"富兰克林故事会"。

他者评说

一、发展，让课堂独具魅力

——解读薄俊生的语文发展观

周振芳

特级教师薄俊生语文教育思想的内涵是极其丰富的，他坚持"语文教学要发展学生的语言"这一根本方向不动摇，立足学生言语交流的实际，牢牢扎根语言实践的沃土，发挥教师教学语言的影响作用和引路作用，通过精心设计课堂教学，采用形象化的语言，帮助学生感受语言形象，在理解感悟语言形象的基础上，通过对话交流、朗读感悟、品评互动等多种方式，锻炼、发展和提高学生的语言能力，实现学生语言素养的全面提升。《狼和鹿》一课的教学充分体现了薄俊生语文教育思想中的"发展观"，整个过程值得咀嚼回味的地方很多，但要实现整体上内在的把握实属不易。"窥一斑而知全豹"，我取这样一个角度：以《狼和鹿》一课的教学案例为切入点，通过案例分析，体味教学的精妙之处，感受其课堂教学的独特魅力。在此基础上，由部分推及整体，由现象触及本质，把认识的触角伸向其教育思想更为深广的地方，以逐步靠近他以"发展性课堂教学"为特征的语文教育思想的本质之处。

聚焦"一个点"——找准语言发展的落点

【案例】

师：汉字是十分美观而严谨的文字，书写的时候"一点"都不能够有差错，不然的话就可能是个错字或者是别字。

（出示生字：凯、葱、捕、杀、其、饥、退、惨、染、旦）

师：在这些词语中，哪些字书写的时候要特别当心，别多写一点，或少一点？

生："葱"字，要注意当心少写一点。

师：是的，爸爸妈妈做菜时要放点"葱"，还要切成一段一段的，这里好像一段葱落在上面。怎么记住它呢？——"葱花点点"。

生："退"里面是一点，不是捺。

师：对，这也是要注意的。

生："染"字的"九"上不可多一点，不能写成"丸"字。

师："九"字上面加一点是"药丸"的"丸"。记住——"染房里不卖丸药"。

生："捕"字当心漏了一点。

师：是的。我给大家猜个谜语："太阳从地平线上升起。"

生：是"旦"。

师：（范写"旦"字）下面一横要写得平坦而又舒展。

（学生书写生字）

【品析】

识字和写字是阅读教学的一项重要内容，在整个小学阶段都占有相当重要的地位。有些生字一旦"第一次"见面时印象不深，以后书写时就会一错再错，纠正过来需要花费很多的时间和精力。因此，在阅读教学中必须重视识字写字教学，让学生牢固掌握字形，留下长久而又深刻的印象。但在指导识字写字的时候，还需要讲究方法，毕竟大多数生字是由熟悉的部件组成，学生记忆起来并不困难，有的生字学生可能早已认识，书写时一般不会出现错误。教学中不能面面俱到，平均用力，而要进行筛选整合，把教学的重点放在一些生疏的易混淆的生字上面，突出识字教学的重点。在这个案例中，薄老师把关注点集中在几个重点字上面——让学生找一下，"哪些字容易多写一点，或者少写一点"。经过老师的提示，学生一下子找到了"葱""染"两字，（一个容易少写一点，一个容易多写一点）虽则只是小小的一点，书写时却很容易让人忽略。（学生的书写错误一般发生在细节上面）教学中，通过形象化的贴切的比方，让学生注意到了"葱""染"两个字的写法。书写时，用谜语引出"旦"字，指导出书写要点。这样的提示点到为止，富有情趣，给人留下深刻难忘的印象。如果联系整个过程体味一下，我们就会发现这里的"多一点"与"少一点"与前面提出的书写要求中的"一点都不能有差错"刚好暗合，可谓匠心独运，是一个非常有意思的亮"点"。

【解读】

上述案例是识字教学中对"点"的关注的一个突出的例子，而"散点"的思想贯穿于薄老师语文教学的全过程。薄老师对"点"情有独钟，用他的话来讲，"与其全面开花，不如来个重点突破"，"宁掘一口井，不开一条河"。面铺得太开，教学时间不允许，师生精力受到牵制，教学势必浅尝辄止，难以深入到位。抓住一两个重点组织课堂教学，就可达到深入研究和有效突破的目的。"线性"和"散点"其实并不矛盾，用他的话来说，"阅读教学要处理好线性和散点之间的关系"。"线性"是文章内在的固有的逻辑顺序，是走进文本、把握教材必须遵循的一条认知之路。"散点"是对文本所做的教学意义上的处理，是阅读教学必须要面对的无法回避的一项工作。线性是固有的基础，散点是对文本的二度开发和再创造。阅读教学要选好训练点，要找准语言发展的落点，通过聚焦语言训练点，进行扎实到位的语言训练，实现对语言形象的整体感知和正确把握。走进薄老师的语文课堂，我们就会发现这样的"点"俯拾皆是，如同一颗颗珍珠闪着耀眼的光芒。它有多方面的内容，有重点字词，有关键句子，有重点段落。甚至有时一个思路，一个结构，也是具有发展意义的"点"。它是有内在联系的，并且有多方面的效用和发展意义。

第一，"举一反三"的代表性质。孔子说："举一隅，不以三隅反，则不复也。"发展的本质是什么？是要有知识向能力转化的可能。没有这个"转化"，学到的知识是死的，甚至不一定是真知。知识如何实现向能力转化？关键是看学的是怎样的知识，是死的，还是活的，是静止的，还是运动的。薄老师十分注重学生内在语言品质的培养，努力激活学生的语言，从文本中挖掘具有"举一反三"价值的语言训练点，通过"点"化引导，培养学生触类旁通、举一反三的学习能力。如在教学生字时，他常常按照字音或是字义进行归类学习，通过类化，掌握汉字的规律，学习一个带动一组，取得"以一当十"的教学效果。

第二，"以点带面"的辐射作用。教师教学有教路，学生学习才有学路。从教学操作的角度来讲，有些"点"，特别是重点词句、关键词句，在教学中常常能起到"以点带面"的连带作用。抓住了这些关键点，教学就有了抓手，由此形成的教学思路就清晰了。如在《给予树》一课的教学中，薄老师抓住课文最后的一句话："我紧紧地拥抱着金吉娅。"让学生通过朗读体会其中的情感，在此基础上归纳出金吉娅妈妈从"担心"到"生气"再到"高兴"情感变化的过程，以此情感线索统帅全篇内容的教学，可谓一句在手，提领而顿，百毛皆顺。

第三，"掘地三尺"的深化意义。写文章忌平铺直叙，要突出重点，要有细节描写，要有重点段落，阅读教学中也要有"点"的深入。有时一个地方，匆匆走过，好像没有发现什么，而展开来深入下去想象一下，就可得到很多有价值的东西。在《狼和鹿》的教学中，"暗算""毒手"对于学生来说并不陌生，但在本文中有什么样的特定内涵呢？教学中，薄老师让学生想象一下，狼是怎么暗算鹿的，狼对鹿会下怎样的毒手？通过想象各种情况，普通的概念就有不普通的内涵，狼可恶的形象渐渐出现在学生的眼前。这就是有着"深化"意义的"点"，由此开掘出的"汩汩泉水"对学生语言能力的发展起到了很好的滋养作用。

　　铺设"一条路"——展开语言发展的过程

　　【案例】

　　师：读第2节第1句，大家想想，狼对人们喜爱的鹿下这样的毒手，进行这样的暗算，当地居民恨透了狼，人们会说些什么话？

　　生：狼太可恶了。

　　生：可恶的狼。

　　生：狼实在太凶残太贪婪了。

　　（语气一般）

　　师：这怎么叫"恨"呢？

　　生：我要把狼全部消灭。

　　生：我们要去捕杀狼。

　　师：这是普通的"恨"。

　　生：我要扒了它的皮，抽了它的筋。

　　师："恨"在心里。

　　生：我要为鹿报仇雪恨。

　　生：我要把狼全部杀死。

　　师：有点恨了。

　　生：血债要用血来还，我决心把狼全部消灭。

　　师：越来越恨了。

　　师：请哪位读一读"当地居民恨透了狼"？

　　（一生读，声音很响）

　　师：不一定声音响就是恨。（老师范读）

　　（生再读，语气一个比一个到位）

　　师：现在，让我们来齐读这句话——"当地居民恨透了狼"，要读出对狼痛恨的语气。

（学生齐读，读出了对狼的痛恨）

【品析】

这是就《狼和鹿》第 2 节的一个句子（"当地居民恨透了狼"）的教学过程。教学目标是让学生读好句子——"当地居民恨透了狼"。为了达成这一教学目标，薄老师安排了两个教学环节。先让学生说说"当地居民恨透了狼，人们会怎样说"，通过揣摩心理、想象说话，挖掘句子的内涵，酝酿"恨狼"的感情；再让学生读句子，把悟到的内在感情用朗读的方式外化表现出来。"说"和"读"两个教学环节，体现了由说到读，由内在情感驱动到外在朗读表现的发展思路。从总体思路上，体现了"发展"的过程。具体在引导学生说话时，薄老师做好了点拨引导工作——"这怎么叫恨呢""这是普通的恨""恨在心里""有点恨了""越来越恨了"……通过一步步激励性的评价，引导学生不仅说出"恨"的内容，而且说出了"恨"的语气，让学生不由自主地对狼慢慢地"恨"起来，由"旁观者"变成了"当事人"。在这个过程中，学生的表现越来越好，体现了一个渐进的发展过程。

【解读】

观摩各种各样的课堂教学，我们不难发现，学生在课堂上的表现一般有两种情况。第一种情况是，学生的表现一上来就非常出色，并且一直保持到最后；第二种情况是，学生一开始的表现不怎么好，甚至还没有进入状态，但随后的表现越来越好，一个比一个读得好，一个比一个答得好。第一种情况，说明要么是学习难度低，要么是学生已经都会了，而如果是这样的话，教学也就失去了意义，或者会给人虚假的感觉。第二种情况是真实的教学，学生由不懂到懂，由不好到好，经历了一个发展提高的过程，这是"发展"在教学中的具体体现。在薄老师的课堂上，我们常能看到学生的表现"越来越好"的情况：读得越来越好，说得越来越好，写得越来越好，状态越来越好……这"越来越"的过程就是克服不足、展示优点、张扬个性的发展过程。过程无疑要比一个最终的结果要来得重要。一方面，令人满意的结果离不开一个渐进的过程；另一方面，发展的过程本身有其自身的价值，有的会让学生终生难忘。如何获得这个发展的过程？从薄老师的课堂上，我们可以获得这样的启示。

第一，精心设计。阅读理解一篇文章要遵循一定的规律，由字到词，由词到句，由句到段。语文素质的提高也有规律可循，要经历理解、积累、运用的过程。发展性课堂教学是适合学科学习规律的教学。薄老师深入研究文本内在的规律，遵循学生语言学习的规律，给学生的学习铺设层层台阶，引导学生拾级而上，不断前行。如《滴水穿石》课题的教学就是按部分到整体、经验到文本的过程进行的。先把"水"和"石"分开来理解，让学生联系生活经验，说说生活中的常态下的水和石分别是怎样的，再把它们联系起来，碰撞出一个问题："柔弱的水怎么可能把坚硬的石滴穿呢？"带着这个问题进入下个环节的教学之中。

第二，引导学生。学生学习时的情绪状态直接影响到学生学习活动的质量。常常有这样的情况，学生情绪状态高涨时，学生的表现会特别出色，甚至有超水平的发挥。而在情绪状态不是那么好的时候，就是十分简单的问题，也少有人起来回答。学生的情绪状态与教师的启发引导是密切相关的。如果教学设计可以搬过来一下子学到手，那么对于学生启发、激发、调动、引导的本领就属于台下的"十年功"了。薄老师的课堂是轻松活泼的，他启发引导学生的过程自然中流露出智慧、宽松中包含了严格。在给学生提出学习任务时鼓励学生："谁来试试""你一定能行"，在学生回答完毕之后肯定学生："你说（读）得真好""老师都没有想到"……当学生开始自我陶醉的时候，薄老师又会给学生树立一个新的目标，让学生始终处于赶超的状态。

第三，目标指向。课堂教学是一个向外展开的动态发展的过程，是一条不断前行的发展之路，这条路不会没有目标，有了目标，行进才有了方向，行进才有了意义。薄老师的课堂，有着明确的目标指向，在抛出一个问题时，或者进行某项训练的时候，他心里早有了一个底：该达到什么目标，达到什么程度。有时干脆来个示范（老师或学生），给学生一个清晰可视的目标。如指导学生朗读时，心中已有一个底：朗读语气该是怎样的，如何引导学生读到位。这个目标如同书法中的"笔意"，"意在笔先者胜"，利用目标引领课堂，组织教学，教学就不会偏离方向，教学目标的达成才有可能成为现实。

编织"一张网"——创造语言发展的空间

【案例】

师：请同学们默读课文，想一想，这个故事中的哪些变化是你原本没有想到的，让你感到意外，甚至是惊讶的。先准备一下，等一会儿请你用上"居然"这个词告诉大家。

（给几分钟的时间默读课文，进行准备）

生：鹿居然死去了六万只。

师：能否完整一点。

生：疾病像妖魔的影子一样在鹿群中游荡。仅仅两个冬天，鹿就死去了六万只。

师：是否还可以这样讲：疾病像妖魔的影子一样在鹿群中游荡。仅仅两个冬天，鹿就死去了六万只，每年居然死去三万只，这比增长的速度还要来得快。

生：现在整个森林居然像着了火一样，绿色在迅速消退，枯黄在迅速蔓延。

师：还可以说：随着鹿的大量繁殖，森林中闹起了饥荒。灌木、小树、嫩枝、树皮……森林里一切能吃的绿色植物居然都被饥饿的鹿吃光了。

生：鹿生儿育女，居然超过了十万只。

生：当地居民居然组成了狩猎队。

师：当地居民恨透了狼，他们组成了狩猎队，在25年的时间里，共杀死了六千多只狼，他们对狼的残忍居然达到这个程度，超过了狼对鹿的残忍。

生：在鹿的后面，居然跟着随时准备下毒手的狼。

师：我们以为鹿的生活是无忧无虑的，没想到还有这么大的危险。

……

师：这么多的"居然"，我们可以把它归结为两句话："……小鹿居然成了……，……狼居然成了……"

生：我们一向以为可爱的小鹿居然是破坏森林、毁灭自己的罪魁祸首。

生：我们一向以为无恶不作的可恶的狼居然对鹿还有保护作用。

师：看来，看问题、做事情还不能片面固执，要全面地看待问题，要知道动物之间是有联系的，这就是"生态平衡"。（板书：生态平衡）

【品析】

这是对课文内容进行整体回顾时的一个教学环节，通过回顾总结课文，提炼文章主旨，让学生明白了保护"生态平衡"的道理。在这里，薄老师给学生一个说话句式——用"……居然……"作为支架，用课文内容（部分内容）进行填充，说一句话。这个教学环节意义有三：一是编织了一张巨大的网，把整篇课文的内容都"网"了进去，从而有效地回顾总结了整篇课文的内容。学生用"居然"说话，在说话时反复提及课文有关内容，各种信息碎片，通过"居然"得到了融合和组合，实现了对课文内容的整体的把握。二是通过给出的一个"话语结构"，掌握了语言表达的规律，有效地训练了学生的说话能力。由于说话时有内容可说，有结构可依，学生说话积极性比较高涨，语言表达能力从中得到了很好的培养。值得一提的是，这样的说话是有一定的难度的，先要寻找相关内容，再要对内容进行有效组织。这里有思维活动的积极参与，有情感态度的投入，而有了思维活动的参与，语言品质才能得到保证。三是通过反复说话，实现了由内容整合到意义构建的发展。课文所要说明的道理是要全面看待问题，要保护"生态平衡"。通过用"居然"说话，学生的认识在反复说话中得到了强化：有时我们看起来是这样的事情，事实上并不是这个样子。虽没出现"生态平衡"的说法，但已包含了这样的意思。在这个基础上，认识"生态平衡"就水到渠成了。

【解读】

在薄老师的课堂上，我们常常能看到让人眼睛一亮的精彩的教学细节，我们也能看到有一定涵盖面的贯穿于全篇内容的总体教学设计。"小"有利于突出教学细节，提高语言品质，"大"有利于给学生提供语言发展的空间。类似这样的案例还有很多，比较典型的如《狼和鹿》的教学中，给出了以下三个话题。

"看到整个森林像着了火一样，绿色在迅速消退，枯黄在不断蔓延，疾病像妖魔的影子一样在鹿群中游荡，人们如梦初醒……

看到整个森林像着了火一样，绿色在迅速消退，枯黄在不断蔓延，疾病像妖魔的影子一样在鹿群中游荡，鹿群恍然大悟……

看到整个森林像着了火一样，绿色在迅速消退，枯黄在不断蔓延，疾病像妖魔的影子一样在鹿群中游荡，狼群感慨万分……"

这里给出了几个有内在联系而又不完全相同的话题，让学生从中选择一个话题，站到相应的角色位置上说话，有选择的余地，有说话的空间，有效地训练了学生的说话能力，加深了对课文内容的理解。

第一，语言空间的立足点。教材是教学的依据和凭借，语言发展的空间是要有立足点的，那立足点就是文本语言。薄老师立足于文本内容，通过研读教材，从中选取一个话题，让学生展开讨论，给学生提供语言发展的空间。立足于文本，就可把发展语言同理解文本结合起来，学生有话可说，有话能说。

第二，语言空间的整体性。阅读是从文本语言中获取意义的过程，这个过程要经历个别到一般、局部到整体的发展过程。但是个别的意义不能代替全部的意义，局部的理解不能代替整体的理解。通过给出对话空间，让学生从整体上去把握文本意义，从而避免了理解上的偏差，有利于学生语言能力的提高。

第三，语言空间的个性化。文本具有自身的语言个性，学生兴趣爱好不同，同样也有自身的语言个性，不仅如此，他们还有继续个性化的需求。学生对于文本的理解有自己的个性，无论是表达的内容，还是语言习惯。薄老师的语文教学特别重视学生的语言个性。表现为，一是对学生语言个性的尊重。在学生谈各自理解的时候，让学生有准备地说，充分地说，自由地说，说出自己的个性化理解。二是对学生个性语言的规范。没有尊重，就没有发展，没有规范也会失去标准，同样得不到发展。通过对学生语言习惯的修正，让学生在说话、交流的过程中发展语言。

二、铅华落尽见本真

——品味薄俊生的语文实践观

沈春媚

中国的语言文字有境之美，意之美，音韵之美，节奏之美……富有个性和特色的语言风格，构成了母语的丰富性和鲜活性，为了把握母语的多种特性，我们必须让学生在语文实践中去体验，去感悟，去积累。因而语文教育的基本特点之一便是实践性，语文实践是得母语之妙的唯一渠道。

大家都说，薄老师的课不摆花架子，平平淡淡，简简单单，却处处透露着真意。我说，那是因为薄老师一直在引领着学生进行扎扎实实的语文实践，让学生在与口头语言和书面语言的亲密接触中，通过理解、感悟、积累、欣赏、评价等学习活动，真真切切地掌握一些运用语言的本领，使语言文字真正成为自己生活中"最重要的交际工具"，成为学习人类文化的门径。

这就似一杯好茶，粗看平淡无奇，细品却茶香四溢，沁人心脾。薄老师的课是耐人寻味的，经得起一品再品。

（一）品味一：俗与雅

世间事物往往有雅俗之别，"俗"为大家所轻视、鄙弃，而"雅"则为大家所仰慕、追求。但走进薄老师的课堂，你会发现，这里似乎有点"俗"：没有表面的热热闹闹，没有哗众取宠的表演，没有脱离主题的盲目拓展，也没有那些无助于学生与文本对话的声、电、图、影的大杂烩，取而代之的是琅琅书声，是静思默想。

但细细品来，我们会发现，他总在创设一种学生与文本对话的真实语境和一种可亲历、可体验的实践情境。这里有的，是紧扣文本的理解感悟，是声情并茂的描述朗读。他引导学生全身心地去诵读吟咏，使其出于口，入于耳，了然于心，直接迅速地感知言语的优美、领悟作品的韵味，形成对言语的感悟和积累。因此薄老师的课堂，自有一种清淡、拙朴之气，从大俗中显出大雅。

1. 创设学生与文本对话的真实语境

在执教《我不是最弱小的》一课时，薄老师点出"朗读就是代作者说话，代文中人和物说话"，引领学生进入文本，让学生逐步淡忘读者的角色，担当起作者、文中人和物的角色。这就为学生创设了与文本对话的真实语境。

师：朗读课文就是代作者和课文中的人物说话，把作者要说的意思通过我们的朗读表达出来，把文章中人物的思想感情通过我们的朗读体现出来。现在就请大家代作者或课文中的人物、事物说话。（生自由朗读）

师：从同学们的表情、姿势看得出大家读得很投入！现在谁想代作者介绍蔷薇花。（指名读，出示句子"林中旷地附近长着一丛丛野蔷薇……芳香扑鼻"。）

师：在这句话中，作者觉得蔷薇花怎么样？把这些意思介绍出来，你就是作者了。请大家再自由练读，代作者介绍。

（生读。）

师：你听出什么来了？

生：我仿佛闻到了蔷薇浓浓的香味。

师：还有谁愿意代蔷薇来说话？

（生读。）

师：你听出了什么？

生：我看到了蔷薇花很美，是粉红粉红的。

师：多么美、多么香的蔷薇花啊，如果你喜欢的话，请你代作者来介绍蔷薇花。

"代作者说话，代文中的人和物说话"，这样的直白再"笨拙"不过，却找到了"朗读"这种传统语文教学方式和"与文本对话"的最佳结合点，不仅把深奥的教学理念转化成了一个要求明确、简便易行的学习方法，而且一下子拉近了读者（学生）与作者、与文中人和物之间的距离，把枯燥无味的阅读方式变成了一种鲜活可感的"生活"方式。"代作者说话、代文中人和物说话"让学生在自主感悟、理解、欣赏、评价中自由张扬个性，将无声的言语转化为有声言语，进入了语文实践的"佳境"。

2. 创设可亲历，可体验的实践情境

应该如何指导朗读？仁者见仁，智者见智，没有绝对最好的方法。薄老师在指导学生朗读之时，没有纯粹形式上的"读好读重"，"读出……语气来"之类的话，而是以"听出什么意思来""读出……情感"作为朗读指导的根本方法。的确，朗读指导要从内容入手（读出意思）辅之以方法点拨（注意词语轻重），纯粹的技巧指导只能把学生带入误区。创设一种可亲历，可体验的实践情境，对诵读技巧进行艺术性点拨，是薄老师课堂中最常见的，看似"通俗"，却是学生最受用的。

以下是《滴水穿石的启示》第一小节的朗读指导片段。

生读：原来在这块石头的上方，有水滴接连不断地从岩缝中滴落下来，而且总是滴在同一个地方……成为今天太极洞内的一大奇观。

师：读得可以吗？给点掌声！可刚才这位同学的朗读给人的感觉，好像水滴有时滴在这个地方，有时又滴在了那个地方，谁再来读，把这段话的意思读出来。

（生读。）

师：滴水滴得近了一点，但是还有滴在其他地方的感觉。

（生读。）

师：这次有没有滴在同一个地方？

生：有！因为"总是"读得特别响。

师：是啊，我们要表达一个意思，就要把表示那个意思的词读出来。可是我听了还有一个感觉：滴水穿石也没有什么稀奇的。怎样读才能告诉大家，这是一大奇观呢？

（生再读。突出了"奇观"。）

师：读得真好！真的是奇观哪！一起读一遍。

在这个过程中，学生经历了一次有效的语文实践。评价语言诱发了学生进一步走进课文。这不仅发展了学生的思维，对语言文字的赏析、品味也落在了实处，在关键之处的巧妙点拨，其实教会了学生如何读书。试想，如果没有这样的情境设置，学生的认识往往只会停留在"读书"上，只会停留在"文字"上，而现在，提升到了"体验"，提升到了"感悟"，朗读时已不需要老师作"要读出重音"之类的提示，就有一种水到渠成的自然的情感流露。

与"代作者说话"一样，薄老师用另一种方法为学生营造了进入文本，进入角色的通道，使学生以愉悦的心情去亲近母语，投入学习。

(二)品味二：浓与淡

薄老师的课堂重视涵咏。所谓涵咏，就是通过潜心体味，密咏恬吟，达到对言语作品深入的、全方位的感知与体悟。学生只有全身心地沉浸到作品中，体察之、玩味之，方能感受和领悟文本的妙处。

薄老师根据语文教学的特点和学生言语习得的规律，匠心独运，引导学生凭借丰富的言语经验，虚心涵咏，潜心化解，将作者言语作品中的知情内化为自己的认识结构和情感结构，形成了敏锐的语感能力。这看似平平淡淡、波澜不惊的课堂教学，其实正是当前在浮华的外衣背后，切实提高每一个学生语文素养所必需的明智之举。于是语文课真正找到了语文课的感觉，洋溢着浓浓的语文味。

1. 比照探幽，品味言语

涵咏品味必须在吟诵熟读的基础上，潜心专注地研读课文，进行词与词，句与句的比照，让学生在比照中理解课文内容，领悟文章情感，在比照中体味语言表达的优美，进行语感的培养和语言的积累。《滴水穿石的启示》一课，薄老师通过陈述句和反问句，步步推进地让学生感受了作者巧妙的表达方式，做到朗诵和感悟并举，阅读与写作相连，从而实现真正意义上的"主动发展"。

师：自己读课文第 4 自然段和第 5 自然段，想想每个自然段讲的是什么意思。

生：第 4 自然段告诉我们做事情不要半途而废，要持之以恒，要目标专一。

师：就这一段话字面的意思来说，是说什么？

生：雨水不能把石块滴穿，是因为它目标不专一，一会儿滴这里，一会儿滴那里。而水滴总是滴在同一个地方，所以能把石块滴穿。

生：第 5 自然段说做事情，不要三心二意，也不要半途而废，要目标专一。

师：目标专一，结果会怎么样呢？

生：就能把事情做成功。

师：请同学们默看这两段话，它们有什么相同的地方，有什么不同的地方？

生：都是讲水滴有持之以恒的精神。

生：水滴目标专一，雨水目标不专一。

师：这两种现象形成了鲜明的对比。上一段话讲能把石块滴穿是从正面来讲，下面一段话讲不能把石块滴穿是从反面来讲的。后面加一句"这是什么原因呢"这叫什么写法？

生：设问。

师：这样就更强调了这段话的主要意思。一起读这段话。

生读书。

师：讲同一个意思，可以用不同的语言、不同的方式来说。

师出示两段话：

如果我们也像水滴那样，还有什么事情做不成呢？

目标专一而不三心二意，持之以恒而不半途而废，就一定能实现我们美好的理想。

师：比较一下，这两段话有什么相同的地方呢？

生：这两段话都是告诉我们只要不三心二意就可以把事情做成功。

师：两句话的意思是一样的，那么有什么不同呢？第一句话是用什么样的方式来说的？

生：反问句。

生：第二句是陈述句。

师：第二句话中目标专一和三心二意是相反的，持之以恒和半途而废是相反的。这种对比的运用进一步强调了做事情，要目标专一、持之以恒，这样才能获得成功。这也是不同的表达方式。祖国的语言太丰富了，将来写作文，也可以这样来写。一起读一读这句话。

文本是语言的艺术，好的文章往往都以鲜明的色调和浓郁的芳香铺就欣赏之路。薄老师和学生一起虚心涵咏，反复品味词句，造就了真切的审美心境，引起学生体验情绪的高涨。的确，对于文本的一字字、一句句都需要反复咀嚼，深入品味。在这个环节中，薄老师引导学生将两段文字进行比照阅读，学生慢慢地品味到可以用不同的表达方法来表达同一个意思：一是从正反两个方面来说；二是用不同的句式来说；三是用反义词语对比着来说。如果长期徜徉于这样的语文课堂之中，学生的语文素养还会不高吗？

2. 想象联想，丰厚语感

中国画论有"计白以当墨"之说，说的是"留白"艺术是创造意境必不可少的，它给观者留下联想、想象的余地和空间，因而，它可以表现更多的东西。我们的教学艺术同样如此。文本的"空白点"以及"不确定性"使作品呈开放的未完成状态，为读者运用想象与联想进行填补与充实提供了可能性和必要性。在教学中，薄老师非常讲究教学布白艺术，巧妙地启发学生利用文本"空白"，展开合理的联想和想象，进行更深层次的语文实践。以下是《掌声》一课的教学片段。

师：请同学们注意这样的一个词语。（板书：默默）

师：你从这个词语中体会到什么，小英的动作是什么样子的？

（学生自由想象并交流）

师："默默"前有两个字，"总是"是什么意思？

师：小英每天总是默默坐在教室，心里会想些什么呢？

学生自由想象并交流。（她希望和同学们一起做操，比赛，活动）

师：她担忧她学习赶不上别人，总是坐在教室一角，一动不动、一言不发，这样的表现叫什么？

（板书：忧郁）

这里有哪些词语可以看出小英的心情是矛盾的？

生：犹豫。

师：她心里犹豫，会想到什么？

（学生自由想象并交流）

（生：想上又不想上）

想象和联想是触发学生感悟文本的媒介，是培养学生对言语有较深感知力和较高鉴赏水平的有效途径。在以上片段中，薄老师抓住了"默默""总是""犹豫"这三个词语，启发学生大胆想象，揣摩文中人物的心理世界。通过联想、想象和品味，学生的情感迸发自会源源不断，与文本的语言文字达到情感共鸣的体验层次，文本的意义世界也在学生的阅读中得以充盈丰满。

（三）品味三：入与出

没有科学的必要的训练，就没有正确的有效的实践。语文练习，是课堂教学不可缺失的重要板块，也是学生进行语文实践的重要形式之一。薄老师追求从学生实际出发的，回归本源的，扎扎实实地提高学生语文能力和素养的朴素的教学。因此，他也非常注重在此基础上的语文训练。

怎样才能使语文练习能对学生的思维活动和语言发展更具积极作用呢？课堂上，薄老师不但把学生带入文本，让学生接受、领悟、吸收、获取文本的情感内涵和知识智慧，而且也在循序渐进地引导学生走出文本，"知人论世"，读以致用，使文本迁移、延伸到实际生活中去，只有这样，才能最终实现阅读主体的自我超越。

在《剪枝的学问》一课尾声，薄老师设计了这样的练习：

1. 王大伯种桃出了名，参观者络绎不绝，王大伯应接不暇。大家想想怎样才能帮助王大伯解决这个难题？那你愿不愿意为王大伯当一回义务讲解员呢？

那我们该怎样向参观者讲解王大伯的种桃经验呢？大家准备一下，待会儿介绍给大家听。

2. 请同桌相互练习一下。

3. 现在，我们听课的老师就是新来的一批参观者，谁愿意为他们作一次讲解？（发小帽，拿小旗）

4. 还有哪些同学愿意当义务解说员？愿意的自己到这些参观的老师前面为他们讲解。

在本课的教学中，薄老师按事情发展的顺序，以"我""满怀好奇——一脸疑惑——将信将疑——又惊又喜"的心理变化为线索，引导学生进入文本，认真地感知文本，仔细地理解文本，深刻地感悟文本，为学生的建构和整合打下了坚实的基础。课末的这一练习设计，将课文作为一则典型的语言材料，成为学生进行语文实践的模特。这种实践的目的不是为了"学会"，而是为了"巩固"，更是为了"发展"。学生必须通过这一练习，重新梳理课文，整合课文语言文字，进行重组和创造想象。

走进文本是根本，走出文本是深化。让学生当一回义务解说员，是一种极现实的、极有效的语言实践，于是，在丰富多彩的语文实践中，"注重语言的积累、感悟和运用，注重基本技能的训练"就不是一句空话。在迁移运用的过程中，学生走出了文本，真正实现了对文本的超越。

结语：薄老师的课堂，是一个博大精深的殿堂，以"俗与雅""浓与淡""入与出"数语概之，似乎过于粗陋且有些矛盾，但它们确实辩证地统一于薄老师的课堂上。

是啊，绚烂至极，平淡之至，薄老师的语文教育艺术确是简单而又深刻，清晰而又丰富，独特而又生机勃勃，质朴而又楚楚动人的。在实践中体验，在实践中感悟，在实践中积累，在实践中提高，铅华落尽见本真，我们的语文教学只有回归语文的本真，才能把握语文的实质，彰显语文的价值。

三、架一座沟通书本世界与生活世界的桥梁

——特级教师薄俊生"生活语文"教育思想探微

曹卫星

和江苏省著名特级教师薄俊生老师近距离接触的这一段时间里，我总被一种幸福包围着。因为不是每一个普通的一线教师都能有这样的幸运，在专业上享受到如此高的平台得到大师原汁原味的引领。在这一段时间里，我也总被薄校长博大精深的语文教育思想，耳目一新的教学理念，精湛独到的教学艺术，一以贯之的教学追求所深深折服。欣赏薄校长的课，品读薄校长的文，就像是伴着袅袅的音乐时细细品味的一杯香茗，"淡中有真味，实中显灵动，巧中见智慧，简中透深刻"（居文进语），令我混沌不堪的心豁然开朗，一些模糊不清的概念渐渐清晰了，一些摇摆不定的做法越发坚定了。

在薄校长博大的语文教育思想中，"生活语文"的教育思想充盈在他诸多的论文论著中，也流淌在他独具魅力的课堂教学中。这里，我仅是从他的文章和课堂中遴选片段，作一孔之见般的探微。

（一）沟通儿童的生活认知

【选文片段】

选自《课程标准与教学大纲对比研究》第 49 页，陆志平、薄俊生编著，东北师范大学出版社

"课堂教学生活化。语文教材本身就取材于自然，取材于生活，《语文课程标准》强调要打破课内外的壁垒，注重语文实践活动。所以，在教学中要充分挖掘与生活的联系，引生活的活水于课堂之中，将会收到事半功倍的效果。"

【课堂回放】

这是薄校长执教《惊弓之鸟》一课在读通课文后，他和学生一起交流。

师：刚才读懂什么？

生：我知道更羸是魏国的射箭能手。

师：更羸是射箭能手，你还知道有哪些能手？

生：教学能手。

生：养鸡、养鸭、养鹅能手……

生：我们班里有唱歌能手、跳舞能手、讲故事能手……

师：现在你们懂能手的意思了吗？

生：能手就是有本事的人。

生：能手就是说在某一方面有本事的人。

师：对了，我们教室里也有很多能手，提问有水平的叫提问能手、朗读课文好的叫朗读能手，这堂课我们来评提问能手、朗读能手、解题能手……

对于"能手"一词的理解，我们可以借助词典，但从词典上搬下来的解释未必代表学生真正理解了词语。薄校长深谙：生活是儿童学习语文的无尽资源。在帮助学生理解"能手"一词时，沟通了学生的生活认知，用学生生活中积淀的经验实现了自我理解和巧妙运用，可谓"不露痕迹，水到渠成"。这让我们明白，当枯燥静止的语言符号一旦与学生的生活世界相沟通了，就能彰显出蓬勃的生命活力，变得鲜活灵动。

再如薄校长在执教《滴水穿石的启示》一课时让学生联系自己的生活认知，谈谈"水"和"石"的特点；执教《给予是快乐的》让学生交流最近一段时间里各自生活中发生的快乐的事；执教《狼和鹿》在导入时也有异曲同工之妙……把这些学生生活中熟知的事和物引入课堂教学，拉近了文本世界和学生生活世界的距离，对于激发学生学习的兴趣，促进学生的理解和认知是大有裨益的。

【个人感悟】

儿童学习语文并不是一张白纸，广阔的生活和母语环境为学生积淀了学习语文的基础，也开辟了鲜活的源泉。语文是儿童的语文，他们以自己对生活的理解和体验去诠释和感悟语文。沟通语文学习与儿童生活的联系，语文学习才会变得丰盈、厚实、酣畅、鲜活。

(二)唤起儿童的生活体验

【选文片段】

选自《课程标准与教学大纲对比研究》第 75、76 页，陆志平、薄俊生编著，东北师范大学出版社

"作品是为读者阅读而创作的，读者才是作品价值实现的能动主体。读者在阅读过程中调动个人的生活经历，渗透自我的情感理念，从不同的角度、不同的文化背景对作品作出不同的解读，这就是阅读的创新。读者通过阅读不仅可以理解作家的意识，而且可以根据文本和自己的意识投射建构新的意义，从而获得一种审美的享受。"

【课堂回放】

这是薄校长执教《最大的麦穗》一课时的一个片段。

师："追求应该是最大的，但把眼前的一穗拿在手中才是实实在在的"，生活中你有没有遇到过这样的事？

生：今天的上课，面对同学、老师，我想也是一个绝好的机会，如果好好把握这个机会，向同学老师展示自己的风采，也是很实实在在的。

师：这个最大的麦穗被你摘到了。

生：学校组织参加毽子比赛，由于怕这怕那，我没有报名，而比赛的结果，连冠军的成绩还不如我。唉……

生：大队部改选，我认为自己能力不够，打消了竞选的念头，后来就后悔了，我并不比别人差，如果竞选成功的话，我的小学生活一定会更灿烂。

师：如果我是苏格拉底一定收你为徒。

生：记得上周，老师让我们回去制作一件手工艺品，我花了不少工夫，又是做陶制品，又是做模型，一心想做件最棒的，可做出来又觉得不满意，一气之下，我把它们全扔了。到了学校，看见同学们都带来了他们的作品，只有我两手空空，真是后悔！

师：谈谈你听说过的其他的事。

生：我的表哥大学毕业出来找工作，他不是嫌这个工资少，就是嫌那个工作太辛苦，总想找个最好的，很不现实。

师：你把我们今天学的课文带回去，给你表哥读读。

生：我的大伯本来是做羊毛衫生意的，由于他能吃苦，大生意做，小生意也做，

所以生意特别好，几年后，他就积攒了一笔钱，造了大厂房，现在……

师：你大伯抓住机遇真不赖！你理解课文也不赖！

生：学习时，我们喜欢做难的题目，不做简单的题目。实际上，只要多做简单的题目，说不定难的题目就会做了。

师：打好基础才能解难题。生活中还有很多这样的事情，比如找工作，做股票，做生意……都要把握机会。

"追求应该是最大的，但把眼前的一穗拿在手中才是实实在在的"，这是一句极富哲理的话，要感悟其中蕴涵的道理并从中受到启迪不是一件容易的事。对于这样的重难点，薄校长唤起了学生生活中的各自体验，引导学生用生活中的经历来阐释这句话，可谓"大道至简"。也正是因为唤起了这样的生活体验，才能使这深刻的人生哲理被诠释得这样地生动，这样地真实，这样地富有生活气息，这样地富有个性，这样地了然于心！

【个人感悟】

每个人都会带着个人生活的烙印去阐释文本世界，总会带着个人的生活体验去品味作者流淌在笔尖的聚散离愁、豪情壮志、欢乐悲喜、酸甜苦辣……学生的生活体验越丰富，他们品味到的人性情感就越丰富，学生的生活体验越独特，他们领悟的文本意蕴就越独特。因此，语文教学要唤起学生的生活体验，只有这样，才是触及心灵的交流，富有生命的告白。

(三)丰富儿童的生活积淀

《生活语文——我的教学主张》

"生活语文：致力濡染。语文是一种文化。而文化是需要濡染的，需要经历一个激活经典、演绎理性、融会历史的由外而内的习得、积累的过程。只有经历了濡染，学生的文化品位、文化气质与涵养才能完整地得以建构。""生活语文：注重积淀。学生在语文教育中要获得的最基本的东西，首先当然应该是语文积累……我鼓励课内外阅读的有机结合，让学生在广泛阅读的过程中积累语言，探索中国文化的精神，感受民族信念的灵魂。学生在积累的过程中，实现对已有知识结构的再度构建。更为重要的是，在进行语言积累、知识积累的同时，进行着文化积累和生活积累，从'课堂小语文'走向了'生活大语文'"。

【课堂回放】

这是薄校长执教的《狼和鹿》教学片段：

1. 请每一位同学认真阅读老师课前发下的文章，读完后完成下面的要求：

(1)请联系《蛇与庄稼》的内容，用上"居然""反倒"或"倒"来说几句话。

(2)请联系《蛇与庄稼》的内容，说说谁是"功臣"，谁是"祸首"，并说说理由。

(3)读了《狼和鹿》《蛇与庄稼》这两个故事，你想到了什么？

2. 读一读《鲇鱼效应》，说说自己的想法。

《蛇与庄稼》《狼和鹿》《鲇鱼效应》阐明的都是同一个主题。这种"以主带辅"式的教学不仅仅是学生阅读面的拓展和阅读能力的提高，更是学生"维护生态平衡"这一主题思想深化的需要。在这课内外阅读的有机结合中，学生"实现对已有知识结构的再度构建"，积淀了语言，积淀了价值观念，积淀了对生活的另一层感悟。

【个人感悟】

薄校长说："生活语文致力于濡染、注重积淀。"我觉得濡染和积淀有着相通之处。濡染的过程就是一个慢慢积淀的过程。没有积淀濡染的生命是苍白的生命，没有积淀濡染的语文是苍白的语文。濡染和积淀的方式有很多，体验是一种，阅读也是一种。对于大多数孩子来说，阅读是经受濡染、积淀生活的一种最快捷的方式。让学生在阅读中聆听先人圣贤智慧的叮咛，触摸跳动起伏的文化血脉，触觉灵性飞扬的文化精魂，体验跌宕开阖的文化情感，感应奔腾不息的文化精神，语文才会变得丰盈厚实、有血有肉、有魂有魄。

(四)再现儿童的生活本真

【选文片段】

选自《江苏教育》2006年第5期，薄俊生，《生活语文——我的教学主张》

"生活语文：崇尚本真……生活语文植根于生活，用生活化的自然朴实的方式，将课堂与生活紧密结合。书声琅琅如冥冥天籁，娓娓道来似清风拂来，谈笑风生间不仅让学生获得生活中'关于语文'的技能，更培植学生心灵的气象，使学生的心宇更'大器'，使他们获得生活的本真，使他们的生命更有意义。"

【课堂回放】

这是薄校长执教《剪枝的学问》的一个片段：

1. 王大伯种桃出了名，参观者络绎不绝，王大伯应接不暇。大家想想怎样才能帮助王大伯解决这个难题？那你愿不愿意为王大伯当一回义务讲解员呢？那我们怎样向参观者讲解王大伯的种桃经验呢？大家准备一下，待会儿介绍给大家听。

2. 请同桌相互练习一下。

3. 现在，我们听课的老师就是新来的一批参观者，谁愿意为他们作一次讲解？（发小帽、拿小旗）

(1)解说员与参观者第一次见面应该怎样？

(2)评点：用自己的语言、条理清楚、角色转换。

4. 还有哪些同学愿意当义务讲解员？愿的自己到这些参观的老师前面为他们讲解。

在执教《古今贤文》一课时，也有这样生活化情景的再现：薄校长首先自我示范选用课文中的一句话作为赠言送给大家，并讲解了写赠言的格式。接着，就引导学生选定赠送的对象，自己写赠言，并请学生上台示范表演。

这两个案例虽然不是发生在课外，但谁又能分清这是课堂还是课外？这应该是课堂与课外完美的融合，是生活在课堂中的复现，正应了薄校长说的"用生活化的自然朴实的方式，将课堂与生活紧密结合"的教学主张。就是在这样"生活化"的融合中，学生才拥有了更多的语言实践的机会，获取了生活的技能与智慧。而这种融合，是那么地趣味盎然，那么地自然流畅，那么地无处不在。

【个人感悟】

有价值、有生命活力的语文应该是指向人的生活世界的。巧用文本，将课堂教学生活化或者将生活化的情境搬入课堂，从而激发学生作为生活主体来参与学习活动的强烈愿望和兴趣，学生就会在轻松愉快的氛围中学到有价值的知识，获得实质性的、具有生命意义的语言发展。这就是生活语文，也是生命语文。

(五)指向儿童的生活世界

【选文片段】

选自《课程标准与教学大纲对比研究》第118页，陆志平、薄俊生编著，东北师范大学出版社

"语文综合性学习开放了语文课程，使语文课程从封闭的课堂走出来，走向生

活，走向自然，走向社会，把整个世界作为语文学习的环境，让学生在真实的生活中，可感的现实中学习语文，学到比课本上更多的更珍贵的东西。"

选自《江苏教育》2006年第5期，薄俊生，《生活语文——我的教学主张》

"语文课堂，应该尽可能实现教学时空、信息资源、教学过程、教学评价的全方位开放。课堂小天地，天地大课堂，生活语文是大有可为的。"

【案例回放】

选自《课程标准与教学大纲对比研究》第117页。

学习课文《只有一个地球》后，教师组织学生开展以"考察家乡的山水风光"为主题的综合性学习活动。

学生去调查家乡青山绿水悠久的历史文化内涵，去调查家乡人民对青山绿水的环保意识和环保现状，设计对家乡青山绿水的开发与建设的宏图。

然而，活动的目的并不在于此，更在于让学生学会在生活中用语文去理解，去表达，去交流。

譬如，学生在看到家乡的青山绿水而感到欣慰时，也为一些树干上的"某某到此一游"的字样和某些脏乱的"死角"感到气愤，更为家乡的水资源和森林资源遭到破坏而感到惋惜。抓住学生的这种情感，引导他们用笔写下心中的所思所想，写下自己的气愤、呼吁或者建议等，投寄给有关部门或新闻单位。这时，写作就成了学生抒发情感的自我需要。

这是一个典型的语文实践活动案例，这个案例把学生语文学习的空间延伸到了社会生活中，社会生活既成为学生学习语文的舞台，也成为学生运用语文的天地。

【个人感悟】

"世事洞明皆学问，人情练达即文章。"几乎可以这样说，生活的过程就是语文的过程。生活中的人、事、景、物都可以成为语文学习的资源。而生活中的种种现象也可以成为我们用语文的方式来进行诉述的对象。当语文有了这样广阔的视野和高度，语文就已经不再仅仅是语文了，而是成为生命行走的一种方式。语文已印上了深深的生活烙印，成为生活化的语文，而生活也带上了浓浓的语文气息，成为语文化的生活。

薄校长"生活语文"思想是博大的，渗透在薄校长的拼音、识字、阅读、作文、口语交际、综合实践活动教学等各个方面，如在《课程标准与教学大纲对比研究》一书第 50 页、第 58 页、第 94 页、第 116 页等都有这样的阐述。薄校长"生活语文"思想又是精深的，他认为"生活语文，就是从生命认识论的高度审视语文教学，从'生命意义'和'生成论'的意义上来把握语文教学，将学生学习语文的活动视为生活过程和生命形式，从而使课堂教学凸显人的地位，展现人的生命价值。"他主张生活语文要"崇尚本真、致力濡染、基于对话、追求简约、注重积淀、指向开放"。所有的这些都启示我们：语文应该是指向人的生命发展的，语文要成为学生生命行走的一种方式，就必须要和学生的生活世界相连，要架设一条沟通书本世界和生活世界的桥梁，让"自然风光、文物古迹、民俗民情、日常话题都成为语文课程的资源"，为学生提供实际操练的"平台"，给予他们以新的启示和顿悟，给予他们更多的积累和完善，从而促进生命总体的成长。

四、教学无痕

——感受薄俊生"平和、平等、平实"的教学风格

顾善海

我从小就喜欢读武侠小说，梦想着有朝一日也能练出一身绝世神功。回想起来，书中的练武者不外乎四种。第一种是初学的模仿者，有招有式，但没有一点内力，这种人是花拳绣腿，经不起打的。第二种是练武有一定的心得，具有一定的内力，这种人经常能小试身手。第三种是武功心法融会贯通，内力很高，这种人一旦出招，所过之处，石破天惊，威猛无比，堪称高手。第四种是武功修为到了最高境界，这种人出招靠的是内力，已看不到有什么明显的招式了，和平常人没什么不同，一个拂袖，一个抬手，身形未动，而对手已然一命呜呼。

习武是这样，做其他事也是这样，到了炉火纯青、出神入化的境界时，就看不到其"学习提高"过程中的"痕迹"了，这叫大道无形。教学何尝不是如此，教学的最高境界应该是"教学无痕"。听薄俊生老师上课，我一直就是这种感觉。薄老师的课堂没有做作的形式，没有激情的演说，没有精美的课件……薄老师像个普通人，有人说他上课不温不火，气定神闲，朴实无华……薄老师的课堂看起来很平常，细细品来却又实在不平常。有的老师认为，薄老师的教学风格是四个字：淡，淡中有真

昧；实，实中有灵动；巧，巧中见智慧；简，简中透深刻。也有老师认为薄老师的教学风格是三个词：平和、平等、平实。

（一）平和

薄老师的"平和"与其个人的性格是一致的，一位网友这样描述薄老师留给他的印象："平和中包含着执著，文静中洋溢着坚韧，刚毅中又充满着书卷气。"在生活中，薄老师是个平和的人。在教学中，他是怎样营造一个平和的课堂的呢？

1. 用他平和的音容举止

薄老师无论在什么情况之下，总能给学生留下平易近人、和蔼可亲的感觉。他说话时慢条斯理、不急不躁，带着笑容，带着风趣，很容易被学生接受，而且一词一句学生都能听得清楚，听得明白，因而教学效果出奇的好。比如他这样引导学生朗读："好像水滴有时滴在了其他的地方，谁再来读……""滴水滴得近了一点，但是还有滴在其他地方的感觉。""又近了一点，我还感觉水滴把石块滴穿好像比较容易，容易吗？""真的不容易，从"终于"这个词我们体会得最明显，给点掌声！""她滴在了同一个地方""老师还有一点感觉，水滴把石块滴穿好像没有什么稀奇的。谁再读。"这些随和的引导语言和对学生的朗读激励结合起来，真的让人有情不自禁要读一读的感觉。

2. 用他平和的眼光

薄老师善于察言观色，非常关注学生学习的过程，经常通过评价学生具体的学习表现来激发学生的学习兴趣，调节课堂气氛，营造轻松自由的氛围。比如他评价学生的自主朗读时这样说："自己读的时候，我发现和刚才齐读不一样，男同学小脑袋一晃一晃的，女同学小辫子一甩一甩的，这告诉我们什么？"学生说：读得很投入，读得很有感情。学生接下来的朗读热情跟着就上来了，而且更多的学生小脑袋一晃一晃的。

3. 用他平和的智慧

薄老师的教学都是"随风潜入夜，润物细无声"，看起来是不经意的，实际上，他的平和更多的是来自他的精心预设，凝聚着他的教学智慧，是教学创新的结果。

（1）整体设计追求平和。

教学《天火之谜》，薄老师以问题为线索，逐层深入，循序渐进，整个教学犹如和风细雨。

揭示课题后，薄老师引导：第一眼看到这个题目有什么疑问？学生的问题如滔滔流水汩汩而出：天火到底是什么？天火有什么谜？有没有被揭开？被谁揭开？怎样揭开？什么时候揭开？揭开谜底的过程中态度怎样……

学法引导：解决问题的方法是什么？（读课文、边读边做记号……）

自主学习，检查交流：学生按自己的方法自读课文，思考提出的问题。在检查交流中，一些简单的问题自行得到解决，同时感知了课文内容。

讨论：你知道了些什么？懂得了些什么？这些交流又解决了一些稍有难度的问题，薄老师也随机作了点拨和引导，如老师根据学生的回答追问：题目为什么用"天火"？如教师根据学生的交流，板书了表明研究过程的三个重要词语：观察、推测、实验。

点拨学生提出能够深入学习课文的问题：学到这儿，你又有哪些问题产生了？此时的问题的表述薄老师也进行了点拨提炼：我们把说法换一下，这个问题就是："既然已经得出了结论，为什么还要进行实验？"课堂上，学生还提出了许多有深度的问题：别人冷嘲热讽，富兰克林为什么不退缩？富兰克林为什么要冒着生命危险去做实验……

在这些问题的引领下，学生开始了深入学习课文。

《天火之谜》是这样，其他课也是这样。学生总是在轻松悠闲的学习活动中，不知不觉地步步深入。从表面看，薄老师的设计总是波澜不惊，实际上水面之下的暗流却是汹涌澎湃。

（2）教法创新追求平和。

薄老师的教学方法关注学生的身心特点，富有童趣，学生喜闻乐道。教学《我不是最弱小的》，薄老师提出了"朗读就是代作者说话，代文中人和物说话"的教学方法。薄老师引领学生进入文本、转变角色主要有两个途径。

读前引导，比如，课文中除了作者，人和物就是爸爸、妈妈、托利亚、萨沙和蔷薇，谁愿意代他们说话？在这几个人和物中，蔷薇是最弱小的，谁愿意先代雨前的蔷薇说说话？学会了代雨前的蔷薇说话，谁还会代雨中的蔷薇说话？谁能代作者来介绍萨沙保护蔷薇的经过？课文中妈妈和萨沙说的话都在第3～8自然段，请大家自由地读一读这几个自然段，试着连起来代妈妈和萨沙说话。

读中引导，比如，还有谁愿意代雨前的蔷薇来说话？让我们一起代蔷薇说说吧！

雨前、雨后的蔷薇是多么的不同啊，请男同学代雨前的蔷薇说话，请女同学代雨后的蔷薇说话，比一比，看谁说得更好。谁能代妈妈再说说这句话？妈妈会怎么说？妈妈还会怎么说呢……

教学《天火之谜》，薄老师实践了"过电影"的教学方法。过电影是为了培养学生良好的语感和整体把握的能力。比如，教学第4自然段是这样的。

初过电影：指名学生朗读，其他学生听读，想象实验的过程。

镜头再现：留给你印象最深的是哪一个镜头？

再过电影：指名朗读，其他学生过电影。

描述电影：组织比赛，全班分两大组，讲风筝实验的故事。规则：讲不下去，后面一个人接着讲，哪一组帮助的人最少，哪一组就获得胜利。

评议感悟：指导学生抓住有价值的地方进行评议，加深对课文的理解：富兰克林的风筝和平时的风筝有什么不一样？围绕这些发现，你有什么新的问题？从这些为什么中你体会到了什么？

感情朗读。重点词句重点练读：成功了，成功了，我抓住天电了！

教学《狼和鹿》，薄老师接连"犯错"，让我们体会到了"犯错"也能成为一种方法。

说错话。在交流与"狼"有关的成语之后，薄老师就说了这样一句非常自然的话："今天，有这么多的老师在听我们上课，我和同学们一起狼狈为奸，把课上好，好不好？"学生开始没体会出这句话的问题，齐声答应好。薄老师又把这句话重复了一遍，学生这才听出了问题。通过讨论，学生学会了使用"狼狈为奸"，也修正了老师的"错误"。

读漏句子。薄老师在读课文的过程中，故意漏掉了文中三句具体描写的句子。通过这种方式引发学生的注意，然后进行辨析、品味，体会这样写的表达效果，并且还引导学生反复练读，记在心里，内化为学生的语言。

这些"错误"的出现非常具有"真实"感，没有过多的渲染，没有特别的强调，让学生在不经意之中获得了发展。

(二)平等

教学平等，说起来很容易，做起来很难，特别是平等地对待每一位学生。然而，在薄老师的课堂上，却时时刻刻地体现着平等。我们体会到，薄老师的"平等"秘诀主要有五个。

1. 尊重学生的体验

为了获得平等，薄老师从不把自己当做老师，他总是把自己当做一名学生来设计教学的过程，选择教学的方法。他的教学总是从学生的实际出发，从学生已有的生活体验出发，所以薄老师的课就像在生活。比如，他这样和学生"聊"《我不是最弱小的》。

师：（板写"聊"）这个字认识吗？读一下。为"聊"找个朋友。

生：聊天。

师：聊天就是几个人之间的闲谈，聊天不仅要动口，还要用耳，所以是什么旁（耳刀旁）？

师：下面我们就来聊聊天。你的爸爸妈妈是怎么照顾你的？

生：……

师：我们的爸爸妈妈就是这样无微不至地爱我们，关心我们。他们为什么要这样照顾我们呢？

生：因为我们是爸爸妈妈心头的一块肉……

师：刚才同学们说的基本反映了中国孩子的情况。同样是四年级，外国的孩子是怎么对待爸爸妈妈的照顾呢？今天我们就来学习苏霍姆林斯基写的一篇文章，看老师写课题（生书空）。

《狼和鹿》的导入，薄老师仍然是和学生在闲聊：森林里有什么样的动物；说说你喜欢鹿的理由；你看过或听过哪些关于狼的故事；你觉得狼怎么样；然后识记关于狼的成语。在这样悠闲的谈话之中，学生学习课文所需要的关于森林、鹿、狼的体验等被充分地激活，学生的情趣高涨起来，同时完成了大量的词句积累。

2. 尊重学生的不足

课堂上，学生朗读不好，回答错误等不佳的表现都是正常的，如果没有这些问题反而就不正常了。所以薄老师总是非常尊重这些学生。比如，举手少的同学读得不好，但老师却给予了热情的鼓励："读得可以吗，给点掌声！"还为这位同学读得不怎么好进行辩解："有些地方读得很好，有些地方还需要改进，但是如果请其他同学来读，肯定也是这样的。"这样的辩解，为给这位同学的朗读提出建议做好了心理准备。这样的鼓励、辩解对于这位同学接下去的学习状态将会产生积极的影响。

3. 尊重学生的个性

学习的主体是学生，学习是学生的个性化行为。薄老师的课堂总是在引导学生进行个性化的学习，给学生充分的自主学习的权利，给学生留下充分的自主学习的空间。在这样的学习中，学生获得了平等，并且感受到了平等。比如，教学《滴水穿石的启示》，学习李时珍、爱迪生、齐白石的故事，老师请学生找出三个人物分别和滴水穿石中的滴水相同的地方。这样的问题学生可以自由地调动自己的知能储备，自由地回答，可以从表达的效果上来回答，可以从表达的意思上来回答，可以从精神层面来回答，可以从自己的感受来回答。教学中，薄老师不局限于文本内容，给了学生补充教材、丰厚教材的权利，学习三个人物的故事，老师都要和学生一起交流三个人物的其他故事，很多学生都是跃跃欲试，抢着交流。很多故事甚至比课文中的事例更有表现力，如李时珍冒死尝药草的故事，爱迪生借胡须做钨丝的故事，齐白石隔日补画的故事等。

4. 尊重学生的全体

平等不仅应该是老师和学生之间的平等，还应该是学生和学生之间的平等。在薄老师的课堂上，平等是属于所有人的。老师和发言多的同学商量，给不举手的同学一个发言的机会，这是在营造课堂学习的氛围，为发言少的同学创造表现、展示、锻炼的机会，也是在暗示发言少的学生不能游离在课堂之外，要专心致志，因为随时都有可能会被请到发言。他还说：举手的同学说明非常地主动，不举手的同学说明非常地稳重，不轻易发表自己的意见，一旦发表就会有惊人的表现。正是因为薄老师给了每个学生平等的机会，所以在薄老师的课堂上，从来就不会是少数学生的表演，而是全体学生参与的真实的学习活动。

5. 尊重学生的身心

教学《狼和鹿》，薄老师不仅关注学生的学习表现、学习状态，还关注学生的身心健康，给予了学生真诚的关心。他说："我看到有几位同学读屏幕上的内容时，眼睛眯成了一条线，看样子是眼睛不太好了，平时学习时，一定要注意保护自己的视力啊。"能经常得到这种关心的学生，他时刻感受到的是老师的真爱，生活在充满爱的课堂里，学生的学习又怎能不积极主动呢？

(三)平实

薄老师常说,语文课上得要像语文课。工具性和人文性在他的课堂上得到了高度的统一。他的课堂追求的是扎扎实实的教学,实实在在的发展。

1. 引导语言实践

薄老师在《滴水穿石的启示》的教学中,为学生创造了大量的语言实践的机会,展示了在阅读教学中引导学生语言实践的几种方式,而学生关于"滴水穿石的启示"都是在这些语言实践中自然获得的。

(1)重组文本教材。

课文第 4 自然段讲雨水不能滴水穿石,第 5 自然段讲滴水穿石应该怎样做。薄老师运用对比思维,创造性地处理教材,将这两个自然段分别与课文第二自然段进行比较,从引导学生品味课文表达方法的角度设计了这两个自然段的阅读教学的过程:一是自读了解两个自然段的内容。二是品味两段话与第二自然段相同的地方和不同的地方。毫无疑问这是一个学生阅读理解逐步深入的过程,但是我们同时感受到的是浓浓的语文味儿。在品味两个自然段相同和不同的地方时,学生品味出两段话的意思相同。在学生品味出不同的基础上,老师点出从正反两个方面来说明道理的方法,还引导学生体会了用两组意思相反的词语(目标专一和三心二意,持之以恒和半途而废)来强调表达效果的方法。概括起来说,学生在这个环节中学到了用三种不同的表达方法来表达同一个意思:一是从正反两个方面来说;二是用不同的句式来说;三是用反义词语对比着来说。

(2)品味美词佳句。

为了引导学生体会"如果我们也像水滴那样,还有什么事情做不成呢?"这句话的表达效果,薄老师编写了对比句子:"如果我们也像水滴那样,什么事情都做得成。"学生在对两个句子的对比中品味到了哪个句子表达效果更好。薄老师引导学生品味文中的关键词语"锲而不舍、日雕月琢、持之以恒、竟、终于……"不只是为了理解课文,更是要让学生体会到为什么要用这个词语,用了这个词语后表达的意思怎么样了,还反复地让学生通过朗读句段来体会。

(3)积累文中语言。

教学中,薄老师组织学生讲文中李时珍、爱迪生、齐白石三个人物的故事,引导学生先朗读再填空然后背诵——有层次地反复诵读第 2 自然段的反问句和最后一个自然段的启示。最后，出示文中四字成语，引导运用这些好词来表达自己学了这篇课文后的感想。

(4)关注口头表达。

在引导学生比较三个故事中的人物分别和滴水穿石中的滴水有什么相同和不同之处时，薄老师说："能不能表达得更加明确一些，我觉得李时珍和滴水穿石中的滴水第一个相同的地方是什么？第二个相同的地方是什么？第三个相同的地方是什么？这样说听起来就很明白。"

学了滴水穿石的故事，薄老师请学生说说对滴水穿石这个故事的感受，学生说："这是不可能的事，但是现在水滴居然能滴穿石头，这简直不能让人相信。"老师随即引导学生评议出两个好词：简直、居然。老师又请学生说说从滴水穿石这个故事中感悟到什么，学生说："做事不要半途而废，而要持之以恒，做一件事情，看起来很难，不要不要做了，一定要做下去。"老师赶紧抓住机会点评："听课的老师和同学如果不注意的话，还以为是不要做了，但是'不要'前面还有一个'不要'，'不要不要做了'就是一定要做。"

2. 夯实语文基础

在《狼和鹿》这节课中，其扎实程度远远地超过了我们日常的课堂教学，从生字的音、形、义，到词语的积累、运用，到句段的品味、赏析，到对文本内容的补充、拓展，到课外的语文阅读、实践等，都进行了扎实有效的练习，还有听、说、读的大量的实践，使我们感受到整个一堂课学生都是在学语文、用语文。特别是一个"居然"的教学，更是令人叹服。薄老师不是指导学生用"居然"随便造几个句子就完事了。薄老师先让学生回读课文，思考森林里发生了哪些变化，提示学生从鹿、狼、人们三个方面来体会，画出有关的句子，然后用"居然"这个词讲出来。学生用"居然"的过程是从课文内容出发的，是阅读深化的过程，也是学习表达的过程。

3. 下足工夫洗课

薄老师倡导的是"轻负担、低消耗、高质量"的语文课堂，为此，他还提出了"洗课"的观点。他说，"洗课"就是要像洗菜一样来洗自己的教学设计，要洗去那些冗余的话，洗去那些可有可无的内容……要洗到不能再洗的程度，剩下的都是精华，把时间还给学生，提高 40 分钟的效率。选择什么样的方式来教，不是为了好看，而是为了有用。

　　"教学无痕"却有痕，"平和""平等""平实"是薄老师的教学风格，更是薄老师的教学追求。

五、让传统更具生命力

——薄俊生朗读教学思想探微

黄忠平

　　朗读是我国传统的读书方法，阅读课的基调应该是读。在我们的语文课本里，所选的每一篇文章都是一颗闪光的珍珠——文质兼美、声情并茂，可读性强。作为一名语文老师，如果不引导学生美美地读一读，潜心地品一品，不是遗憾，而是遭罪。早在 20 世纪 80 年代，语文教育界就提出了"把语文课真正上成读书课"的教育思想。朱作仁先生在《儿童朗读能力的发展与指导》一文中提出：儿童通过对课文朗朗上口的反复吟诵，作者表露于字里行间的思想感情，使他们易受感染，起着潜移默化的作用；一些解释不清难以言传的词语，通过朗读，可以意会，想象其情境，易于获得理解。朗读给人以完整的形象，不仅使学生有所知，还使儿童有所感。文章的讲解是分析，朗读是综合，讲解是走进文中，朗读是跃出纸外；讲解是摊平、摆开，朗读是融贯、显现；讲解是死的，如同进行解剖，朗读是活的，如同给作品以生命；讲解只能使人知道，朗读更能使人感受。

　　薄俊生老师在他的《朗读与对话》一文中说，老师要关注朗读，学会朗读，感悟朗读。他以大量生动的具体事例说明了朗读的作用：①朗读能促进学生对课文的理解。②朗读有利于促进语言的发展。③朗读能促进写作能力的提高。④朗读能促进背诵。⑤朗读有助于陶冶学生的情操。所以应该使学生养成大声朗读的习惯。这是传统语文教学的精华，我们不应忽视。朗读已经成为他设计教学的基本理念。他说，将理解语言与积累语言很好地结合起来的方法就是朗读，只要抓住了朗读和其他内容的内在联系，配合得好，完全可以珠联璧合。在他大量的教学案例中就真切而生动地体现了这一主张。

(一)朗读就是代作者说话

蒋仲仁先生说:"朗读就是代作者和课文中的人物说话。"薄俊生老师深谙前辈语文教育家的思想精髓,并把朗读之"真经"巧妙地传授给学生。在教学《我不是最弱小的》一文时,老师说了这样一段话:"我们朗读课文就是代作者和课文中人物说话,把作者要说的意思通过我们的朗读表达出来,把文章中人物的思想感情通过我们的朗读体现出来。现在就请大家代作者或课文中的人物说话。"课堂上,学生找出了描写野蔷薇的句子,入情入境地朗读着,与作者、与文本展开对话,抓住相关词句,在代作者介绍的过程中,体会雨前野蔷薇花绽放之美,通过与雨中花儿之孱弱相比较,自然勾起学生的恻隐之心,阅读教学走进了儿童的精神世界。

(二)朗读要和平常说话一样

我们从小到大可能接受的都是这样的教育:语文课的朗读,就非得嗓子尖尖的,脸涨得红红的,剧烈地摇头晃脑,重点词语一定要响亮,这才算读得好,这才算理解了课文。在我看来,这样的包装对我们的母语教学可能是一种曲解。

朗读就是朗声读书,是运用普通话把书面语言清晰、响亮、富有感情地读出来,变文字这个视觉形象为听觉形象。课文也是人写的,作者以书面语言来表情达意、交流思想,文章无非是作者表达情感的话。如果朗读好代表着理解得好,那么请文章的原作者来读,我想他也未必能读得嗓子尖尖,脸儿涨红,摇头晃脑,重点词语一定响亮。

朗读是学生与作者(文本)沟通的桥梁,是学生与作者相遇的过程,学生在朗读中深入语言材料,把作品的内容清晰而具体地浮现在自己的脑海里,并将文本的语言情感转化为自己的内心情感,再进一步转化为声音语言的情感来感受。有了情,不一定就能准确地将文本的情感转化为声音的情感。即使是转化,也不一定只有一种单一的表现方式,为什么一定要让我们的孩子读得那么吃力?为什么不让孩子的朗读像说话一样呢?

写文章是作者"说话"的过程,只有像说话一样地朗读课文,才能用声自如,见文生情,真正揣摩作者的本意。朗读的极致就是像说话一样自然。让朗读回归原生态吧，让学生用自己的心灵去感受文字，感受作者的情感，情动于衷而发。

(三)朗读与感悟珠联璧合

朗读，就是读者用自己的声调、思想、表情，甚至肢体动作由浅入深地来确切表达文中优美的语言内涵及其所蕴涵的思想感情，从而唤起听者对课文内容、词句段篇或人物形象的感知理解、品味领悟。朗读时，学生多感官参与、多角度接受语言材料的全息刺激。目视口诵，耳闻心维，"生理视线"和"心理视线"并用，外显操作与内隐认知并行。各类信息经不同的通道同时摄入，促使学生调动已有储备，自主能动地进行快速组合、立体感受，取得"个性化"的体验。由此可知，朗读与感悟是浑然一体的认知能动元素。薄俊生老师认为感悟不是通过教师的讲解就能获得的，只有让学生潜心读书，自己咀嚼语言文字的滋味，去体验语言文字的感情才能实现。因此在他的阅读教学中，都是尽可能多地创造机会让学生读书，使学生从多种形式的朗读中受到熏陶感染，加强感悟体验，从而促进语感的形成。

六、巧把金针度于人
——薄俊生教学策略浅谈

洪　榴

薄老师的课堂正如其人，流淌的是真，深植的是实，浸润的是智，充盈的是谐。他的课堂，每一个细节都闪现着精深的教育思想；他的课堂，每一个学生都经历着生命的成长。面对薄老师的课堂，我"不敢高声语"，唯有静静聆听，用心感悟。

(一)游刃有余——自如的过程运作

1. 解题的艺术

古人云"眼目俱明，则全其人之相，足可坐窥万象"。由此，足见题目之于课文的重要了。但如何解题，而且解得精妙，需要深厚的功力。薄老师的解题看似信手拈来，却是独具匠心。

【案例】《滴水穿石的启示》片段

师："水"有什么特点？

生：水碰到石头就会碎掉了。

师：水本身有没有形态？

生：水是一种液体。

师：水是一种液体，没有固定的形态，没有硬度，也就谈不到碎掉了。

师：谁来说这种物体的特点？（板书：石）

生：石头很硬。

师：石头很硬，是一种固体。谁能说一个词语，带有这两个词语。

生：滴水穿石。

生：水落石出。

师板书：滴水穿石。

师：谁知道这个词语的意思？

生：比喻持之以恒，又可以说是一滴水可以把石块滴穿。

师：这个词语有两层意思，第一层意思是说一滴水可以把石块滴穿。知道了这个意思你有什么话要说？

生：我觉得水把石头滴穿是不可能的事情。

师：按照平常的思维来讲，水是液体，石头是固体，水能把那么坚硬的石头滴穿吗？

生：石头连我们人都很难把它弄坏，没想到水能把它滴穿。

师：石匠要想把石块凿穿，也是很不容易的事情。

生：到底有没有这样的事情呢？

在这个教学片段中，解题的过程犹如层层剥笋，薄老师将课题中包含的很多知识点，进行了逐层透析，从水和石的特性谈起，引起矛盾冲突，引导学生提出问题，从而引出"启示"。这里既有科学性，更体现了语文味，从词义的明晰到适当的积累和拓展，扎扎实实地进行着言语的训练。不仅使学生懂得了题目的意思，同时引导学生学会紧扣题目，提出有价值的问题，引发阅读期待。整个环节行云流水，一气呵成，足见薄老师解题艺术的功力之深。

2. 导入的艺术

"导入"是架起学生旧知与新知的桥梁。从认知的角度看，学生对新知的学习，必须依靠旧知的图式。那以"旧"纳"新"的入口在哪里？教师又该如何展开？在薄老师的课堂上，他或是以旧引新，或是设疑问难，或是创造气氛，或是组织训练，使得每一节课的"开讲"都不尽相同，耐人品味。

在《狼与鹿》中，薄老师用分步出示鹿与狼，拓展分析与之相关的词语，激活学生知识储备，来认知本课所要讲述的两种动物，又在无形中奠定了学生对鹿和狼的情感基础，为后文的学习埋下伏笔。

（1）出示鹿的画面：你认识这种动物吗？（板书：鹿）

（2）你喜欢鹿吗？为什么喜欢？你可以用什么词语来形容你喜欢的鹿？

（3）师：鹿是一种受人喜爱的动物。它有细长的四肢，短小的尾巴，褐色的皮毛，有的还有花斑或条纹。雄鹿的头上长有枝状的鹿角，线条非常优美。鹿的心地善良，大家喜欢的"九色鹿"就是一只见义勇为、恪守信用的动物。因为鹿是一种惹人喜爱的动物，所以鹿还是一种权力的象征。像"群雄逐鹿"、"逐鹿中原"中的"鹿"，都是指帝王之位。鹿真是可爱。（板书：活泼而美丽）

而在《掌声》中，薄老师则在课前谈话的基础上，课始用饱含深情的语调娓娓道来。

是的，在生活、学习和工作中，当别人给予关心的时候，我们常常用掌声表示感谢，当别人信心不足的时候，我们常常用掌声表示鼓励，当别人表现出色的时候，我们常常用掌声表示赞美。反过来也一样，我们也常常能够从掌声中获得别人的谢意、鼓励和赞美。今天，我们一起来学习一篇以掌声为题目的课文（板书：掌声）。看了这个题目，你想知道些什么？

在成人看来，《掌声》是一篇情感性很强的文章，但是对于三年级学生来说，对掌声的理解，还是停留在比较窄浅的层面。这里，薄老师用巧妙的导入，精当的语言，真挚的情感，为学生打开了一扇扇"掌声"代表的不同含义的窗。"未成曲调先有情"，这样的导入让学生能更快地进入与文本对话的状态。

3. 提问的艺术

课堂离不开提问。陶行知先生说："发明千千万，起点是一问。智者问得巧，愚者问得笨。"在薄老师的课堂上，提问是启迪智慧的金钩。

【案例】《天火之谜》中的提问枚举

师：当你预习课文，一眼看到这个课题的时候，你的脑子里产生过哪些疑问？（这里的"天火"是什么东西？"天火之谜"到底是个怎样的谜？这个谜是谁解开的？又是怎样解开的呢？）（第一课时）

师：通过刚才的学习，同学们读懂了富兰克林解开天火之谜，经过了三个重要的阶段（观察、推测、实验）。看了这三个词语，你还想知道些什么？（富兰克林观察到了什么？根据观察得到了一个什么结论？他为什么还要进行实验？是怎样进行实验的？）（第二课时）

引导学生质疑，是我们常用的方法，但在处理的时候，往往流于泛泛而问，总觉得缺少抓手，这里，教者在第一课时解题时，引导学生扣住课题中的"谜"发问，第二课时又引导学生根据富兰克林实验的三个阶段的关键词，进一步产生疑问。以问促疑，我们发现，这些疑问是在步步深入，学生的思维深度也在不断提高。

师：请问富兰克林，你为什么能够大胆地作出这样肯定的推测呢？（生读句子）

师：富兰克林，你这样大胆地肯定雷暴就是放电现象，主要是你发现了雷暴和放电现象之间的共同点，但我刚才好像对两者之间的共同之处感受不是很深。谁再来朗读这一部分，让我更深地感受两者确实差不多？（生有感情朗读）

师：富兰克林，这里的"……"表示什么意思？（学生补充说话）

师：哪位富兰克林把你观察到的更多的现象讲给大家听听。（生进行介绍）

……

这里，巧妙地通过角色的转换，引导学生成为文中人，教者在一连串的追问中，以问促解。学生在替文中人回答这一个个问题，就是在积极地思考、深入地理解、恰当地运用以及有条理地个性化地表述。

4. 讲解的艺术

讲在精妙处，点在关键时。薄老师课堂上，高超的讲解的艺术形式体现在灵活多样的讲解策略中，在学生的积极探索下，课堂呈现的是"随风潜入夜，润物细无声"的师生"教""学"融为一体的境界。

【案例】《古今贤文》教学片段

师：这么优秀的诗文，如果能够把它记下来，变成自己的东西，那对丰富自己的语言，提高自己的修养，会有很大的好处。大家想把它记下来吗？

那好，请大家用三分钟时间试背课文，待会儿告诉大家，你记住了几个句子。比一比，谁记住的句子多。

师：我们来交流一下，能记住三个句子的同学请举手。能记住四个的？五个的？六个以上的？估计自己是全班记得最多的请站起来。

师评价：这几位同学真了不起！但是，我们全班这么多同学就他们几个背得出，是不是就好了呢？为什么？

生：一花独放不是春，万紫千红春满园。

不过，光靠一个人要背出全文是很困难的，这就像课文中所说的——

生：独脚难行，孤掌难鸣。

生：一块砖头砌不成墙，一根木头盖不成房。

师小结：是呀，一块砖头砌不成墙，一根木头盖不成房。下面，我们以小组为单位，合作开展一次背诵比赛。老师指定一位同学开始背诵课文，当这位同学遇到困难时，下一位同学接下去，到背完全文，用时最少的小组获胜。大家再准备一下。

（比赛开始，用秒表计时）

师：现在大家能不能再用课文中的句子说说自己的想法？

教师根据比赛成绩和学生的回答，奖给各组一张书签。（三个臭皮匠，赛过诸葛亮。人心齐，泰山移。一根竹竿容易弯，三根麻绳难扯断。一花独放不是春，万紫千红春满园。空白书签）

在这个教学环节中，薄老师根据教材的特点，以竞赛的形式，帮助学生有层次地逐渐接近正确背诵。更为巧妙的是，竞赛的过程，也是理解句子含义的过程，教者通过合作背诵的形式，不断地启发学生用文中出现的警句进行概述，真正使得知识与技能、过程与方法、情感、态度和价值观的三维目标有机融合，高度统一。

（二）得心应手——高超的调节技巧

1. 善"剪裁"

作"文"，以"简为文章尽境"，而作"课"也属同理。"言简意赅""事半功倍"是课堂教学的一种境界，它来自于教者"剪裁"的艺术。薄老师的课堂简约却不简单，平实中含深意。所谓"天机云锦用在我，剪裁妙处非刀尺"。薄老师用前瞻的教育理念、高超的专业技能，精深的艺术修养，对课堂进行精心地"剪裁"。

如在《剪枝的学问》一课中，薄老师独具匠心地以文中几个词语串起一条"我"心理变化的线索"满怀好奇——一脸疑惑——将信将疑——又惊又喜"，删繁就简引导学生抓主干品细节：看了这些词语，同学们还能提出哪些问题？（生：我为什么满怀好奇？我为什么一脸疑惑？我为什么将信将疑？我为什么又惊又喜？）

在学生自主质疑的基础上，又大胆地用以读代讲的"粗线条"，给予学生自主感悟的空间，让学生在一次次朗读中，不断接触语言，不断感受语言背后丰富的情感。

同时，他又舍得花大力气用在学生言语实践上。

创设情境，整合重组，开展语言实践。

1. 王大伯种桃出了名，参观者络绎不绝，王大伯应接不暇。大家想想怎样才能帮助王大伯解决这个难题？那你愿不愿意为王大伯当一回义务讲解员呢？

那我们该怎样向参观者讲解王大伯的种桃经验呢？大家准备一下，待会儿介绍给大家听。

2. 请同桌相互练习一下。

3. 现在，我们听课的老师就是新来的一批参观者，谁愿意为他们作一次讲解？（发小帽，拿小旗）

(1)解说员与参观者初次见面应该怎样？

(2)评点：用自己的语言、条理清楚，角色转换。

4. 还有哪些同学愿意当义务解说员？愿意的自己到这些参观的老师前面为他们讲解。

小结全课，布置作业。

1. 同学们，今天我们学习了《剪枝的学问》这篇课文，从中我们知道了剪下多余的枝条是为了来年收获更甜更大的桃子，懂得了减少是为了增加的道理。

2. 为了进一步推广王大伯的种桃经验，课后请大家把王大伯的经验写下来。写的时候还可以去找一些资料，使王大伯的经验总结得更完善，老师将择优推荐给报社发表。大家怎么跟我联系呢？（写信）我的通信地址是常熟市实验小学，邮编是

215500。我的电子信箱是××。我盼望着同学们的来信。

课堂上，薄老师同样深谙"剪枝的学问"：减了教师提问，增了学生质疑；减了分析讲解，增了自主感悟；减了纸上谈兵，增了综合实践。在教材的取舍上，教学环节的处理上，取舍精当，疏密有致。

2. 巧"穿插"

"穿插"，是文学创作中的一种笔法，是有助于读者了解情节发展或作品思想的重要因素。课堂教学中，巧妙的穿插，也起到推波助澜的作用。课堂上，薄老师或是以穿插拓展视野，或是以穿插比较鉴别，或是以穿插激发情感，让"穿插"为课堂锦上添花。运用自如的背后，是对文本深刻的理解，是对学生深切的关注，更是薄老师自身深厚底蕴的体现。

在《天火之谜》中，让学生感受雷电的可怕，从而体会到富兰克林为了科学研究勇于献身的精神，薄老师进行了这样的设计。

师：让我们从下面的录像资料中感受一下雷暴的可怕吧！（放录像）看了录像，你有什么感受？

师：谁再来朗读第一段课文，把刚才看录像时的感受放到课文中去。（指名交流朗读，评议优点及存在的问题）

师：如果用课文中的一句话概括这一段的意思，你觉得用哪句话最合适？

在薄老师的课堂上，是很少看到多媒体课件等繁复的东西的，但是，这里他却采用了一段录像的穿插，这是基于学生认知的特点，在较为直观形象的画面中，学生仿佛走进了那个可怕的雷电交加的夜晚，从而入情入境地感受和理解。

在《天火之谜》一课的尾声部分，教师出示了富兰克林的头像和一段文字介绍，并且用抑扬顿挫的语调进行诵读。

这就是真正的、杰出的科学家富兰克林。

富兰克林是人类历史上最多才多艺的人。他是商人，是科学家，是文学家，是政治家。1790 年 4 月 17 日，富兰克林与世长辞。在他出殡的那一天，为他送葬的人数多达两万，充分表达了美国人民对他的痛悼之情。人们用两句话概括了他对人类文明的贡献："从苍天那里取得了雷电，从暴君那里取得了民权。"美国第一任总统华盛顿这样对他高度评价："在我的一生中，能让我佩服的人只有三位：第一位是本杰明·富兰克林；第二位是本杰明·富兰克林；第三位是本杰明·富兰克林。"

接着，又出示富兰克林的名言。

师：富兰克林之所以能够取得这样的伟大成就，赢得人们如此的崇敬和喜爱，与他平时的勤奋和努力是紧密地联系在一起的。他讲过很多名言，其中的两句是：

"你热爱生命吗？那就不要浪费时间，因为那是构成生活的要素。"

"经常使用的钥匙是锃亮的。"

(1)谁来把这两句话读一遍？

(2)读了这两句话，你懂得了什么？

(3)从他身上，有我们学不完的东西。老师建议大家从有关网站上学习了解有关富兰克林的更多故事。

这样的穿插自然妥帖，与课文的教学融为一体，无斧凿之痕，不仅加深了对人物的认识，而且大大提高了课堂的语言训练力度。以穿插丰富形象，以穿插延伸拓展，可谓一举多得。

3. 智"点拨"

点拨，乃点要拨疑之谓。薄老师的课堂上，经常有"四两拨千斤"精妙之笔。他从局部入手，甚至是一字一句，以点带面，综合听说读写，进而推动整体，提高学生的整体语文能力。

《狼和鹿》教学片段。

师：请同学们自己默读课文，想一想，这个故事中的哪些事情是你原本想不到的，现在看到以后让你感到惊讶。等一会儿请你用上"居然"这个词告诉大家。

生自由交流：

A. 凯巴伯森林的枪声响了25年，狼与其他一些鹿的天敌，总共被杀掉六千多只。人们对狼居然恨到这个程度，他们的行为简直比狼还狠毒。

B. 在人们捕杀狼以后，鹿群在凯巴伯森林中生儿育女，很快，鹿的总数就超过了十万只。鹿的繁殖速度居然这样快。

C. 鹿群大量繁殖以后，森林里闹起了饥荒，它们居然连小树、嫩枝和树皮都给吃了。

D. 仅仅两个冬天，鹿就死去了六万只，简单地算一下，每年的死亡数居然高达

3 万只，比当时增加的速度还快。

　　E. 人们原本希望狼被捕杀后鹿群能够健康快乐地生活，到头来居然使得鹿群落得一个生不如死的下场。到 1942 年，凯巴伯森林只剩下八千只病鹿。

　　……

　　师：同学们所说的这么多的"居然"，可以用哪两句话来概括？（师指板书暗示）——"狼居然是保护森林和鹿群的'功臣'。鹿居然是破坏森林和毁灭自己的'祸首'"。

　　小结：作者也好，人们也好，同学们也好，此时说这第四节上的一番话，是一种怎样的感觉？怎样的心情？（如梦初醒、恍然大悟、后悔莫及……）哪位同学愿意来读这一段？

　　理解狼和鹿之间的关系，明晰前后因果是这个教学环节中的重点目标，但是，薄老师以"居然"一词为切入点，引导学生纵观全文，梳理关系，进行表达。既突破了理解的难点，又进行了有效的言语实践，可谓以少胜多，以一当十啊。

　　4. 精"过渡"

　　文章有起承转合，才成生气灵动的整体。课堂上，处理好教学的起承转合，才会使得教学过程自然流畅。薄老师是极其严谨同时追求完美的人，他同样精于每一个环节之间的衔接过渡，着眼整体，着力细节，所以，他的课堂结构紧凑、层次分明、条理清晰、自成一体。从薄老师的几节精彩的板书案例来看：

　　在《狼和鹿》一课中，薄老师从谈话导入，分别板书"鹿""狼"——它们的特点"贪婪而凶残""活泼而美丽"——"和"，最后，形成的板书是这样的：

狼	和	鹿
贪婪而凶残		活泼而美丽
反倒↓	居然	↓反倒
"功臣"		"祸首"

　　这个板书，实际纳入的是整节课。而板书的精妙设计，除了帮助学生直观感受教学重点，梳理文章线索外，它的每一步的出示，就是一个精巧的过渡。薄老师的课堂，就是让人感觉滴水不漏。

　　再如：《滴水穿石的启示》。

滴水穿石	的	启示
立志学医	终于	目标专一
迷恋电学	竟	持之以恒
不懈创作	才	取得成功

从这个板书中，可以窥见课堂整体的和谐，结构的严密。段落和段落、环节和环节，此方和彼方巧妙地连在一起，使整个课堂教学浑然一体，有利于学生思维的展开，认知的推进。

(三)炉火纯青——精妙的语言艺术

教师的课堂语言是教师德、识、才、学的综合体。课堂上，薄老师精妙的课堂语言，加上徐急适度的语速、抑扬顿挫的语调，自然中透着亲和，吸引着每一位学生。撷取薄老师课堂教学中的只言片语，感受他的语言魅力。

1. 精准

师：请同学们拿出纸笔，把信的内容写下来。(生写，师巡视指导)

甲生：谢谢你给我买了一个洋娃娃，我想问你，你已经很穷了，为什么还要给我送一个洋娃娃呢？

师：你对谁说呀？(甲生：金吉娅)

师：光说金吉娅，行吗？再加两个字。(甲生：姐姐)

师：金吉娅和金吉娅姐姐是不一样的，说金吉娅姐姐，多亲热呀！

乙生：金吉娅姐姐，你好！我十分激动，谢谢你给我买了一个洋娃娃。我一定会报答你的。只要是你需要的，我一定会想方设法给你。

师：你现在就能报答吗？加三个字。(乙生：长大后)

(《给予树》)

2. 形象

师：同学们，我们中华民族是个伟大的民族，它创造的灿烂辉煌的历史文化源远流长，博大精深，成为世界文化中的瑰宝。几千年的文明史，造就了一大批伟大的人物，他们对我们中国的发展，对世界的发展作出了巨大的贡献。他们的成功都是用滴水穿石的精神得来的。希望同学们课后多读读这样的书。水滴的力量是微不足道的，但是因为他目标专一，持之以恒，最终把顽石滴穿。李时珍从小立志学医，他走遍了大半个中国，翻山越岭，吃尽了千辛万苦，最终完成了《本草纲目》。爱迪生从小没有接受正规教育，自谋生计，迷恋电学，最终有了一千多项专利。齐白石老人一生不懈创作，不叫一日闲过，最后艺术达到了炉火纯青的境界。这些都给我们有益的启示。大家学了这篇课文，一定有自己的感受、想法，能不能用这句话开头，说说自己的想法。

（《滴水穿石的启示》）

3. 真诚

师：同学们，认识我吗？想了解我吗？你想了解什么？告诉大家，我姓薄（板书），谁来读一下？这是一个多音字，当这个字用来表示一个人姓什么的时候，读"bó"。你们知道还有哪个人也是姓薄的？还想了解什么？了解了这些，大家欢迎我来上课吗？欢迎就要有所表示哦！（学生鼓掌）我从你们的掌声中感受到了大家对我的欢迎。掌声除了表示欢迎的意思以外，还能表示哪些意思？

感谢——当别人给予关心的时候

鼓励——当别人信心不足的时候

赞美——当别人表现出色的时候

（《掌声》）

4. 鼓动

师：在生活中，我们除了可以用掌声把关爱献给别人，还可以用什么方式把关爱送给别人呢？

用语言来表达：你想在什么情况下对什么人说什么话，来表达你的关爱？

我们可以为受窘的人说一句解围的话，为疑惑的人说一句提醒的话，为自卑的人说一句鼓励的话，为痛苦的人说一句安慰的话，为自己常常说一句自信的话……这每一句话语，献出的都是一股浓浓的情，一份深深的爱。

（《掌声》）

5. 幽默

师："追求应该是最大的，但把眼前的麦穗拿在手中才是实实在在的"，生活中你有没有遇到过这样的事？想一下。

生：今天的上课，面对同学、老师，我想也是一个绝好的机会，如果好好把握这个机会，向同学老师展示自己的风采，也是很实实在在的。

师：这个最大的麦穗被你摘到了。

生：大队部改选，我认为自己能力不够，打消了竞选的念头，后来就后悔了，我并不比别人差，如果竞选成功的话我的小学生活一定会更加灿烂。

师：如果我是苏格拉底一定收你为徒。

生：我的表哥大学毕业出来找工作，可到现在还待在家里，他不是嫌这个工作工资少，就是嫌那个工作太辛苦，总想找个最好的，很不现实。

师：你把我们今天学的课文带回去，给你表哥读读。

生：我的大伯本来是做羊毛衫生意的，由于他能吃苦，大生意做，小生意也做，所以生意特别好，几年后，他就积攒了一笔钱，造了大厂房，现在……

师：你大伯抓住机遇真不赖！你理解课文也不赖！

（众笑）

（《最大的麦穗》）

结语：在薄老师的课堂上，我是一名"学生"，那平实与自然的亲和，让我如沐春风；那精妙与智慧的点拨，让我豁然开朗。在薄老师交织着实与趣、和与谐、简约与深意、真情与睿智的课堂上，我感受着生命成长的喜悦，聆听着心灵碰撞的声音。在薄老师的课堂上，我愿一直是一名学生！

七、入其内，出其外

——薄俊生语文课堂导入艺术管窥

顾丽芳

没有慷慨激昂的渲染或是华丽刻意的铺陈，总是在近乎随意的聊天和谈话中不知不觉渐入佳境。听过薄老师语文课的老师都会有这样的感受。然而，如果你用心品味，这些看似简单的导入会让你回味悠长且历久弥新。

(一)孕"情"，未成曲调先有"情"

这是薄老师《掌声》的课前谈话和导入。

课前谈话

1. 同学们，认识我吗？想了解我吗？你想了解什么？

2. 大家欢迎我来上课吗？欢迎就要有所表示哦！（学生鼓掌）

3. 我从你们的掌声中感受到了大家对我的欢迎。

4. 掌声除了表示欢迎的意思以外，还能表示哪些意思？

感谢——当别人给予关心的时候

鼓励——当别人信心不足的时候

赞美——当别人表现出色的时候

导入新课

1. 是的，在生活、学习和工作中，当别人给予关心的时候，我们常常用掌声表示感谢，当别人信心不足的时候，我们常常用掌声表示鼓励，当别人表现出色的时候，我们常常用掌声表示赞美。反过来也一样，我们也常常能够从掌声中获得别人的感谢、鼓励和赞美。

2. 今天，我们一起来学习一篇以掌声为题目的课文。（板书：掌声）

这样的导入平凡至极，就像是校园内任何一次和学生偶遇时随性的闲聊，"想认识我吗？""想知道我什么呢？"老师一问，学生的话匣子就打开了，有的想知道名字，有的想知道年龄，有的想知道视力……就是在看似平常的闲聊中，老师自然地融入了学生之间，作为学生的朋友，在平等、诚恳的交流中，拉近了与学生的距离。"亲其师，信其道。"师生之间架起了一座以"情"为纽带的桥梁。"你们欢迎我吗？""怎么欢迎呢？"看起来不经意的追问，巧妙地将话题引入课堂。当学生热情鼓掌之后，老师又进一步问道："在生活中，掌声除了可以用来表示欢迎之外，还可以表示什么？"从学生平时的生活经验出发，老师适时点拨：在生活和学习中，当别人需要关心时，我们可以用掌声表示尊重；当别人信心不足时，我们可以用掌声表示鼓励；当别人表现出色时，我们可以用掌声表示赞美；……"掌声"，从学生原生态的生活里清晰起来，鲜亮起来，学生对于掌声的认知和情感，被老师在看似平淡的聊天中，激活起来了，教师、学生、课本之间的距离近了，学生课堂学习活动不知不觉已经植根于一片情感的沃野。

（二）设"疑"，为有源头"疑"点生

《大作家的小老师》教学导入时，薄老师采用了解题质疑的方法——

解题质疑

1. 板书：作家老师

①谁知道，作家是干什么的？（搞文学创作）

②老师呢？（教书）

③板书："大"，作家前面加一个"大"字，说明什么？（这位作家很有名气，取得很大成就）

④板书："小"，那老师前面加一个"小"字，是不是就说明这个老师没有名气？（不是，这里是说老师年龄还小）

2. 板书"的"

①请读这个题目。

②读了这个题目以后，你想知道些什么？（这位大作家是谁？这位小老师是谁？这是一位怎么样的大作家？这是一位怎么样的小老师？小老师为什么要教育大作家？小老师教给大作家什么？）

质疑是教学的一种手段，是引导学生发现智慧的"引线"。整个导入环节，老师一步步地引导学生，在理解了"大作家"和"小老师"之后进行自主质疑：大作家和小老师都是谁呢？这是一位怎么样的"大作家"呢？既然已经是"大作家"了，为何还会有"小老师"呢？小老师会教给大作家什么呢……著名特级教师于漪谈自己的教学经验时说："教学过程实质上就是教师有意识地使学生生疑、质疑、解疑、再生疑、再质疑、再解疑……的过程。在此循环往复、步步推进的过程中，学生掌握了知识，获得了能力。"在薄老师的课堂上，老师根据小学生好奇心强烈的特点，悉心引导，让学生主动参与，自主质疑，营造了一种"我要阅读"的强烈期待，课堂伊始就很快进入了学习活动的"愤悱"状态。就像跟着一位智慧的长者，孩子们始终忽闪着疑问的大眼睛，好奇地跟随着，亲历课堂的一路风景。

(三)激"趣"，智作舟来"趣"为帆

请看薄老师《狼和鹿》一课的教学导入。

解题入文，唤起已有经验

1. 解"鹿"

……

2. 解"狼"

(1)出示狼的画面：你还认识这种动物吗？（板书：狼）

(2)你喜欢狼吗？为什么不喜欢？

(3)我们学过哪些与狼有关的课文？你觉得这些课文中的狼怎么样？

(4)谁知道含有"狼"字的词语？

（交流后出示：杯盘狼藉、狼子野心、狼心狗肺、狼狈为奸、狼吞虎咽、鬼哭狼　　　　　嚎、声名狼藉、如狼似虎）

(5)体会词语的感情色彩：

A. 今天有这么多老师来看我们上课，我们一定要"狼狈为奸"，共同把今天的课上好。

B. 昨天，老师看到同学们的课外活动内容丰富多彩，有过独木桥、踩高跷、跳山羊等，虽然难度很大，但大家个个非常勇敢，"如狼似虎"，跃跃欲试。

(6)看来，不光同学们不喜欢狼，绝大部分人也不喜欢狼，他们几乎把所有的坏人坏事都跟狼联系在一起了。狼真是可恶。（板书：贪婪而凶残）

3. 今天，老师和同学们一起来学习一个关于"狼和鹿"的故事。（板书：狼和鹿）

……

第斯多惠说："教学成功的艺术在于使学生对你所教的东西感到有趣。"当学生听老师说："我们一定要'狼狈为奸'，共同把今天的课上好"的时候，学生的表现从开始的近乎"惯性"的点头同意，到逐渐疑惑相觑，随即转为否认反驳，"不能说狼狈为奸的"，"只有坏人和坏人在一起才可以说'狼狈为奸'呢"……在一阵阵恍然会意的笑声里一下子进入了趣味盎然的状态。有了这第一回，第二回"运动场上如狼似虎"的说法很快被机敏的孩子们"识破"，课堂活跃了，孩子们的兴趣被极大地调动起来了。这种运用反串词语的感情色彩为主要幽默技巧的导入，智慧地用"语文的方式"扬起了趣味的风帆，孩子们当然会自然而然地进入一种崭新的课堂境界。

(四)启"思"，巧妙营造"思"之场

在教学《滴水穿石的启示》一课时，薄老师设计了这样的导入。

出示课题

上课开始的时候，老师先请同学们说说以下两种物体的特点：

(1)板书："水"，它有什么特点？——水是一种没有颜色、没有味道、没有气味、透明的液体。因为是液体，所以它没有硬度。(板书：水)

(2)板书"石"，它有什么特点呢？——石头是固体，而且非常坚硬。(板书：石)

设问：谁能说一个带有"水"字和"石"字的词语？——水落石出，滴水穿石……(板书：滴水穿石)

今天我们就学——板书"滴水穿石"——哪位同学知道，"滴水穿石"是什么意思？

理解了"滴水穿石"这个词语的意思，你有什么话要说？

(水是液体，毫无硬度可言，石头是固体，而且非常坚硬，水要把石头滴穿，这是不可能的事情；力量微不足道的水真能把石头滴穿吗？真有水滴把石头滴穿的事情吗？滴水怎样才能穿石呢？)

这似乎同样是"激疑"的话题。但是，如果细细品味，你会发现，这，其实已经不仅仅止于激疑了。

在学生了解了水和石的特点、理解了"滴水穿石"词语的意思后，老师把"你有什么话要说"的问题抛给了学生。两个截然不同、反差悬殊的事物，竟然可以产生如此巨大的作用，"水"能"滴穿""石"？这个问题看似从字面而来简单发问，实际上却是贯穿全文提领而顿的"课眼"。是的，自身力量如此微小的水滴怎能把坚硬无比的石头滴穿呢？问题从学生的口中自然提出，既有效地激发了学生自主探究的兴趣，培养了学生"生疑"的能力，又是引领整篇课文读悟的"统领"，非常巧妙地成为老师贯穿整篇课文教学的"红线"，可谓一箭双雕。然后，老师让学生带着"水能将石滴穿需要什么条件"这个问题独立阅读，学生迫不及待进入阅读，如饥似渴。他们的思维在一个个鲜活的案例中出入，在一行行情感与哲思的文字中来回，体验着思维之旅。这样的导入，一开始就创设了一个有效的思维之"场"，自主质疑、创造冲突、营造期待，从而激发学生随着课文内容的深入不断产生新的疑问，不断探求新的突破。学生的思维就是在这样一次次激活与锻炼中灵动了，开放了，深入了，多元了，也更为个性了。

(五)化"境"，润物无声渐入"境"

在《我不是最弱小的》一课教学伊始，薄老师和学生进行了亲切的"聊天"。

1. 同学们，请大家看老师在黑板上写一个字——聊。（聊是课文中的一个生字）

2. 这个字大家认识吗？谁来为"聊"字找个朋友？

聊天就是几个人之间的一种闲谈，聊天的时候，既要动口，还要用耳，所以看看它是什么旁？

3. 下面我们就来聊聊天，好吗？

谁愿意告诉大家，平时，你的爸爸妈妈是如何照顾你的？（衣、食、住、行）

是的，爸爸妈妈就是这样无微不至地照顾我们的！那么，你知道爸爸妈妈为什么这样照顾你吗？（因为在爸爸妈妈眼里自己还小，各方面能力不强，还因为爸爸妈妈爱护自己）

在爸爸妈妈照顾你的时候，你有没有想过什么？

4. 入题、解题。

刚才大家所说的情况反映了我们中国学生生活的基本情况，那么同样是四年级的学生，国外的孩子又是怎样看待家长的关爱？怎样看待自己的能力？怎样对待他人的遭遇？今天我们就来学习一篇苏联教育家苏霍姆林斯基的作品——《我不是最弱小的》。

又是一次"聊天"。非常有意思的是，这次的"聊"正好是课文中的一个生字。"聊天就是几个人之间的一种闲谈，聊天的时候，既要动口，还要用耳，所以看看它是什么旁？"在闲聊中，生字偏旁的教学已经突破了重点，可谓匠心。再来看看聊天的内容，老师非常随意地说："谁愿意告诉大家你们的爸爸妈妈平时是怎么关心你们的？"对于孩子们来说，这样的话题真是再平凡不过了，确实非常适合"聊天"。于是，就像开启了学生随手就可以打开的话匣子，孩子们滔滔不绝如数家珍地"聊"起了自己的爸爸妈妈对自己的照顾，说到忘情处还回味似的不愿坐下……此时，孩子们的脑海里已经过电影似的出现了很多鲜活的画面，心里已经荡漾起一层层情感的涟漪。而这，正好是这篇课文所营造的一种境界，一种亲人间、子女间关爱流淌的温馨——尽管课文所描写的是苏霍姆林斯基笔下的苏联家庭，但是，爱，是没有国界的。老师的课堂导入，仿佛是无声的春雨，和煦的春风，轻轻地飘洒，默默地滋润……直到学生的心田。

薄老师导入艺术还有很多种表现形式。比如，在课堂上形成欲扬先抑之"势"，让学生经历情感和思维的反差冲突，而后进行课文的读悟与语言文字的训练；比如直奔主题，开门见山，比如以读代讲，边读边悟……导无定法，无论用什么方法，所呈现的共同现象就是，课堂上学生会很快随着老师的引导，不知不觉地投入，轻松、愉快而又智慧。

王国维在《人间词话》中说："诗人对宇宙人生，须入乎其内，又须出乎其外。入乎其内，故能写之，出乎其外，故能观之。"其实，薄校长自然智慧的导入艺术，也是"入乎其内，出乎其外"的表现，入教育规律、入语文教学本质之内，当然可以出语文、出课堂之外而观之驭之。

八、感谢，我的恩师

洪 榴

最终，还是用了这样一个极其平实的题目——感谢，我的恩师。因为这声从心底涌起的最为朴素的话语，此刻最能真切地表达我内心的情感。

感谢，我的恩师！

1992年，刚踏上工作岗位的我，就幸运地成为薄俊生老师的徒弟。中国人有一句古话"一日为师，终身为父"。寒来暑往的十六载，薄老师不仅是我教学上的师傅，更是我人生道路上的师父。薄老师用他的智慧与执著，引领我行走在语文教学之路上；也用他的人格魅力，激励我不断地完善自我，在享受教育的过程中，实现生命的价值。

其实"感谢"二字，是远远不能表达我内心的感受的，在我成长的道路上，每一个清晰的足印，无不浸透薄老师予我的心血。

工作第二年，薄老师就给我创造锻炼的机会，在全市素质教育展示活动中，执教《手》一课。他在给我压担子的同时，更是悉心指导，手把手地教。光教案的打磨就有七八次之多。这个过程极其艰苦，如今，我还清楚地记得。华灯初上，饭也顾不上吃，薄老师全神贯注地与我讨论着，每一个环节的安排、每一句导语的设计，他都一句一句地和我推敲，精细到教案中标点的正确使用都一一说明。

正是经历了这样的一个过程，让我开始懂得如何整体把握教材，如何从细节入手……不仅如此，薄老师还多次和我进行面对面的试课。他当学生，向我提问。常常弄得我措手不及，不知道怎样回答。然后，他又帮我一起设计，如果是这样，该如何引导，如何过渡等。薄老师的言传身教，让我懂得了怎样才是真正的备课。在以后的教学实践中，我总是牢记着薄老师对我这样的指导，备课的时候，把老师的每一句话都要反复推敲，在充分预设的前提下，"制造"课堂上精彩的生成。

后来，我也指导其他的青年教师，我会不由自主地沿承当年师父对我的方法，把严谨的作风、求真求实的态度以及精益求精的精神努力地传给我的徒弟。

"小洪，祝贺你，你的论文发表在《小学教育研究》上了。"薄老师微笑着对我说。喜悦让我一时不知道该说什么，一个青年教师在工作第二年就能在省级刊物上发表论文，这是不多见的。其实，这篇《紧扣语言、遵循规律、理解含义》的论文凝聚的是薄老师对语文教学的思考，是他帮我选准课题、提炼案例，最后还要一句句润色加工。正是这一篇薄老师用自己的智慧和心血为我创造的"成功"，让我对实践反思有了兴趣，工作至今，在省、市级刊物发表或获奖四十多篇文章。薄老师常对我说的是："要准备一个'袋子'，把学习体会和实践思考收集起来。只有用科研来指导实践，这样才能更快成长。"有时，我会陷入思维的盲区，薄老师又及时地给我指明方向。

薄老师始终怀着教育的理想，追求理想的教育。他对语文教学的痴迷和执著无形中影响着我、教育着我。现在，也有不少同事戏称我是"教痴"。我爱语文，爱上课，爱和学生在一起。我自己知道，我对语文教学的热爱，源于师父的影响和引领。每一次聆听他对语文教学的思考，领悟着他的语文教育思想，都是非常幸福的事。从活动教学到发展性课堂，薄老师总是不断地以课题为抓手，思索、探究着语文教育的本质。二十多万字的札记，厚积薄发。勤于学习，善于思考，敏锐捕捉，大胆实践，都是薄老师给予我的最宝贵的精神食粮。在他的引领下，我不断体会着且思且行的教育幸福。

1999年，我跟随薄老师到苏州市金阊区实验小学进行教学展示，执教《丰碑》。这是他在教学上对我的第一次"放手"。几个星期的独立备课和试课，自己觉得都不是很理想。我真怕上不好，上阵之前，还想着做个逃兵。这回师父非常严肃地对我说："这怎么行?"随后，他又鼓励我，"不要有任何负担，你想怎么上就怎么上"。来到金阊区实验小学，薄老师首先是热情地介绍我，然后和其他的听课老师一起认真地听我执教。课一结束，他对我说的第一句就是："上得很好!"师父的鼓励，让我的心一下子踏实了，而且一股暖流荡漾在心间。

渐渐地，薄老师让我更多地承担独立备课上课的任务。但是，每一次邀请他听试教，不管有多忙，他总会尽可能地来听课。记得 2006 年 5 月，我将要在苏州市个性化阅读课题活动中执教《印度洋上生死夜》，正逢薄老师有活动，但是当上课的时候，我看到薄老师静静地坐在教室后面。课后，薄老师肯定了课的整体设计，提出了关注文本中两个时间的对比。我豁然开朗，于是在正式执教的时候，我引导学生关注时间，从而更深刻地体验到人物内心的情感，这个细节，起到了非常好的教学效果。那天正式上课，薄老师再次来听，听完之后，还是那样微笑着说："小洪，上得很好!"

说来也怪，每次上课，我都把师父的肯定看做是最高的奖赏，多少次冥思苦想的苦，多少次辗转不眠的累，都会在师父的一个点头、一个微笑中消散。师父始终用广博的心灵，关注的目光，激励的话语，智慧的点拨，放手让我们飞得更高更远。

每次薄老师上课，我都会抓住听课的机会，而且常常利用徒弟的便利(到我班级试课的机会)，听上两三遍。每一次，都会有不同的感受和收获。师父的每一课都是与众不同，《惊弓之鸟》《古今贤文》《剪枝的学问》《掌声》《最大的麦穗》《给予树》《滴水穿石的启示》《狼和鹿》……挑战不同类型的课文，体现对语文本质的思考，充满对学生的人文关怀，以及对自我的不断超越，时时激励着我。有的时候真是非常惊讶，身为校长的他，工作是何等繁忙，哪里来的时间，让他静心思考，上出一节又一节精彩的课?偶尔一次和门卫老钱的交谈："他早上五点就到学校了……我每天都要十点多睡，因为薄校长差不多那个时候才回去。有的时候，还要晚。"这让我懂得，在每个精彩的背后，蕴含着的是师父超出常人的艰辛付出啊。在他身上蕴含着一种巨大的力量——对语文教学的执着追求，这股力量，会让身边的我们热血沸腾，激情昂扬，全身心地投入到自己的教学中。如果说师父是一本书，那就是一本写满真诚，充满热情，蕴含智慧，给人启迪，激人奋进的书!

师父给予我的影响，远不止这些，可以说，师父用他的教育思想、教学艺术以及人格魅力，改变影响着我的教学观、学生观乃至我自身的人生观。这样的师恩，何以回报？我想，我唯有不断学习，不断提高，把有限的生命融入崇高的教育事业中。

感谢，我的恩师……

九、我眼里的"领跑者"

——薄校长印象

顾丽芳

转眼到实小工作已近五年。非常欣慰的是，这五年中我的收获是超越以前的任何一个五年的，因为，我不仅处于一个凝聚、精致、进取的团队，更跟随着这个团队的领跑者——语文特级教师薄俊生校长，一路行走，一路汗水，却一路风景。

每一次聆听薄校长教学之后的交流，每一次自己亲历课堂以后的研讨，每一次听取老师课堂教学以后的评点，每一次论坛或者主题沙龙以后的对话，每一次正式的或随意的对白，哪怕是提出问题以后短暂的或长时间的沉默……薄校长平和甚至低缓的语音中，总是会有一些沉甸甸的东西留下，留在我的思绪中，深深浅浅忽远忽近忽轻忽重地敲击着我，唤醒着我，引领着我。

一直有一个想法，把薄校长很多经典的、精辟的言论记下来，整理好，让自己更好地回味，也让更多的老师去品味，去思考，去实践。但是，当我真正静下心来寻找这些语言和蕴藏在其间的思想的时候，我突然发现，它们仿佛是散落在草丛里的点点茉莉，是那么的平实朴素。

正如薄校长经常说的：真正"好的东西"应该都是朴素的。比如——

"我们的语文课堂到底要干什么？要发展什么？一定要让学生从我们的课堂上获得更多的发展，包括潜在的，后续的优质发展。"

"现在我们的语文课太'复杂'了，往往从好多外在的形式上去动脑子，那样搞肯定是不行的。"

"要让我们的语文老师都练就深刻的研读文本的功夫。一定要好好研读文本，把课文读透，读深，才能深入浅出，才能上出好课。"

"一定要让学生读出形象来，语文课不好好读书，肯定是不行的！"

"朗读是非常非常重要的方法和手段，一定要让学生和语言文字进行深入的多层次的对话。"

"指导朗读一定要让学生深入到课文里面去，体会着课文人物的心情，要读到和文中人物一样的喜怒哀乐，那就好了！"

"我们一定要静下心来，深入到课堂，细化到'案例'，甚至是'微型'的，才能将课题研究落到实处。"

"我们的课堂问题还很多，一定要花大力气啃课堂这块'硬骨头'，课堂好了，相信我们的心里也就有'底'了。"

……

他说这些话的时候，有时很深沉，眉头紧锁，仿佛在为语文的去向忧虑；有时很欣慰，似乎看到了我们正一步步踏实智慧地前行；有时会深深地叹口气，仿佛为语文不经意的迷失而扼腕；有时也会很兴奋，不无自豪地微笑，好像对语文的未来充满了信心……于是，在他的思绪和言语中，我们读到了很多"语文的"，"关于语文"的，"始于语文"的……

如果你留意薄校长说话，只要是对话或者交流，每次表明一个观点之后，他喜欢习惯性地问："你说是不是这样？"是在征求意见吗？作为语文特级教师的他，面对我们这些阅历和学识都在其下的同行或者下属，似乎完全没有必要这么做。而且，大家都知道，只要他发表意见和观点，一般都是经过深思熟虑的，否则不会轻易表态——学校管理的决策是这样，语文教学研究更是如此。斗胆之下，我们有时也会说上几句含糊其词不成体系的话，薄校长总是认真地倾听，不时给予回应，或表示赞同，或引经据典以理服人。每次在接受他的指导点评之后，他总是会说："这些是我个人的想法，最终还需要你自己拿主意，怎么好就怎么上。"没有话语的霸权，没有权威的架子，用平和的姿态与老师们相处，薄校长用自己的言行告诉我们：真正的学术不需要披着"权威"的外衣，而是一种远远的"招手"；真正的指导也不是让人从命与强制，而是一种唤醒、濡染与滋润；真正的"领跑"不是让跟随者成为"别人第二"，而是成为独特的"每个人"。

记忆中有一次我上了一节有点"不伦不类"的课，当我自己都为这个课属于什么

"课型"而彷徨犹豫的时候，薄校长说："不要去争论这是什么课，属于什么课，只要学生喜欢，学生有收获，就是好课。"他的话依然平和朴素，但对我而言却似乎是一颗定心丸、一盏航标灯——这么说毫不夸张。于是我坚定了信念，在课堂的理念阐述和教学目标定位、教学环节设计等方面作了更有针对性的修改完善，教学获得了较好的评价。

记不清有多少次这样的情形了。从《花瓣飘香》《童年》《普罗米修斯盗火》到《天火之谜》《番茄太阳》……每次有重要的教学实践活动，只要有可能，薄校长总是放下手头所有的工作认真听课，而后提出非常中肯的意见和独到的建议。他的话委婉但准确到位，深刻而平和朴素，往往成为指导我精致化、精品化课堂的"催化剂"。比起其他学科的老师来——即使是语文老师——这几乎也是我最为奢侈的待遇。"于迟疑间坚定，于徘徊时豁然，于混沌处清晰，于迷惘时明朗"，这是我跟随薄校长这位"领跑者"最深刻的体悟和收获。

把薄校长说成"领跑者"更为重要的理由是他总是带着所有的老师向前跑，而不是在旁边悠然观望。每个学期，薄校长总是亲历课堂，亲历"磨课"。与其说是"磨课"，不如说是给老师们提供更好的范例，让大家在最真实、最原生态的课堂上，寻找理念的影子，寻找实践的参照。

人说，好女人是一所学校。我觉得，好校长更是一所"学校"。能在这样的"学校"学习、进步，让人不得不珍惜。

十、厚积薄发

——记特级教师薄俊生

顾善海

"崇德尚文，厚积薄发"是常熟实小的校训。学校校长——特级教师薄俊生老师说："积之于厚，发之于薄，我们才会像初升的红日，有源源的活力喷薄而出，我们才会像展翅的雏鹰，养天地之正气蓄势而飞！"如今，薄老师和他的学校早已沉浸在"厚积薄发"的教育幸福之中了。

薄老师和他的教学，很多人都很熟悉，网上评论他的人也很多，一位老师说：

他是个普通人，平和中包含着执著，文静中洋溢着坚韧，刚毅中又充满着书卷气。一位老师说：他的讲座没有期待中的"特级教师效应"，并不十分感染人，但是，从头到尾，我却一直被深深地吸引着，共鸣着，甚至崇敬着。还有一位老师说：大胆重组教材，词词句句落实，他教的是语文课；流程精当，环环入扣，不愠不火，气定神闲，朴实无华；钻研教材显功夫，厚积薄发方始成。

我是薄老师身边的一名普通教师，虽说对他了解不算深入，却也有很多话想说。

不要人夸颜色好，

只留清气在人间。

因为是新生代的特级教师的典型代表之一，所以大江南北来请薄老师上课的人很多，薄老师的课越走越远，薄老师的名也越走越远。学校的很多老师都在议论：现在小学语文教学的流派越来越多了，而且越叫越响，薄老师也应该喊出一个"某某语文"了。然而，薄老师却从未考虑过这些事情，一如既往地在烦琐的校务之中挤出时间，醉心于自己的课堂教学研究和实践，而且还一遍又一遍地叮嘱我们：要多读些书，要多向名家学习！

薄老师自己也是名家，但是和老师们一起研课，他总是不轻易发言，生怕因为自己的"权威"而抹杀了老师们的创造力。他极力地呵护着老师们的一点点想法，培育着老师们的一点点思想……

课堂教学模式研究很容易形成成果，扩大影响，但是在"小学发展性课堂教学研究"中，薄老师明确提出："我们不搞课堂教学模式研究，课堂教学应该是充满个性的创造性活动。"在课题研究的市级教学展示活动中，原省教科所所长成尚荣参加了现场沙龙活动，并且很有感触地说："发展性课堂教学研究需要专家引领，这个专家就是薄俊生！"这话一点都不虚，这个课题能成为"十一五"省教科院规划办重点资助课题，正是因为有薄老师这个专家在时时刻刻地引领着，他为课题的研究提供了全部的理论支撑和研究方法。然而，每次参加完课题研究活动，薄老师总要意味深长地唠叨上几句："我们的老师不能只知道重复几句理论，几个特征，要有自己的思考和实践，要用自己的言语系统来说话。"

在常熟实小，各种教学思想交相辉映，课堂面貌异彩纷呈。薄老师用自己的"大度"，引领着我们在专业发展的道路上健康成长。现在，我明白了，薄老师这样做，是要"厚积薄发"啊，为了自己，更是为了老师们。

问渠哪得清如许?

为有源头活水来。

薄老师非常重视教育科研。薄老师做科研,不是摆样子,而是真科研。"八五"搞"活动课程"研究,研究报告获江苏省教育改革与科研征文一等奖。"九五"开始"活动教育"研究,并致力于语文活动教学的研究,研究成果连获 1998、1999 两届省"教海探航"征文一等奖。"十五"期间,承担了教育部信息化研究课题,探讨了基于网络环境下的语文教学,构建了开放的语文课程体系。

早在"十五"还没有结束的时候,薄老师就组织老师们一次次地沙龙,探讨"十一五"的研究课题,在省内外教育专家的指导下,最终选定了课题。薄老师说:"我们做课题,为的是要改变课堂教学的面貌,其核心是要实现轻负担,低消耗,高质量。"为了实现这一目标,薄老师亲力亲为,和老师一起读书学习,博客沙龙,听课评议,还为老师们做讲座,上示范课。

薄老师现身说法教会了我们"洗课"。他说,"洗课"就是要像洗菜一样来洗自己的教学设计,要洗去那些冗余的话,洗去那些可有可无的内容……要洗到不能再洗的程度,剩下的都是精华,把时间还给学生,提高 45 分钟的效率。

为了研究"发展性课堂要发展什么"这个问题,薄老师亲自"下水"上了研究课《滴水穿石的启示》,然后告诉我们,发展性课堂如何发展学生的语言,如何发展学生的思维,如何发展学生的情感,如何发展学生的自我意识……

年前,薄老师听了贾志敏老师的《给予树》,他发现贾老师的课中有许多发展性课堂的特质。于是,他精心地"克隆"了贾老师的《给予树》。课后,老师们说:"这是薄校长送给我们的一份珍贵的新年贺礼!《给予树》不仅给予了我们发展性课堂教学的方法,还给予了我们发展性课堂研究的方法——学习案例、研究案例、实践案例,反思案例。"

可以说,薄老师的每一个理念,每一个课堂,都是他潜心研究的成果。

等闲识得东风面,

万紫千红总是春。

早在很多年前,有人就认为薄老师的课体现了三个字"谐、活、实"。如果现在听薄老师的课,你也许还会发现,他的课上得很普通,没有抑扬顿挫的激情,没有精心制作的复杂课件,没有流畅优美的过渡语言,更没有花里胡哨的丰富形式。但是细细一想，课堂上，老师的一词一句、一引一问，似乎都是那么地恰到好处，独具匠心，还会经常让你发出"啊，原来可以这样……"的感叹。如果将薄老师上过的课对比一下，你还会发现，薄老师的课总有新的思路，新的理念……走进薄老师的课中，就好像漫步在风和日丽、万紫千红的春天。这里，我拾取了几片美丽的花瓣，以飨读者。

薄老师的课是悠闲的。因为他把学生变成了主角，把自己当成了看客。苏州的一位老师说："在薄老师的课堂上，出现了多幅耐心等候学生的画面：等学生都读完、读好；等学生把话讲清楚、讲完整；等学生讨论好、交流好；等学生写好、说好……似乎他的课堂能有无限的时间给学生，由此，在他的课堂上才有了学生接连不断的精彩表现。"

薄老师的课是轻松的。因为他总是从学生的生活体验出发，引导学生自主构建，而不是把自己的理解强加给学生。教学《惊弓之鸟》，薄老师这样引导学生理解"能手"。

在读通课文后，他和学生一起交流，"刚才读懂什么？"

生：我知道更羸是魏国的射箭能手。

师：更羸是射箭能手，你还知道有哪些能手？

生：教学能手。

生：养鸡、养鸭、养鹅能手……

生：我们班里有唱歌能手、跳舞能手、讲故事能手……

师：现在你们读懂"能手"的意思了吗？

生：能手就是有本事的人。

生：能手就是说在某一方面有本事的人。

师：对了，我们教室里也有很多能手，提问有水平的人叫提问能手，朗读课文好的人叫朗读能手……

薄老师的课就像在生活。他认为没有生活味的课堂是死的课堂，理想的课堂应该生活化。比如他这样和学生"聊"《我不是最弱小的》。

师：（板书"聊"）这个字认识吗？读一下。为"聊"找个朋友。

生：聊天。

师：聊天就是几个人之间的闲谈，聊天不仅要动口，还要用耳，所以是什么旁

（耳字旁）？

师：下面我们就来聊聊天。你的爸爸妈妈是怎么照顾你的？

生：……

师：我们的爸爸妈妈就是这样无微不至地爱我们，关心我们。他们为什么要这样照顾我们呢？

生：因为我们是爸爸妈妈心头的一块肉……

师：刚才同学们说的基本反映了中国孩子的情况。同样是四年级，外国的孩子是怎么对待爸爸妈妈的照顾呢？今天我们就来学习苏霍姆林斯基写的一篇文章，看老师写课题。

薄老师的课非常重视对话。他是通过师生的对话来引导学生和文本对话。他实践了"代作者说话，代文中人和物说话"的对话方式。

师：有没有谁愿意代作者来介绍蔷薇花？

（两生站起来读描写蔷薇花的段落）

师：你这样介绍，想让大家感受到什么？

生：我想介绍蔷薇的香。

生：我想介绍蔷薇的美。

师：你们听了他们的介绍（朗读）有什么想法？

生：我感受到了蔷薇的鲜艳色彩。

生：我感受到了芳香扑鼻。

生：我感受到了蔷薇花的生机勃勃。

师：这两位是作者的知音。大家听你们一读，就感受到蔷薇花的美。让我们一起来代作者介绍。

薄老师的课最讲究的是细节。"细节决定成功"，这是薄老师挂在嘴边的一句话。细节设计煞费苦心，表现出来又是水到渠成，这就应该是教学艺术了。请欣赏薄老师的朗读教学。

师：我要请一位没有发过言的同学读课文。举手的同学满面笑容……我们也给其他同学一个机会，好不好？

（请了一位没有发过言的学生读书：在这块石头的上方……）

师：读得可以吗？给点掌声！有些地方读得很好，有些地方还需要改进，但是如果请其他同学来读，肯定也是这样的。刚才这位同学的朗读给人的感觉，好像水滴有时滴在了其他的地方。谁再来读，把这段话的意思读出来。

（生读）

师：水滴滴得近了一点，但是还有滴在其他地方的感觉。

（生读）

师：又近了一点，我还感觉水滴把石块滴穿好像比较容易，容易吗？

（生读中）

师：她滴在了同一个地方。

（生读完）

师：真的不容易，从"终于"这个词我们体会得最明显，给点掌声！

师：老师还有一点感觉，水滴把石块滴穿好像没有什么稀奇的。谁再读？

（生读）

师：一大奇观，真的是奇观哪！一起读一遍。

薄老师的课关注的是学习过程和方法。他善于引导学生根据需要选择学习方法；他善于抓住学生学习的具体表现来激发学生良好的学习状态，不同于一般人的为表扬而表扬，为激励而激励。

师：打开课本，轻声朗读第一节，想一个问题：水滴要把石头滴穿，必须具备哪几个条件？

（生读着读着变成了齐读）

（生读完）

师：齐读有齐读的好处，比个别的读有气势，有气氛，但是不利于自己一边读一边思考。请自由地朗读。

师：同学们自己读的时候，我发现和刚才不一样了，男同学小脑袋一晃一晃的，女同学小辫子一甩一甩的，告诉我们什么？

生：非常投入。

生：非常有感情。

为学之道，在于厚积薄发。

薄俊生老师用自己的实际行动诠释了"厚积薄发"博大精深的内涵。

在新校落成典礼上致辞

十一、赢在执行力

——从"实小精神"管窥学校管理文化

顾丽芳

【写在前面】

常熟市实验小学，江苏省首批实验小学，在校长薄俊生的带领下，以先进的教育理念和管理文化把学校打造成了一所办学特色鲜明、在省内外具有相当知名度的学校，在数码校园、双语校园、活动乐园建设方面都取得了令人瞩目的成绩。成绩背后的原因固然有很多，但其中很重要的一点，就是多年来学校培育了自己独特的管理文化。那么究竟是怎样的一种管理文化能彰显出如此巨大的力量呢？本文试图通过一些零碎的记忆和片段的镜头，对学校管理文化作个管中窥豹。

当"执行力"这三个字不仅仅作为一个名词，更作为一种管理理念，开始渗透到各级各类的组织或个人管理行为中的时候，其实，在常熟市实验小学（以下简称

"常熟实小"），早已经形成了自己独特的管理风格，一种以铸造"执行力"为核心的学校管理文化。不过，那时好像还没有产生这个被叫做"执行力"的名词，也似乎还没有这门被称为"有效执行"的学问，老师们喜欢称之为"实小精神"，那就是：

敬业奉献，敢于攻坚，勇于创新，群策群力，雷厉风行，精益求精。

每一个常熟实小人，不管你是初来乍到还是土生土长，只要你在实小，对这样的 24 个字一定是耳熟能详，甚至倒背如流。因为，这 24 个字，不仅是每位实小人心里想的、嘴上说的，更是脚下走着、手中做着的，已经深深融化进血液的东西。

（一）管窥之一：方案，执行力的开始

了解薄校长的人，尤其是学校的中层干部们都知道，薄校长有一句口头禅——"搞个方案吧！"

不论做什么事情，大到学校远景发展规划——大家戏称为"绘蓝图"，小到每个学期的工作计划，每月、每周工作；课题计划，教学工作，特殊任务……不管是上级下达的"规定动作"，还是学校自己明确的"自选动作"，有一个点子，就必须有一个与之相对应的、能落实这个点子的方案。在薄校长口头禅的影响下，所有的中层干部似乎都已经形成了一种习惯——只要有金点子，随即就必须出台金点子的"落实方案"。

ABB 公司董事长巴巴维克说，任何组织的成功都是 5％正确的战略决策加上 95％高效的执行，没有执行，一切等于 0。"没有执行力就没有竞争力。"而在这 95％的执行中，方案，作为执行的策略起点，又起着重要的统率作用——薄校长是深谙此道的。

"搞个方案吧！"这样的口头禅，正是他着力提高管理者执行力的第一招。没有方案，在理想和现实中间永远竖着一堵墙。方案，作为执行的第一环节，是从理想走向现实的一座桥梁，是使策略走向执行，使"意向性目标"物化为"操作性目标"的开始。

要做别人没有做过的事情，要做别人做了但没有做好的事情，要做别人已经做好了，但是我们可以做得更好的事情……做这样的事情，难度是可想而知的。但，越是难的事情，越能激发学校管理者自我挑战的欲望和动力。这就是实小精神"勇于

创新""敢于攻坚"的写照。做事，不仅需要信念，更需要解决问题的实实在在的方法。多年来，在"搞一个方案吧"口头禅的引领下，中层个体和团队的执行力与日俱增。

(二)管窥之二：思考，执行力的前提

在常熟实小，还有一个不成文的规定，如果是研究式、沙龙式的会议，与会者都会提前得到会议的主题内容而做好相应的发言或是讨论的准备，尤其是一些比较重大的决策性内容。用薄校长的话就是："带着头脑来开会。"纸和笔只是一种被动记录，如果没有自己独立的思考，研究讨论时就碰撞不出智慧的火花，还会耽误时间，影响效率。为了节省大家的时间，宁愿班子多研究；为了节省老师的时间，宁愿中层多琢磨。每个老师都有一本学校统一印制的笔记本，除了记录会议精神，还要记录会前准备和会后思考。当然，开会的时候，老师们总是两只手和两个"脑"——头脑和电脑。这，也许已经成了实小与众不同的风景线。

记得在一次讨论学期工作的会议上，总务处陈老师胸有成竹地将自己深思熟虑的工作理念以"三化"的口号传递给大家的时候，会议室里爆发出一阵热烈的掌声：校园公园化，管理企业化，服务人性化。前沿的理念加上朗朗上口的表达让这"三化"不仅很快深入人心，而且成为引领学校总务工作的灵魂，现在已经成为学校总务工作成效的写照。"机遇总是垂青有准备的头脑"，如果没有总务处老师充分超前的头脑风暴和管理智慧，灵感的火花也不会从天而降。事实上，还有很多部门的金点子就是源于个体的思考与集体智慧的碰撞。

对于任何组织来说，有效执行不仅仅是领导者的事，也不仅仅是员工的事，而是整个组织的核心任务。对于中层管理者来说，执行，也不仅仅是做好上层(高层)委派的任务，而是要将组织的任务作为"我的任务"来完成。执行任务的过程也不仅仅是被动应对，应该要在不缺位、不越位的前提下，创造性地开展部门工作。要做到这一点，离开了每个个体的独立思考，是很难做得到的。因此，高效执行的前提，是个体对自己的任务有足够清醒与智慧的思考。"带着头脑来开会"，让智慧风暴从个体刮起，从而真正实现智慧共享，多向共赢。

(三)管窥之三：透明和监督——执行力的保障

在常熟实小的梦想剧场里，有一个非常漂亮的舞台。像很多学校一样，这里，不仅是学校师生重大活动和集会的场所，也是实小人燃烧激情的舞台。如果说有什么特别的话，那就是，在舞台的黄金分割处，放着一个很气派的报告台。这里，就是学校管理者的演讲台。

每当开学的时候，每个中层管理者都要走上这个讲台，向全体老师进行施政演讲。把自己经过反复斟酌过的部门学期工作和自己工作学习的计划既完整又简洁地呈现于全体教职员工，或激情、或沉稳、或睿智、或洒脱……学期初，这里回荡的是实小最为高亢的旋律。

每当学期结束的时候，又是在这里，每一个中层管理者还会走上这个讲台，向教职员工进行期末的述职报告。总结成绩与经验，历数家珍；反思过失与教训，真挚坦诚。期末，这里流淌的是实小最令人感动的心曲。

看起来只是一种形式——让管理者以及管理者的策略透明化，接受组织成员的监督和帮助。公众舆论是最好的监督。透明，不仅是制度公开的需要，更是提高执行力的有效手段。将管理行为置于组织成员的监督之下，可以保证在执行的过程中不降低"高度"(不偏离策略既定方向)、不影响"速度"(按既定进度有序推进)、不减小"力度"(有始有终，力量不懈怠)。而这"高度""速度"和"力度"正是有效执行的具体表现特征。同样，让管理者的工作效果透明化，能利用公众评判的力量来加强管理者主动或被动反思自己执行力的意识与能力，起到助推执行力的作用。

演讲台，一个提升执行力的平台。

(四)管窥之四：行动——执行力的关键

"雷厉风行"这四个字传递给我们的似乎都是风风火火的激情。但是，常熟实小的雷厉风行似乎少了很多外在的形式，更多的是默默行动、悄无声息。把激情化作行动的智慧、力量和速度。因为，大家都深深地明白：想好了就尽快做，可以从今天开始做的就不会从明天做起。

在新校搬迁倒计时的日子里，在每一次重大活动到来的时候，这种雷厉风行表现得更加淋漓尽致。回眸走过的每一次历程，除了欣慰感叹之余还会有很多的感动回旋心际。

为了研究学校的重大工作，管理班子开会直到深夜是经常有的事；

为了一次公开教学，提前反复试课，琢磨细节确保万无一失；

招生工作刻不容缓，早出夜归，再累再晚也必须尽早尽快做完做好；

为了一个方案、一篇文章的出台，夜以继日也是十分正常的现象……

只要该做的事情能够如期、甚至提前完成，那辛苦就不足挂齿，倒可以丰富对成功的体验。

"时光不能倒流，岁月无法重复。要真正能够抓落实，必须一日盯一日，一月超一月，一天也不能耽搁，一刻也不能放松。"薄校长的话语充分体现了他作为学校组织的最高管理者高瞻远瞩的执行理念。时间就是效益，时间就是财富。对于学校来说，时间就是发展。错过了时间，你就错过了发展的机遇。只有争分夺秒，才能使理念尽早变成现实，收到效益。

雷厉风行，想好了就尽快做，做得快，是提高执行力的关键所在。

（五）管窥之五：榜样——执行力的引擎

网上看到一段很有意思的叙述。

我们在看解放战争时期的电影时总会有这样的镜头：遇到难攻克的山头时，共产党这边的指挥官总这么喊："同志们，跟我来。"国民党的长官就这么喊："弟兄们，给我冲。"这就是区别，导致最后的"执行"效果大家都是有目共睹的。所以要想强化执行力，必须引起管理者的高度重视，凡是牵扯到管理者的方面一定要率先示范，做出表率才行。

同样是六个字，表现出的是截然不同的管理理念和管理行为。当然"执行"效果也是大相径庭的。在常熟实小，老师们听不到一句"同志们，跟我来"这样的豪言壮语，但是，只要你身处学校、心系学校，你就无时无刻不在感受着一种无声的语言："老师们，跟着我走。"这就是薄校长用他的学者、师者、"领跑者"的风范凝聚着的一种无形的力量。

要求老师做到的，干部首先要做到；要求老师不做的，干部首先不能做。这是学校干部纪律中的一条。并不是等到"牵扯到"管理者的时候才想到要"率先示范"，而是成为每个管理者真正的自觉行动。

　　说到不难，做到很难，每时每刻都做到，就更难。然而，薄校长做到了。

　　学校的门卫钱伯伯曾经深情地回忆起一件小事，让所有的老师感动至极：

　　有一天晚上十点多，钱伯伯巡视教室楼准备锁门休息。走到三楼走廊，发现一间教室灯火通明。钱伯伯心想：这么晚了还有谁在教室？一定是忘了关灯。当他走到窗口才发现，原来是薄校长一个人在教室里"上课"。后来才知道，因为第二天薄校长在一个重要的教材培训会上有讲课的任务，因为白天忙于各种事务，实在没有时间，只好晚上准备。钱伯伯几次催促薄校长早点休息，薄校长又一个人上了好长时间的"课"，才关灯回去。以后钱伯伯逢人便夸没看见过这样敬业的校长。（不知是有心还是无意，钱伯伯也渐渐成了具有实小精神的好门卫，呵呵，此是后话）

　　这样的事情对于薄校长来说只是微不足道的小事，因为，类似这样的事情几乎每天都在发生着。一年365天几乎没有休息日，除了决策学校发展大计，处理学校日常事务，还身兼多职，经常走南闯北来回奔波。更为可贵的是作为一校之长、语文特级教师，薄校长还始终身处语文学科教学第一线，和老师们一起学习、实践、研讨……在他的濡染与感召下，无论是中层管理者还是学校的每一位老师，都在默默地跟进着，无条件地跟进着，而且，越来越趋于一种习惯。

　　人说，"大树底下好乘凉"，我想说："榜样后面力无穷。"执行力，对于团队而言，一定有一个核心存在，当这个核心的力量和团队的力量形成一种共振的时候，那么这种力量就会呈几何级数增长。而榜样正是协调这种波动的振幅与频率的一种力量源泉，它正如一个强大的引擎，驱动着执行力的战舰不断远航。

（六）管窥之六：细节——执行力的追求

　　随着实小知名度的与日俱增，各项活动应接不暇。接待参观、承接活动，有时一天要接待好几批来访者，或者同时承办好几项不同层次的活动。然而不管有多忙，每一次活动，实小都安排得井井有条，疏而不漏。

　　记得那是2002年承办全国苏教版教材培训活动。根据需要，公开教学安排在梦想剧场的舞台。由于剧场比较大，所以台上学生回答问题需要话筒。48张课桌上有9张桌子上要放置话筒，由于一时借不到9个话筒架子，再说用了架子学生发言取用不方便，只好放在课桌上。而光滑无沿的课桌上话筒一放上去就有咚咚碰击的声响，而且还容易滚落，不仅影响课堂效率，还容易摔坏话筒。怎么办？第二天上课之前，所有的听课老师都看到了：在每一张放置话筒的桌子上，放着一块用毛巾折叠成的"话筒垫子"，而且毛巾的颜色是和课桌颜色非常接近的黄色。我们不禁为这个细节叫好！课上，当学生轻便地拿起话筒又悄悄放下时，又有多少人想到了这细节背后的东西呢？

老子曾说："天下难事，必做于易；天下大事，必做于细""想成就一番事业，必须从简单的事情做起，从细微之处入手。一心渴望伟大、追求伟大，伟大却了无踪影；甘于平淡，认真做好每个细节，伟大却不期而至。这也就是细节的魅力。"《细节决定成败》一书的"编辑推荐"中如是说。

在常熟实小，你会看到很多这样的细节。

课前，小黑板都要洗过擦干，一尘不染，为的是让写上去的每一个字笔画更醒目。

偌大的会场里，老师们离会时，所有的桌椅全部复位，你也许会怀疑这里是否刚举行过一个百人会议。

在校园里，学生上学、下学、去专用教室都有指定的行走路径。

升旗仪式上全校少先队员的队礼，没有人指挥，但就在国歌乐曲奏响第一个音符的"零时间"，2000多只小手齐刷刷高举头顶，那一瞬间，你可以感受一种风声所带来的身体的颤动和这种默契、一致所产生的心灵的共振。

学生用完午餐之后餐具叠放整齐划一，桌上整洁如初的情景。

每个教室的抽屉中，墨水、纸巾、备用钢笔铅笔等各种文具，甚至小药箱，总让人误以为这里其实就是一个个温馨的家。

学生课间活动时不经意从花坛边捡起一张餐巾纸的"弯腰"。

家长来校接送孩子手中持有的"接送卡"，忘了带卡的家长有秩序地等候在门口……

细节，细节，还是细节。

每件事情都想到细节，做到细节，还有什么事情做不好呢？执行力，就是由无数这样的细节融合而生、质变而成的。"精益求精"，是最好的执行标准，虽然是简单的词语，但却是对执行力的品质内涵最好的诠释。

(七)管窥之七：落实——执行力的归宿

和很多学校一样，常熟实小的中层干部每月必填一份"月工作汇报表"。这份报表的形式并没有什么与众不同之处，但是如果仔细品味就会发现，在这份报表中，出现频率最高的词汇就是"落实"。"落实"，是学校管理的目标，是每个管理者和组织成员的意志所向。

有效执行学问告诉我们，执行不力的重要原因之一就是力度的降低。表现为策略在执行的过程中力度越来越小，工作做得虎头蛇尾，没有成效。学校管理中同样存在这种现象。一方面，中层管理者作为教育教学的中坚力量，其精力必定为不轻的教学负担所牵制，不是不为，实在是时间精力所限。另一方面，上层管理者由于种种原因缺乏随时盯促，导致执行不力。期初雄心勃勃，期中走马看花，期末望洋兴叹也就不足为怪。因此，这份工作报表，不仅能让管理者定时"回头看"，而且"低头想"，更"向前望"，强化团队的目标与自己个体目标的融合。报表中"存在问题和抓落实方案"一栏，更是让管理者不断反思，从现状中寻找新的突破方法，提升执行品质。

除了每月报表，薄校长还会在各种比较宽松的场合很随意地询问部门工作的进展，取得的成绩和存在的问题，在和大家交流工作想法和体会的同时，也随时给老师提供科学合理的建议，从而完善抓落实的方案，关注结果，更关注进程，因为进程记载着执行力提升的轨迹。

记得薄校长在一次办公室主任、中层以上干部施政演讲的大会上曾经就"落实"的话题作过一个专题讲话，指导思想是围绕"五实"——"思实情、谋实招、办实事、求实效、提实力"提出抓落实的要求。

1. 抓落实，要诚心诚意。任何工作，心诚则灵。要真正能够抓落实，必须言行一致，不能口是心非。心里想得着，嘴中说得出，手上做得到。

2. 抓落实，要理出思路。工作千头万绪，情况错综复杂，思路决定出路。要真正能够抓落实，必须分析工作现状，对照工作目标，理清工作要点，明确工作步骤。只为成功找办法，不为失败找理由。

3. 抓落实，要狠下工夫。锲而不舍，金石可镂；锲而舍之，朽木不折。要真正能够抓落实，必须舍得花时间，用精力，吃苦头。必须多进教室、多见学生、多加辅导。必须勇于挑战困难，有恒心，有毅力，绝不丧失信心、轻言放弃。

4. 抓落实，要争分夺秒。时光不能倒流，岁月无法重复。要真正能够抓落实，必须一日盯一日，一月超一月，一天也不能耽搁，一刻也不能放松。

5. 抓落实，要确保成效。抓落实，就是要实现目标，就是要达到要求，就是要取得成效。目标不实现，要求达不到，成效不明显，抓落实就等于一句假话，就等于一句大话，就等于一句空话。

从以上讲话中我们不难读懂，"落实"，已经成为学校管理的重心，也是学校组织成员永远思考的话题。因为——"落实"，正是执行力的归宿。

（八）管窥之八：团队——执行力的后盾

"一个篱笆三个桩，一个好汉三个帮。我们一定要时刻记住，不管自己有多么大的本领，我们是一个合作的团队，一个同甘共苦的集体，我们只有把大家的智慧和力量凝聚起来，拧成一股绳，才能战胜一切困难，取得更大的成绩！"2005届毕业班在取得了"五连冠"后，学校组织了毕业班党员、老师先进事迹报告会。会上，薄校长动情地说了这番话。"群策群力"四个字，不仅写在了实小精神里面，更落实到了每一位师生员工的行动中。

一位老师上课，全年级的老师为之出谋划策。

一个学科参赛，全教研组为之指导陪练，奔波忙碌。

一个部门的活动，左邻右舍为之出力流汗。

一名学生落后，老师们分析原因，各科协调，齐抓共管。

一个老师生病，留下的课务大家抢着分担，从来不管是否记录了代课。

同年级老师的学科教学遇到了疑难，大家更是真诚切磋，共享智慧，毫无保留。

当同年级六七个班的学科均分差小于1的时候，你是否还怀疑这个年级的团队精神？

······

从办公室、年级，到部门、条线······整个团队，在管理者的眼中，就是一道坚不可摧的铜墙铁壁，其中蕴藏着一种势不可挡的力量。

这样强大的团队背后就是以执行力为直接指向的学校管理文化。在这其中，健全完善的管理网络是必不可少的组成部分，我们称之为"跨国公司的管理方式"。组织健全，分工明确，管理规范。更为可贵的是制度科学完善，并且随着形势和自身发展的需要不断刷新。一种传统与现代有机结合的全新的制度文化为执行力团队的打造不断夯实着根基。

一张网络，一个团队，足以成为执行力的强大后盾。

【后面的话】

实小精神是普通的，正如每个学校的精神一样；但它又是特别的，因为它用最个性化的演绎打造出了一个强势的教育品牌；

实小精神是传统的，因为它秉承了百年老校的文化精髓；但它又是崭新的，因为它的内涵随着时代的发展不断丰富与拓展着。

我们完全有理由相信，实小精神会不断迸发出更为亮丽的光彩，因为，赢在执行力！

十二、从"探航手"到"领航人"

——记常熟市实验小学校长、特级教师薄俊生

和校长薄俊生相处过的人，都会留下这样的印象：文静中洋溢着坚韧；刚毅中又充满书卷气，是一位好教师、好校长。

1997年9月，薄俊生出任常熟市实验小学校长。他说："校长是一所学校的灵魂，他的主要工作是引导、激励。"

上任之初，他就从时代要求和学校实际出发提出了学校跨世纪发展的基本构想：实施科研兴校战略，推进三大工程，创建一流知名实小。科研兴校是学校发展的主体战略，"三大工程"是学校发展的主要载体，"一流名校"是学校发展的目标。三大工程是指：名师工程、教育信息化工程、素质教育工程。学校发展的远大前景深深地吸引、激励着全校老师。薄俊生又紧锣密鼓地和老师们研讨论证，一起商定各项工程的总目标、阶段目标和操作措施。

素质教育工程是主体工程，薄俊生提出了素质教育工程的四化建设："教育行为法制化，课堂教学素质化，教育科研常规化，课外活动多样化。"

启动名师工程，第一步他提出"三高一全五加"的总目标，让每位老师明确

自己努力的方向。第二步他聘请专家当导师,赴杭州大学全国书报资料中心为教师选购理论书籍,每学期二进二出,即请两位特级教师来校上示范课,作讲座,外出参观两所省内知名小学。第三步,组织大型教学研讨活动,为老师提供登台亮相的机会。至今,学校特级教师、市级以上教改带头人、教学能手占全校教师人数的30%。

启动信息化工程需要钱,而办学经费又有限。为解决矛盾,他奔走于教育局、财政局、银行、企业,千方百计开源节流,三年中共投入178万元添置各类设备。接着,充分发挥设备的教学功能。他发动老师自制教学辅助课件,开展多媒体辅助教学研究,设计学校主页,下载网络教学资料,特别对网络教学的研究引起了省电教馆赵甫赞馆长、朱家珑副主任、华东师大祝智庭教授等专家领导的关注。

为了增强全体教职工的参与意识、竞争意识、创新意识,他设计了一系列活动:教代会优秀提案评选,校级三八红旗手评选,校级教学能手、教改带头人评选,青年教师五年成果展,编印教师风采录,开设校长信箱,教职工评议校长,评比教育创新成果……

薄俊生对事业孜孜以求,对生活却很淡泊。至今,一家老少还挤在60多平方米的房间里,他没有手机,也不印名片。节假日总是到学校研究工作,再巡视一番,然后回家看书,"宁静致远,淡泊明志"也许就是他的写照吧。

由于长年的超负荷工作,身体本不魁梧强壮的他越显瘦弱,1992年,他累倒在讲台上。去医院一查,惊呆了——左肾严重积水,功能坏死,马上做了切除手术。躺在病床上的他最牵挂的是学校、学生。两个月后,他就拖着虚弱的身体上班了,试着上一个班的作文课,积极筹备目标教学研讨活动。好心人劝他保重身体,多休息。他笑笑说:"在学校里和孩子们在一起最快乐。"

薄俊生把他全部的青春献给了他为之深爱的教育事业。新千年伊始,薄俊生又带领实小的探索者们开始了新的征程。"创建一流知名实小",任重而道远。薄俊生坚信:三大工程已初见成效,只要一如既往地上下求索,成功会在不远处向他们招手。

这就是薄俊生,一个坚韧、自信、执著的教海"探航手""领航人"。

十三、生命如歌

——记特级教师、常熟市实验小学校长薄俊生

万籁俱寂，小城的路灯也已熄灭，办公楼上那不熄的微光映出的是谁的身影；晨曦初露，伴随着清晨的第一缕阳光，缓步走在校园中的是谁的身影？

他——全国师德先进个人，全国科研型校长，江苏省劳动模范，江苏省特级教师，江苏省有突出贡献中青年专家，江苏省"333"跨世纪学术技术带头人培养对象，常熟市共产党员标兵……

他，就是江苏省常熟市实验小学校长兼党支部书记薄俊生。

从教 20 多年来，他以他高尚的人格品质、显著的工作成效、杰出的学术成就抒写着生命的诗篇，谱写着人生的乐章。爱的旋律，在他追求的步伐中升华为生命之歌。

出席庆祝教师节电视颁奖晚会

(一)生命如歌，唱响教育的旋律

1990年教师节，薄俊生出席了常熟市中小学青年教师代表大会，他在会上作了题为《当一名学者型教师》的发言。当一名学者型教师，是他矢志不渝的追求目标。

新春佳节是休息、娱乐的好时光，他却放弃了看电影、电视，放弃了游园逛街，放弃了同亲朋好友聚会，把绝大部分时间花在学习上。数不清的节假日，他伴着书度过；无数个漫漫长夜，他和衣而睡。每一篇课文，每一教时，每一个环节，他都要认真对照教育理论深入钻研，准确把握，精心设计。每上完一堂课，他都要细细回味，咀嚼成功的经验，失败的教训，将"教后感"一栏填得满满的。在学校省级科研主课题中期报告会上，他向全省的专家教授上了展示课《惊弓之鸟》，省教科所长成尚荣评价说"薄校长的课达到了一定的境界……"听他的课，学生们常常沉醉在他的教学艺术中，如同听了一曲美妙的音乐，获益良多，回味无穷。

他躬耕于课堂，潜心于科研，开展了"以课程革新为突破口，构建活动教育体系"等多项省级以上课题研究，获得4项全国级一、二等奖、5项省级一等奖、18项省级二、三等奖，在省级以上教育理论刊物发表论文75篇，编写出版多本专著；应邀赴广东、浙江、陕西及本省各地作公开观摩教学和专题讲座近百场次；参与省教委、教育部关于活动课程、语文新课程标准等多项文件的研制工作。科研载着这所探航之舟在教海中一路乘风破浪，他当选为苏州市小学语言教育研究会副会长、江苏省小学语文专业委员会理事、江苏省实验小学教育科学专业委员会理事。

春风化雨，蜡炬成灰，在教育之路上跋涉了无数个白天和黑夜的他，在执著而坚韧地努力着，正是他的这种精神，吸引着一批批莘莘学子，招来了一位位同道中人，他们，共同唱响了教育的旋律。

(二)生命如歌，吹起冲锋的号角

"为什么我的眼里常含泪水，因为我对这片土地爱得深沉。"艾青的这句诗，用来形容薄俊生对学校的深挚情感是再合适不过的了。诗人的情感世界里有着怎样的感动，薄俊生对学校就有着怎样的澎湃激情。

1998年，为了迎接省实小评估验收，薄俊生发动全校教师广开言路，广求援助。短短几个月里，他骑着自行车在市级部门和兄弟单位来回奔波，脸黑了，人瘦了，嗓子哑了，但是取得的回报是塑胶跑道铺好了，语音教室配齐了，多媒体设备添置了，电视中心也落成了……省、市教委领导来校视察后，对照省实小验收标准，研究决定：将常熟实小列为省实小免检单位。免检，这一最高荣誉的获得凝聚了薄俊生和他所带领的老师们的多少心血啊！

2002年，学校迁建工程被列为市委、市政府为民办实事工程。薄俊生按照上级提出的"将实验小学新校建设成为'国内少有，省内一流'的著名学校"的指示精神，以校为家，全身心投入到学校的设计规划和筹建工作中。他又奔波于外出参观学习和向专家请教，提出了将新校建设成为融书香校园、数码校园、双语校园、生态校园、活动乐园和成长家园为一体的新型校园的建设理念。为了使四万平方米建筑中的一切设施装备和校园文化建设能够全部高质量地一步到位，作为"总设计师"的他认真排列出262项工作，分工负责，落实到人。

他每天早上6点半进入工地，晚上6点半回家，整整一个暑假，没有休息过一天。终于，新校于2003年9月1日高标准地投入使用。省教育厅周稽裘厅长在全省实验小学工作会议上充分肯定学校设计理念，称其为"全省学校建设的范例"，是"理性化的投入"。苏州市朱永新副市长感慨道："这是我所看到的最好的学校！"而谁又知道，酷暑难耐的深夜，他为了考虑学校建设理念辗转反侧；在学校还没有空调电扇的三伏天，他奔忙在建筑工地，亲自决策指挥，他日渐羸弱的身影，正是为了教育事业过度透支体力的结果。这个夏天的故事，可以吟出一首首美丽的小诗；这个夏天的故事，可以谱写成一篇篇感人至深的著作！

在薄俊生的领导下，学校先后获得江苏省文明单位、江苏省模范学校、江苏省教育科研先进集体、江苏省教育信息化工作先进集体、江苏省青少年法制教育先进集体、江苏省教材实验先进集体、江苏省绿色学校、江苏省关心下一代工作先进集体等一系列荣誉称号。是啊，前进的号角已然吹响，一颗颗热情的心怎能不被激情点燃？怎能不被这充满生命力的强音感染？

(三)生命如歌，奏出奉献的心曲

薄俊生关爱师生，也严于律己。在工作中，他时刻以共产党员的标准严格要求自己，比教师和同事们多一份责任、多一份辛苦、多一份奉献。他常告诫自己，要当一名好校长，首先要当一名好教师、好党员，做一个好人。凡是要求老师和同事们做到的，他必先做到；凡是要求老师和同事们不做的，他必先不做。在新校近2000万元的设施装备添置工作中，绝大部分通过政府采购渠道组织实施。在不能通过政府采购渠道办理的项目中，没有一项由他自己亲手操办。平时加班，他从不拿一分钱的加班费。

薄俊生毫不吝惜他的时间、精力、经验和才智。他掏钱为青年教师购买理论专著，组织开展学习交流。青年教师上公开课，他总是当自己上课一样对待，自己亲自"下水"，钻研教材，设计教案，名师引路加自身的努力，使实小人才辈出。

有怎样的校长，就会有怎样的教师队伍。实小教师讲奉献，讲实干是出了名的，如果问实小教师累不累，老师们会激动地说："跟着薄校长干，再苦、再累，也心甘，因为累得畅快，苦得欣欣然。"正是因为学校有这样一位忘我付出的领路人，真诚奉献成为实小教师爱的心曲。

也正是因为学校有这样一位忘我付出的领路人，教改带头人、教学能手、双十佳教师像雨后春笋般冒了出来。如今，一个由3名江苏省特级教师，10名苏州市名教师、学科带头人、学术带头人，60多名常熟市学科带头人、教学能手组成的优秀教师团队已经形成。新校建成后，西藏、新疆等地的兄弟学校多次派教师来校蹲点学习，薄俊生像对自己学校的教师一样对他们悉心指导，他也因此被教育部有关部门聘为西部教育顾问。群星璀璨，他是最亮的一颗，他以他的真诚与无私照亮了一颗颗热忱的心灵。

(四)生命如歌，拨动心灵的琴弦

"情在左，爱在右，走在生命的两旁，随时撒种，随时开花。"薄俊生用自己的爱心呵护着学生积极向上的稚嫩心灵，用无比的耐心倾听着花开的声音。他常说："每一位老师都要把每一个学生看做好学生。要横着排队，让每一位学生都能得第一。"在他当班主任的时候，班上有一位叫陈宇的学生，总是调皮捣蛋，爱惹是生非。为了教育帮助陈宇，他一次次地进行单独谈心，一次次地开展家庭访问。一次，他利用双休日开了个"个人专场家长会"，请来了陈宇和他的父母亲，也请来了班干部。大家围坐在几张课桌拼起来的方桌旁，小干部们将事先收集好的关于陈宇的优点当着他本人的面夸给他的父母听，并小大人似的对陈宇提出了希望。薄俊生当然也少不了大大地夸了他一番，提出了殷切的希望，陈宇的心灵被触动了。于是，每周他细心地观察记录陈宇的表现，并用尽心思挖掘陈宇的优点，周五的时候用毛笔写一份喜报，请陈宇亲自带回家去，向父母亲报喜。课间，他请陈宇带领篮球队开展活动，并负责同学们的课间纪律。慢慢地，陈宇转变了，成为了一名德智体全面发展的三好学生。他所任教的这个班级也被评为苏州市优秀班集体。

每一个学生的心灵，都有一根美丽的弦，老师用发自内心的真诚的爱，去拨动它，学生的心灵必然会奏出一曲曲动听的歌。薄俊生把他的爱全部洒向了学生，而他，也有一个需要他支撑的家，也有一个需要他关爱的家，但他从不因家务繁重而影响工作。为了筹备好学校的公开教学活动，他把产后不久的妻子送回了娘家。女儿肺炎住院，他晚上陪夜，白天上课，整整两个星期没请一天假，也没迟到、早退一次。现在女儿已经上初中了，身体弱，视力也不好。爱人小钱说是因为他"从来不带孩子锻炼，更不陪孩子逛公园、游郊外，只是把女儿塞给了电视机"。虽然是责备，但语气是宽容的，因为小钱知道，他是属于大家的，他把他所有的爱给了和女儿一样需要爱和知识的孩子。

(五)生命如歌，谱写永恒的乐章

在大家看来，薄俊生是一个成功者，可谁又知道，这成功是泪水和汗水浇灌的鲜花，是坎坷和曲折造成的奇迹。薄俊生也是平凡人，长年的劳累，使他积劳成疾。1992年7月，由于左肾脏严重积水，失去功能，做了切除手术。他身在病床，心里却始终牵挂着学校，惦记着学生。刚出院一个月，就硬撑着身子来到学校。开学后，虽不能正常上班，但每天上午、下午都要坚持到学校走走看看，并试着上一个班的作文课。好心人劝他保重身体，多休息，他总是笑笑说："在学校里和孩子们在一起最快乐。"

　　是的，热爱事业的薄俊生同时也是幸福的，他因为工作着而幸福着，因为他的专注，使他浑身散发出价值的光芒。每一项新的工作，对他来说都是一项挑战，他总是告诫自己只要大胆去做，生命便会实实在在，只要放手去干，事业便会充满阳光。成功需要付出，人生需要磨炼，幸福需要创造；"追求悟真谛，无悔作园丁"是他内心的表白。我们可以体会到，他已经悟到了执着追求、无私奉献的人生真谛了。他将一如既往地带领实小人开拓进取，谱写永恒的教育乐章，挥写人生更灿烂的篇章。

　　有一句歌中说：故事不多，宛如平常一首歌。在这些故事中，他爱教育，胜似爱自己的生活；爱学校，胜似爱自己的家庭；爱教师，胜似爱自己的亲人；爱学生，胜似爱自己的孩子；爱事业，胜似爱自己的生命！这些，说起来很容易，而做起来，却很难，而薄俊生，就在这样做着，在每一个平凡的日日夜夜。一路走来，生命如歌，这歌，没有惊波逆转的曲调，没有撼人心魄的高音，却是由心底吟出的，这歌，娓娓唱来，感人至深。

　　莎士比亚曾说过："生命短促，只有美德能将它传到遥远的后世。"我说，生命如歌，正是美德将它一直萦绕在大家心际，回环往复，直到永远……

江苏省委省政府教师节座谈会合影

十四、不能让素质教育成为一句空话

——访江苏省常熟市实验小学校长薄俊生

题记：著名教育家苏霍姆林斯基曾经发自肺腑地说："每个孩子就其天性来说都是诗人，但是，要让他心里的琴弦奏响起来，要打开他的创作源泉，就必须教给他观察和发觉各种事物和现象之间的众多关系。善于用我们的慧眼从事物的一切关系的中心观察他们的能力。"那么究竟该如何让每个孩子都能成为"诗人"，这个难题千百年都悬挂在每一个有良知的教育者的额前，而教育也因之缤纷异常。义务教育的小学阶段作为基础教育最根本的阶段，自然责无旁贷，从老子《道德经》"合抱之木，生于毫末，九层之台，始于垒土，千里之行，始于足下"中，便可见一斑。孩子们在小学阶段描绘人生的底色：崇德、爱国、热爱自己的民族、热爱祖国的文化……而这些听起来华丽崇高的字眼却无时无刻不困扰着我们，我们的目标很明晰，可是我们的道路需要我们去求索，而我们所做的最终目的简言之便是——

问：我们手里拿着一本常熟实小的宣传小册子，扉页上写着这样一句话："让孩子用三原色去涂抹世界。"请谈谈这句话的具体含义是什么。在当前全面推进素质教育的主旋律下，你能否谈谈这句话与素质教育之间的关系，以及你对素质教育的理解？

薄俊生："让孩子用三原色去涂抹世界"，这是我们的办学理念，也可以说是我们的教育理念。三原色，即红黄蓝，红黄蓝三种原色可以调配出最美丽最丰富的色彩。我们学校就是要为学生打好基础，着好人生的三原色，然后让他们在今后的成长过程当中，朝着自己优势的方面去发展、去整合，形成他们最后的综合素质，这就是素质教育。我觉得，素质教育用个性的语言来表达就是三原色。

我认为，所谓的素质教育只是一个定义，不同的人对素质教育有着不同的理解、不同的解读。我觉得，好的教育应该遵循两个方面的规律，即：按教育规律办事，按人的成长规律办事。符合这样两条规律的教育才是真正的素质教育。这个范畴很大，但应该是有章可循的。从现行的课程来说，国家组织了那么一大批专家学者来设计，应该说这种设计是比较完善的，是符合素质教育的基本要求的，但是，在实际的实施过程中出了问题，不能按照课程的计划来组织教育工作，教学不能很好地体现课程设计的意图。为什么会这样呢？为什么现在许多时候教育并不走这样一条宽阔的大道，而是千军万马争着抢着要走独木桥呢？我觉得，这里有一个评价标准的问题。现在教育界普遍有这样一种疑问：如果按照素质教育的要求来开展教育工作，成绩会不会考不好呢？应该说，单就成绩而言，可能比不过一门心思搞应试的。但问题在于，这个"比不过"关键看考什么、怎么考，按照现在的考法，肯定是考不过的，但要是从创新精神实践能力的角度来考，那素质教育下的学生的成绩肯定大大超过现在应试教育下学生的考核成绩。但现实是，目前的评价标准、录取的标准就是应试能力，大家只有去拼命追求，才能达到那种表面的教学效果。就像高考，它的那套标准，就是指挥棒，离这个指挥棒越近，受到的影响就越大。现在许多老百姓、政府部门对学校的评价往往看的只是最后一个成绩或者所谓的升学率，在这样的舆论氛围中，学校怎么能不追求升学率，教育怎么能不搞应试！所以，如果我们要搞素质教育，就必须重新调整我们的评价标准，不仅仅是教育界要调整，整个社会整个国家都应该调整对教育对学校的评价标准。这样我们的素质教育才能真正落到实处。

而且我认为，搞素质教育不应该仅仅是小学和中学的专利，大学甚至成人教育，也都应该按照素质教育的要求来办学。在国外，一些发达国家高度重视发展职业技术教育。比如说瑞士，全国真正读研究性大学的学生不过是百分之五到百分之十，很少，其他的都读职业技术学校、学院。在瑞士，只要是劳动，都会得到尊重，你只要找到岗位，最低工资是有规定的，收入的差距并不大，所以，所有的劳动都同样能够得到看重。而且，他们的职业技术学校、学院的教育非常规范，社会各个方面都非常支持，他们在教学中使用的都是研发机构无偿提供的最先进的设备——这是双赢，一方面，学生使用了最先进的设备来实习，学生毕业时掌握的就是最前沿的东西；另一方面，通过学生的实习可以检验这些最新设备的性能，这更有利于设备的及时改进和市场投放。而且，瑞士对学生的考核非常严格规范，他们有一个联邦职业技能考核委员会，对学生进行专门的技能考核，考核通过后拿到证书才能去找工作，单位才给你发工资。而我们呢？就业问题导致了我们对学历的看重，进而对高考的疯狂追求，这种对高考的盲目追求也逐层波及中学和小学教育，使得整个教育过程处于一种急功近利的状态，在这种大环境下，素质教育自然就容易变形变异。

所以我觉得，素质教育这个理念，其实大家心里都明白，但就是不能很好地去实施。什么时候我们的教育能够做到两个享受：教师享受教育，学生享受学习，那我们的教育就是理想的教育。

问：采访之前我们就听说，常熟实小自筹资金近两千万添置装备，新校建设工作一步到位，从一个小小的弄堂小学一跃成为规模化现代化的大学校。学校如此大手笔，你们是出于怎样的思考？

薄俊生：理想的教育，首先要有物质作为基础，这个非常重要，所以这两千万我不得不贷。当然，这很不容易。对于一所公办小学来说，这几乎是天文数字。我出去讲课讲到这件事，大家都问这是真的吗，你怎么敢做这样的事情！可是，我如果不这样做，这个学校能够发展吗？反过来讲，现在我做了，老百姓向往这所学校，领导看好这所学校，老师对学校发展有信心，你说我们不是得到了发展吗？学校得到发展了，有了信誉，在银行有些贷款就不成为大的问题。

我办这所学校，所有的装备是一步到位的。2003 年 9 月 10 日以后，学校所有的装备都没有添置过。为什么呢？我的想法是建学校就是建学校，建好学校以后就是集中精力研究学校管理，提高教育质量，不要搬进来以后还不停地修修补补。我们搬到新校的时候，整个校园连一块石子都没有，每一个细节都很到位。2003 年 9 月 10 日教师节，上午 8 点半举行落成典礼，我们 7 点半完成最后一个项目——正门厅雕塑的安装，不留一项后遗工程。新校具体的建设工作罗列起来一共是 262 件，做之前我们开列了一个清单，然后一件一件加以落实，做完一件计划上删掉一项。我觉得这是一种精神，叫做"敢于攻坚"。

当然，理想的教育不光要有好的硬件设施，更要有好的软件。好的软件，主要是人，是学校师生身上折射出来的学校的精神、学校的文化。

现在，我们拥有了一流的硬件设施，但光有这些还是远远不够的，我们还要有一批好的人。这个好的人包括好的管理者、好的教师队伍。好的管理者，这是对包括我在内的学校干部的要求，而好的教师队伍，就涉及教师专业发展的问题。在如何对待教师发展的问题上，这些年来我一直坚持六句话的理念。第一，我始终认为，人的因素——教师的思想政治素养、职业道德水平、教育教学能力等，是学校工作优劣成败的决定因素。学校管理工作的核心就是对人的管理，对人思想的管理；第二，每个老师都蕴藏着巨大的创造潜能，管理者的责任是唤醒，是激活他们的这种潜能；第三，学校管理的重要目标是开发全体教师的创造潜能，只有全面开发教师的创造潜能，才能形成"人人有事做，事事有人做"的良好局面，才能保持学校持续、稳定、快速地发展；第四，管理者要把每一个老师看作好老师。我认为，赏识导致成功，抱怨导致失败。不是好老师需要赏识，而是赏识使老师越变越好。把每一位老师看作好老师，让每一个老师都充满自信，鼓起勇气，明确目标，是引导他们成为好老师的重要心理基础。但光把每个老师看成好老师还是不够的，你还要为每个老师创造成功的机会，提供发展的平台。这是第五句话，也就是说要为教师的专业化发展搭建舞台。在这一点上，我们是花了大力气，花了大本钱的。我们投入很大的经费承办了像"教海探航"颁奖大会、新教材培训、优质课评比等许多活动，同时推荐我们的老师和特级教师、知名教师同台亮相，同题上课，你说这对老师的激励有多大！为老师创造成功的机会，他们取得了成功，获得了荣誉，他就会永远爱这个事业，永远有更高的追求。当然，仅仅为教师搭建一个展示的平台还是不够的，所以第六句话就是：我们要帮助每一位教师取得成功。有了发展机会，并不是所有的教师都能独立地达到发展的要求，对那些暂时有困难的教师，学校要全心全意地给予关心，帮助他们取得成功。

而在如何帮助教师实现专业化发展这个问题上，我们主要做了四件事。一是加强业务培训。我们每个学期都会有计划有步骤地邀请在教学工作和德育工作中做出显著成绩、积累丰富经验的省内外著名专家学者来校为教师做示范教学、专题讲座，还会有重点、有层次地组织教师赴全国各地参观学习，开展学术研讨，参加各类培训，帮助教师掌握最新教改动态，及时更新教育教学观念，改进教育教学方法。二是组织专项培训。为了加速教育的国际融合，推进双语教育的实施，我们组织 75 位教师参加了常熟理工学院每周两个半天的英语专科夜大的学习。常熟理工学院的英语教育专家为我们的教师"量身订制"了《英语阅读》《英语课堂教学研究》等 12 门课程，我们的老师在三年内用 3000 课时修完了全部课程，教学水平有了极大地提升。三是支持出国培训。最近几年我们先后选派多名优秀骨干教师赴新西兰、澳大利亚、英国参加了各类专题培训，借鉴和学习国外先进的教学理念和教育经验。四是"内聘外引"并举。我们有灵活的人才引进机制，聘用了大量久负盛名的书法家、摄影家、舞蹈家等到我们的素质教育活动中心开展辅导工作。同时我们面向国内外招聘了一些优秀教师、特级教师和外国专家。这不仅进一步壮大了学校骨干教师队伍，也在客观上增强了教师专业发展的动力。经过几年的努力，我们学校现在有省特级教师3名，苏州大师级的名教师学科带头人10名，常熟市的教学能手、学科带头人50多名，全国优秀教师、全国师德先进个人、省劳动模范等市级以上荣誉称号获得者90多名。这是一支怎样的队伍啊！有这样一支优秀的教师队伍，我们怎么可能不优秀，学校又怎能不发展呢！

当然，如果只有先进的硬件设施和优秀的人才，一所学校虽然会得到一定的发展，但这种发展可能不会持久。所以我认为，一所学校如果想得到持久的发展，必须有一种具有传承能力的东西，那就是学校文化。

我觉得学校文化是一个组织的最高层面，它统领着学校发展的最终方向。这里的文化不是我们通常所理解的狭义的文化，它更是一种精神，一种观念，是一种价值追求。理想的学校应该成为一个价值共同体，大家都能朝着一个目标去努力去奋斗。同时，文化可以创造一种氛围，能让新教师一进学校，就会受到感染和熏陶，就会自觉不自觉地干劲倍增，就会融合到学校的集体之中。我们有六个词："敬业奉献、敢于攻坚、勇于创新、群策群力、雷厉风行、精益求精。"无论是作为校长的我，还是我们的教师，在学校和教育的任何方面都朝着这六个词的方向去努力，这就是我们常熟实小的精神。

问："一切为了学生的发展，为了一切学生的发展，为了学生发展的一切"，是教育本质给予我们观念上的固有的文化，你提出的实小精神则是建设出来的精神文化。你能否结合常熟实小的实践，深入地谈谈如何建设学校文化？

薄俊生：首先，文化的形成需要一个长期积淀的过程，要建设学校文化，必须继承学校的优良传统。常熟实小是一所百年名校，有着极其深厚的文化底蕴，我们十分重视发掘学校历史文化宝藏，汲取学校文化的精华，这对学校发展有巨大的推动作用。比如我们发动退休老领导老教师回顾办学历程。去年教师节，我请老校长老教师给在职的老师们讲述老一辈教育教学的故事，讲那个时候的先进人物。老校长90多岁了，讲得红光满面、神采奕奕，下面掌声不断。其实，这些故事本身就是文化，学校文化就这样不断地积淀着。我们还组织教师举行"实小在我心中"知识竞赛，把学校历史上优秀的事例、办学的成果让我们的年轻人记下，接受学校文化的熏陶。我们还邀请了五十岁以上的老教师回顾自己的教学经历，用朴实的话语寄语年青一代。这是做什么，就是做学校文化！文化不是口号，不是标语，而是氛围，是流淌在我们血液里面的东西。为了创建学校文化氛围，我们精心设计了校园文化系统，比如我们的校徽叫"泮池秀松"，为什么叫"泮池秀松"？因为我们的老学校在老城区，处在文庙之中，文庙里有泮池泮桥，那么秀松是谁？是我们首任校长宗秀松，这样设计的目的就是希望把老学校的文化带到新学校，让我们的孩子能够在常熟实小这块有着深厚文化底蕴的土壤里苗壮成长，这也是我们的个性所在。

其次，建设学校文化，需要重视的是培育校长文化。学校文化包括校长文化、校园文化和教师文化等。其中，校长文化是灵魂，是统领文化，引领着学校文化发展的方向，也决定着学校的办学品位。校长文化具体表现为校长的精神风貌、人格风范和育人取向。比如我作为常熟实小的校长必须首先具有实小精神，这也是校长的职业精神，同时我必须依靠自己的人格力量赢得教职员工和社会的信赖，让教师的积极性和创造性能够充分地发挥出来。当然，校长还要根据时代对人才的要求，确立人才培养和办学的方向。对这种方向的刻意追求，会形成特有的氛围和精神。这种氛围和精神作用于教育，就形成了学校的特色文化。学校特色其实就是学校的文化特色。

再次，就是要反思学校工作，强化学校文化氛围。我刚才讲文化是历史的积淀，不是说有历史就一定有文化，文化还要通过不断地强化来加速它的形成。学校的各类教育实践活动都是学校文化的表征，所以我们必须通过对实践过程的反思来揭示其中蕴含的文化内涵，强化学校文化氛围。每一次重大活动和每一项重要工作结束以后，我都要及时进行归纳、提炼、总结，把它们上升到文化的高度。通过这样一次又一次的强化，让老师们真切地感受到，我们做的一切其实都折射着学校文化，这样一来，他们今后就会主动朝着这个方向去努力，这样才能形成全校师生共同建设学校文化的景象。

当然，文化不是一成不变的东西，随着社会的进步、教育的发展，很多新的思想、新的观念以及对人的精神方面新的要求都在不断地渗透到我们的生活、工作当中，所以我们必须跟进这种变化，从而不断推进学校文化向新的方向发展。我作为校长必须首先把这些东西消化，然后通过各种方式，灌输也好熏陶也好，让老师们能够慢慢吸收、内化。比如在贯彻教育部"减负"精神的时候，我没有采取任何强硬的行政措施，我觉得光靠行政措施是做不好事情的，改变观念才是第一位的，所以我把一大批教育家的语录组织起来，以"换换脑筋"为题目给老师们做报告，以此更新他们的观念，引导他们自觉实施素质教育。同时，我要求我们的教师主动学习新的理论，树立新的观念，共同推动学校文化跟随时代发展。

接下来，我们还得设计一个学校发展的共同愿景，以此来树立学校文化的理想。我们既然跟进了时代的发展，就得依据教育的未来发展趋势，对学校中长期发展方向进行战略规划，形成一种校长、学校和教师、学生乃至社区一致认同的特色发展目标，以使学校发展进入良性循环轨道。我们学校在"九五"中期，制定了实施名师培养、教育信息化和素质教育三大工程的规划，通过教职工大会对规划的实施目标、工作内容和工作成果做了详尽的描绘。在成功实施"三大工程"的基础上，我们在"十五"规划当中又提出了"以信息化带动教育现代化、以课题化推动学习化、以名师化促进素质化"的发展思路。新校整体迁建以后，我们又向全体教职员工描绘了建设"数码校园、书香校园、生态校园、双语校园、活动校园和成长家园"的蓝图。这些愿景设计，激起了每一位教职员工对新教育的渴望和对学校新发展的信心，有效地培育了积极向上和追求创新的文化品质。这些，都是我们精心培育学校文化，同时也是学校文化作用于学校管理者和教师之后取得的成果。

还有，要做文化，还必须建立科学的管理机制，加强对学校文化的导向。学校应该建立起以人为本的、以营造公平竞争和激励创新为目的的管理机制，从而促进学校向健康的方向发展。前几年，我们学校进行了两项制度改革——人事制度改革和劳动分配制度改革。人事制度改革主要指的是所有中层干部包括教研组长全部竞聘上岗。这种做法可以让老师们看到，只要自己表现优秀，就会有很好的发展，真正的优秀人才也因此脱颖而出；以"多劳多得，优劳优酬，责重多得，技高多得"为原则的劳动分配制度改革，实际上也引导着先进文化的发展方向。多劳多得、优劳优酬的意思很清楚，不用解释；责重多得就是鼓励大家承担更重大的工作责任；技高多得指的是技术含量高的工作岗位报酬相应高些，即鼓励大家钻研技术。比如说从事教育信息化这项工作的老师，掌握技术的难度会大些，他们的劳动成果就应该在劳动报酬中体现出来。

以上六个方面工作的开展，加速了我们学校先进文化的形成。现在有一句话叫"有多少文化就能创造多大辉煌"，真的是这样。教育的竞争最终是怎样的竞争，我觉得就是学校文化的竞争。

问：从素质教育谈到学校文化，事实上，所有这些到最后总要落实于一点，那就是教学。据我们了解，学校工作课题化策略指导下的活动教学在常熟实小搞得别开生面，很有特色。请谈谈你们在这方面的思考和探索。

薄俊生：活动教学在我们学校实施得比较早。我认为，活动教学是实施素质教育的一条有效途径。对于小学生来说，经验在他的成长过程中是非常重要的。小学生要多一点感性的东西，多一点生活的积累，这对他们的终身发展非常重要。活动课程这一块可以涉及方方面面，包括兴趣的培养、生活的体验、认知和探究等，而这些对于他的素质和能力的发展，都是必不可少的。现在我们教学最大的问题就是从书本到书本，从文字到文字。有些东西只有在实践中体验探究，才能获得对事物的真实了解，才会终生难忘。小学生的发展更主要的还是以活动促发展，这条途径符合小学生的认知规律，它能更有效地培养学生发现问题解决问题的能力。另外，活动对于拓宽知识面，培养生活情趣和健康的情操都很有帮助。

我们的活动教学取得了很好的成果。你们可以看看我们学生的泥塑作品，非常好，现在全国各大少儿报刊都在整版整版地刊登我们学生的泥塑作品。泥塑的制作过程，培养了学生的想象、操作、审美、观察等多方面的能力。另外，我们学校有科技宫、生态园，还有航模室、书画室、国学社、英语情景室等各类专用教室，可以说是应有尽有。这些都是我们开展活动教学的重要平台。

至于学校工作课题化，那是我们"十五"期间的一大发展策略。什么叫"学校工作课题化"？就是把学校工作领域分为若干条块，每一块都拟定一项课题，以课题研究的方式推进各项工作的开展。比如，关于教师管理，我们的研究课题是"新时期教师职业道德规范体系的建构及其内化的研究"，这是苏州市教育规划办的立项课题；关于学生管理，我们的研究课题是"自主性创新型班集体建设研究"，也是苏州市规划办的立项课题；在教学领域，我们确立了"建立以学生为主体的自主探究学习方式"的课题，这是教育部的立项课题。

实施学校课题工作化策略主要有几大好处。第一，把工作当课题来做，它就有最起码的理论的指导，做工作就不会就事论事，而是有理论支撑，使学校工作能够在较高层面上运行；第二，学校工作课题化，使得我们工作的计划性更强，始终能够在一种主动的状态下开展工作，而不是等问题发生之后被动地去应付；第三，人出课题、课题出人。通过课题研究来培养、造就一批管理人才、教学人才。这一条太重要了，你说哪一个成名的大家没有一个好的课题？课题好比是一个口袋，有了课题，我们就可以把我们的思考和教学中的实践成果往里面装，装了以后再抖出来整理，经过提炼反思就成为自己独有的东西，那么你就成了独特的人，你就有积淀，就有厚度，就有分量。

在我们学校，100％的教师参加课题研究，这说出来别人可能不相信，但事实的确如此。比如信息化研究，图书管理要不要信息化，财会管理要不要信息化，因此我们的后勤财会人员都参加了信息化课题的研究。为了实施好学校工作课题化策略，我们几位副校长都主持课题研究工作，负责课题的管理和研究工作。他们在全体教师大会上宣讲课题研究的背景、目标、操作，老师们根据自己的爱好和专长填报研究志愿，学校再综合考虑组建课题组，让所有教工都参与课题研究，这就有了机制的保证。同时，学校对每一个课题组都有明确的考核要求，课题组对老师也有明确的考核细则，学校通过对课题组的考核将研究经费奖励到课题组，每个课题组再通过对老师的考核实行奖励。

当然，无论是学校工作课题化策略，还是活动教学的具体实施，最终的目的都回归到一个出发点——素质教育。我们只有通过研究，才能明白什么是素质教育，怎样去搞素质教育，才能不让素质教育成为一句空话。这也是我们所有思考和工作的终结点。

1998 年获评特级教师后回母校

2002 年出席江苏省教育学会小语教学专业委员会年会

办公掠影

主持"教海探航"学术论坛

访问新加坡友好学校

参观联合国大会会址

附　录

学术论著一览

1. 《课程标准与教学大纲的对比研究》（合著，第二作者），东北师范大学出版社，2003 年 7 月。

2. 《信息教育与教育信息化》（合著，第一作者），中国文史出版社，2003 年 11 月。

3. 《小脚丫——教育信息化随笔》，语丝出版社，2005 年 7 月。

4. 《小学生阅读活动》，江苏少年儿童出版社，2006 年 10 月。

5. 《语文新参考——小学语文名篇赏析及教学建议》，广西师范大学出版社，2008 年 4 月。

6. 《学校文化建设与文化管理》，甘肃文化出版社，2008 年 12 月。

7. 《小学发展性课堂教学研究》，甘肃文化出版社，2009 年 11 月。

8. 《教给自学方法》，《教学月刊》，1985 年 6 月。

9. 《分段训练的时机与方法》，《小学教学参考资料》，1986 年 10 月。

10. 《〈麻雀〉整体教学设想》，《教学月刊》，1986 年 12 月。

11. 《谈课后练习的使用》，《小学教学参考资料》，1987 年 7 月。

12. 《谈学法的指导》，《教学月刊》，1987 年 9 月。

13. 《导学法初探》，《教学月刊》，1988 年 4 月。

14. 《循着文脉教〈我的战友邱少云〉》，《教学月刊》，1989 年 9 月。

15. 《优化教材组合，提高整体功能》，《教学月刊》，1989 年 12 月。

16. 《学校教研工作立体化初探》，《小学语文教学》，1990 年 5 月。

17. 《运用"结构—功能"原理改进学法指导》，《小学语文教学》，1990 年 6 月。

18. 《创设情境　品析语言　激发情感》，《小学语文教学》，1990 年 11 月。

19. 《运用游戏手段组织课堂教学》，《小学教学研究》，1991 年 2 月。

20. 《三年级预习指导浅谈》，《小学教学参考资料》，1991 年 4 月。

21. 《优化教学方法　提高渗透强度》，《小学教学研究》，1991 年 5 月。

22. 《浅谈儿童的思维特点与寓言教学》，《小学语文教学》，1991 年 6 月。

23. 《寓思想品德教育于语文教学之中的思考》，《江苏教育研究》，1991 年 3 月。

24.《〈太阳〉一文渗透思想教育的设计》,《山西教育》,1991 年 6 月。

25.《小学语文实施素质教育的探索》,《江苏教育》,1992 年 5 月。

26.《落实活动课程,促进学生素质的全面提高和个性的优化发展》,《江苏教育研究》,1992 年 2 月。

27.《在看图学词学句中加强语言训练》,《小学教学参考资料》,1992 年 2 月。

28.《既实、又新、且活》,《山西教育》,1992 年 6 月。

29.《根据教材特点,体会幸福含义》,《小学语文教学》,1993 年 7 月。

30.《小学学科综合活动的研究与实践》,《江苏教育研究》,1993 年 1 月。

31.《小学学科活动教学的探索》,《江苏教育研究》,1993 年 4 月。

32.《创科研先导型学校　育素质第一流人才》,《江苏教育报》,1994 年 8 月。

33.《小学学科教学的内化机制》,《上海教育研究》,1993 年 8 月。

34.《浅议活动课程在小学教育中的作用》,《江苏教育研究》,1994 年 4 月。

35.《活动课程的目标、操作与评价》,《江苏教育》,1995 年 2 月。

36.《活动课程学习评价初探》,《考试研究》,1994 年 5 月。

37.《教学管理必须走科学化、民主化之路》,《教育管理报》,1994 年 10 月。

38.《结合内容,紧扣目标,指导学生运用语言》,《江苏教育》,1996 年 6 月。

39.《小学语文单元学科活动的探索》,《教育研究报》,1996 年 6 月。

40.《语文活动教学的实践与思考》,《扬州大学学报》,1999 年 3 月。

41.《学科"活动教学"实验方案》,《扬州大学学报》,1999 年 3 月。

42.《如何在语文课中开展活动教学》,《继续教育》,1999 年 1 月。

43.《学科课程实施活动教学的实践》,《教育实验通讯》,1999 年 1 月。

44.《语文活动教学的策略》,《扬州大学学报》,1999 年 3 月。

45.《"以课程革新为突破口,构建活动教育体系"实验报告》,《上海师大学报》,1999 年 12 月。

46.《语文课堂活动教学的实践与思考》,《江苏教育》,2000 年 2 月。

47.《活动教学与培养创新能力的研究》,《扬州大学学报》,2000 年 4 月。

48.《阅读教学与培养创新思维》,《教育研究》,2001 年 3 月。

49.《语文教学与学生创造性的培养》,《小学语文研究》,2001 年 3 月。

50.《21 世纪教育形态与数码校园》,《扬州大学学报》,2001 年 3 月。

51. 《引导自主探究　体验创新过程》，《继续教育》，2001 年 4 月。

52. 《整合课程内容　变革教学方式》，《新教育周刊》，2001 年 11 月。

53. 《丰富信息资源　优化信息环境　建设数码校园》，《新教育周刊》，2001 年 11 月。

54. 《当一名复合型的教师》，《小学语文研究》，2002 年 4 月。

55. 《课题化：推动学校工作的良策》，《成材导报》，2002 年 9 月。

56. 《以名师支撑名校》，《成材导报》，2002 年 9 月。

57. 《开发创造力：学校管理的核心内容》，《成材导报》，2002 年 9 月。

58. 《信息化：教育创新的催化剂》，《成材导报》，2002 年 9 月。

59. 《积极开展综合实践活动，扎实推进小学课程改革》，《新教育周刊》，2002 年 9 月。

60. 《学生是阅读的主人》，《小学语文研究》，2002 年 9 月。

61. 《基于网络环境的阅读教学》，《小学语文研究》，2002 年 10 月。

62. 《基于网络环境的作文教学》，《小学语文研究》，2002 年 11 月。

63. 《基于网络环境的语文综合性学习》，《小学语文研究》，2002 年 12 月。

64. 《教育信息化与教学方式的变革》，《江苏教育》，2003 年 12 月。

65. 《研究性校本培训的思考》，《江苏教育》，2004 年 1 月。

66. 《开展信息化实验，实现现代教育技术与课程的有机整合》，《江苏现代教育技术》，2004 年 6 月。

67. 《读为主线　感悟内化》，《小学教学参考资料》，2004 年 10 月。

68. 《不能让素质教育成为一句空话》，《中国教师报》，2006 年 1 月。

69. 《学会与文本对话》，《另类课堂》，2006 年 1 月。

70. 《大道无形》，《人民教育》，2006 年 3 月。

71. 《成长：在薄与厚之间》，《江苏教育》，2006 年 5 月。

72. 《精心实施人才兴校战略，加速培养优秀教师群体》，《中小学教师培训》，2006 年 8 月。

73. 《赋予学校制度灵魂》，《师资建设》，2007 年

74. 《适度饥饿，一种良好的生存状态》，《小学教师培训》，2007 年 3 月。

75. 《体验，让学生获取知识的真正意义》，《新课改教育研究》，2007 年 4 月。

76.《学一生有用的语文》,《人民教育》,2007 年 11 月。

77.《精心构建管理文化,努力实施文化管理》,《新教育研究》,2008 年 2 月。

78.《有境界自成高格》,《小学语文名师同课异教实录》,2008 年 9 月。

79.《发展:语文教学的价值追求》,《语文教学通讯》,2009 年 5 月。

80.《建设以校为本的研究性学校》,《小学教师培训》,2009 年 5 月。

81.《发展:语文教学的价值追求》,《语文教学通讯》,2009 年 5 月。

82.《学一生有用的东西》,江苏教育,2009 年 9 月。

83.《让教师向往明天》,《江苏教育报》,2009 年 9 月。

84.《让教师成为英雄》,《江苏教育报》,2009 年 9 月。

85.《名校优势:在促进教育均衡发展中"放大"》,《教育研究与评论》,2009 年 9 月。

86.《让教师成为研究者》,《江苏教育报》,2009 年 10 月。

87.《做灵魂高尚的教师》,《江苏教育报》,2009 年 11 月。

88.《运用计算机网络技术,助推课程改革与发展》,《中国信息技术教育》,2009 年 11 月。

89.《成就学生的可能性》,《江苏教育》,2009 年 12 月。

90.《指向学生发展的教学》,《特色教育探索》,2010 年 3 月。

91.《发展性课堂:学一生有用的东西》,《特色教育探索》,2010 年 3 月。

92.《提升学校的文化力》,《江苏教育》,2010 年 3 月。

93.《给师生心灵以滋养》,《江苏教育》,2010 年 3 月。

94.《1500 份建议书》,《江苏教育》,2010 年 3 月。

95.《给优秀备课颁奖》,《江苏教育》,2010 年 3 月。

96.《听老教师讲故事》,《江苏教育》,2010 年 3 月。

97.《以学校文化引领学校发展》,《江苏教育研究》,2010 年 8 月。

98.《让学生自己成长》,《教师论坛》,2010 年 11 月。

99.《为学生语文能力的终身发展奠基》,《语文世界》,2011 年 8 月。

100.《发展:语文教学的价值追求》,《江苏省著名特级教师教学思想录》,2011 年 9 月。

101.《释放名师自主生长的活力》,《江苏教育》,2011 年 11 月。

102.《看似简约,实为精妙》,《小学语文教学》,2011 年 12 月。

103.《创造有意义的学校生活》,《江苏教育》,2012 年 8 月。

104.《以语言文字运用为中心改革语文教学》,《小学语文教学》,2012 年 10 月。

105.《用语文的方式教》,《小学语文教学》,2013 年 4 月。

106.《探寻语文教育的真谛》,《小学语文教学》,2013 年 4 月。

107.《语文教学要发展什么》,《小学语文教学》,2013 年 4 月。

108.《让爱的种子生根开花结果》,《小学语文教学》,2013 年 4 月。

109.《〈滴水穿石的启示〉教学实录》,《小学语文教学》,2013 年 4 月。

110.《〈水〉教学实录与教学反思》,《小学语文教学》,2013 年 4 月。

111.《〈狼和鹿〉教学赏析》,《小学语文教学》,2013 年 4 月。

112.《语文教学以学习语言文字运用为中心》,《语文研究与教学》,2013 年 4 月。